Quality Revolution

REATING

ETTER

FE

U0873469

质量革命

创造美好生活

上海质量管理科学研究院　上海商学院　扬子江质量发展研究院　编著

上海交通大學出版社
SHANGHAI JIAO TONG UNIVERSITY PRESS

内容提要

本书介绍了中国质量革命的背景、特征和实施模式；论述了新时代美好生活的内涵，构建了消费结构质量系数和美好生活指数模型，用于测评美好生活的质量水平。本书重点选择了在国际上有广泛影响、与我国人民美好生活密切相关的10个主要领域，包括医疗流程改革、高速铁路、电子商务、美丽乡村建设、养老服务等，探讨了这些领域推行质量革命的主要内容、实施路径及重要影响。本书适合从事质量管理理论和实践工作的读者阅读，也可作为首席质量官的培训教材，还可作为高等院校的教学参考资料。

图书在版编目(CIP)数据

质量革命创造美好生活 / 上海质量管理科学研究院，上海商学院，扬子江质量发展研究院编著. --上海：上海交通大学出版社，2024.6

ISBN 978-7-313-30574-9

Ⅰ.①质… Ⅱ.①上… ②上… ③扬… Ⅲ.①中国经济—经济增长—研究 Ⅳ.①F124.1

中国国家版本馆CIP数据核字(2024)第073505号

质量革命创造美好生活

ZHILIANG GEMING CHUANGZAO MEIHAO SHENGHUO

编　　著：上海质量管理科学研究院，上海商学院，扬子江质量发展研究院

出版发行：上海交通大学出版社　　地　　址：上海市番禺路951号

邮政编码：200030　　电　　话：021-64071208

印　　制：上海锦佳印刷有限公司　　经　　销：全国新华书店

开　　本：710 mm×1000 mm　1/16　　印　　张：17

字　　数：258千字

版　　次：2024年6月第1版　　印　　次：2024年6月第1次印刷

书　　号：ISBN 978-7-313-30574-9

定　　价：79.00元

编委会名单

前　言

古往今来，人们对美好生活的要求不尽相同，但对美好生活的向往始终未变。

在我国，“小康”代表一种理想的社会状态，是人们向往的美好生活。邓小平同志在20世纪80年代曾说“到本世纪末在中国建立一个小康社会。这个小康社会，叫做中国式的现代化”。今天，中国已经全面建成小康社会。

党的二十大提出以中国式现代化全面推进中华民族伟大复兴。中国正在向富强民主文明和谐美丽的社会主义现代化强国迈进。这是更高层次的美好生活。如何实现这样的目标，是时代课题，也是全社会共同面临的挑战。如何用高质量发展创造美好生活，正是本书关注的核心问题。

党的二十大报告提出：“高质量发展是全面建设社会主义现代化国家的首要任务。”这要求各项工作都要以满足人民日益增长的美好生活需要为出发点和落脚点，把发展成果不断转化为生活品质，不断增强人民群众的获得感、幸福感、安全感。

对比美国、日本、德国等国家的发展历程，质量革命在不同国家的经济振兴中都发挥了独特作用，带来了社会发展的整体提速。我们吸收、借鉴他国的经验，努力探索中国的高质量发展之路。进入21世纪以来，通过政府的推动、各行各业的努力，质量思想被运用于社会经济生活的各个方面，与中国企业、中国社会发展的探索与实践相结合，有力地诠释了质量管理大师朱兰提出的“21世纪是质量的世纪”，同时也展现了一幅质量创造美好生活的中国画卷。

本书从质量创造美好生活这一视角观察21世纪初以来的中国“质量革命”，拓展了脱胎于工业文明的现代质量管理思想，丰富了传统的质量理论，总结了中国式现代化的质量内涵，揭示了中国质量革命以人民美好生活为目标、以可持续发展为理念、以数字化智能化为手段、以质量协同为途径、以感知体验为标志、以治理体系为保障等 6 个本质特征，为更多的发展中国家提供了又一种“质量革命”的路径选择。

2023 年 2 月，中共中央、国务院印发《质量强国建设纲要》，设定了 2 个阶段目标。到 2025 年，实现质量整体水平进一步全面提高，中国品牌影响力稳步提升，人民群众质量获得感、满意度明显增强，质量推动经济社会发展的作用更加突出，质量强国建设取得阶段性成效。展望 2035 年，质量强国建设基础更加牢固，先进质量文化蔚然成风，质量和品牌综合实力达到更高水平。《质量强国建设纲要》为质量革命指引了方向。如何将纲要落到实处，本书从理论到实践进行了探索和总结。

本书的研究团队首创了消费结构质量系数，直接反映国家经济状况和居民的生活质量，从宏观视野评价国家或地区的国民生活美好程度和消费水平，为消费升级指明方向。

本书的贡献还在于清晰地勾勒出中国式现代化美好生活的指标体系。如今，人民对美好生活的向往，总体上已经从“有没有”转向“好不好”，呈现多样化、多层次的特点。本书创造性地研究了符合中国国情和时代特点的美好生活的内涵，建立了以获得感、幸福感、安全感为核心的“美好生活指数”评价模型和评价指标体系，将创新、协调、绿色、开放、共享的新发展理念贯穿其中，并在长三角 26 个城市做了实证研究。分析研究中国质量革命推进过程中影响美好生活普遍存在的共性问题，对这些共性问题采用流程再造、数字孪生技术、相关方感知结果、即时体验等管理技法加以解决；同时，把这些技法整合起来，灵活运用，形成了美好生活服务质量评价与改进的有效方法。高质量发展理念的“落地”有了更清晰的方向和持续改进的依据。

从实践出发，本书全景式地展示了中国质量革命的过程和经验。从供给端，按照服务提供者来分类，将 21 世纪中国质量革命的标志性成果归为 3 个板块：一是由政府等公共组织机构使用公共权力与公共资源提供的公共服务，如城市公园质量革命、美丽乡村质量革命、中医药质量革命等；二是由市场主体（营利性的企业和组织）使用自有（个人或集体）资源提供的物质服务（有偿服务），如高铁质量革命、新能源汽车质量革命、电商质量革命、旅游服务质量革命等；三是由非营利的社会组织使用社会资源提供的文化服务，如养老服务质量革命、医疗流程变革质量革命、职业教育质量革命等。从经济发展到公共服务，从城市到乡村，从自主品牌到消费升级，这些案例以新理念、新模式、新技术、新追求、新体验，创造新生活、新消费、新享受、新氛围，持续破解质量瓶颈，以产品质量提升服务人民生活质量的提升；以管理质量提升服务公共产品供给质量的提升，充分体现了中国质量革命的6个本质特征，为质量革命在更多领域的展开提供了参考。

在新征程中，中国的质量革命还将在更多领域展开，中国的质量治理体系将更加完善。希望本书从理论到实践的探索和总结，能给更多行业提供借鉴，带来启发，希望全社会更多地关注质量，共治共享，使中国的质量革命为人民的美好生活贡献更多力量。一旦人民群众体验到质量能够帮助创造美好生活，质量管理将会产生强大、持续的驱动力。

目　录

第一章 中国质量革命的实践和特征

从宏观角度讲，质量革命是指为解决经济社会发展中的主要矛盾，运用新的技术和理念来变革生产力和生产关系的内容，促使社会产品全方位质量升级，主要体现在产品质量的全面提升、生产效率的普遍提高以及社会效益的整体增强上。

从微观角度讲，质量革命是指一种全面的、持续性和有计划性的以质量为中心的改革行动，旨在提高产品或服务的质量，满足顾客需求，提升企业的竞争力和市场地位。质量革命不仅仅关注产品或服务的质量，更关注整个企业或组织的质量管理和质量文化。质量革命的主要特点包括持续性、全面性、顾客导向、数据驱动、预防为主和全员参与。这些特点共同构成了质量革命的基本理念和实施要求，推动企业不断提升产品或服务的质量水平，赢得市场竞争优势。

20 世纪，发达国家质量革命的特点是着眼于争夺市场，增强竞争优势。21 世纪，在中国兴起的质量革命，致力于满足人民群众不断增长的对美好生活的需求。这场前所未有的中国质量革命，是中国社会经济发展的必然，也是我国整体消费水平跨入世界中等收入阶段的客观需求，更是高质量发展、可持续发展的战略要求，由中国信息化、数字化发展的领先地位决定的。

本章主要回顾 21 世纪初以来我国经济社会质量发展的主要历程和标志性重大事件，展示中国质量革命的发展过程，深入探讨中国质量革命的主要原因、核心内容和代表性成果，总结提炼中国质量革命的基本特征。

第一节 20世纪主要发达国家的质量革命

20世纪，以日本、美国、德国为代表的发达国家先后实现了影响深远的质量革命。在资本主义制度背景下，由资本唯利驱动所引发的质量革命，其根本目的是通过提高产品和服务质量，赚取超额利润，形成绝对竞争优势，争夺世界市场，确立垄断地位。

一、日本的质量革命

（一）日本质量革命的兴起与发展

第二次世界大战（以下简称二战）之前，日本的生产管理水平落后于欧美，加之战时大批熟练工人被征入伍，劳动力质量不断下降。战时管理工厂的军方不重视产品质量管理，只追求数量，导致日军武器故障出现的频率高于美军数倍。二战末期，日本海军飞机参战率仅为20%，而美军则为80%；当时日美两国飞机生产量比率为1∶5，加之质量效率的差距，导致日美空战实力悬殊。中途岛战役因日本海军的无线电发生故障无法及时传递关键情报，致使日本失去战争优势[1]。

日本是一个资源极度缺乏的国家，其能源和原材料几乎依赖进口，买进原材料加工成商品，其中相当部分供出口。出口产品是日本经济的支柱，其质量的优劣决定着它在世界市场的占有率，也决定着日本经济的生死存亡。日本大企业一般都是从其协作企业（中小企业）购入占成本70%左右的零部件，特别是组装工厂的外购件比率更高。零部件质量对产品质量具有关键性意义。提高产品质量是关系到日本经济兴衰的根本问题，故质量管理的引进就势在必行[2]。二战以后，美军进驻日本之初，常常因通信器材设备质量不良而导致频繁发生电话故障而苦恼。1946年5月，美军对日本电信工业界提出采用新式质量管理的建议，并进行相应的指导。以此为契机，日本学者和技术人员组成质量管理调查小组，对美国的质量管理进行研究，并开始逐步引进美国的质量管理方法。

为了尽快摆脱日本制造低档劣质的形象，日本人开始不断地吸收他国先进做法，根据实际情况，选择性地“拿来”。二战后的日本并无科技优势，只能学习国外先进的质量管理理念，通过管理创新创造一流的产品。日本产业界人士意识到：从经营者到作业人员都需要参加质量管理活动；质量管理不只是制造部门的事，必须有技术、采购和销售等部门的协助；质量管理的方法不只局限于解决质量问题，它对降低成本、提高生产率也有很大的作用。为了进一步创新质量管理机制，使之更适用于日本国情，1954 年，日本召开质量管理大会。此后每年举办质量管理大会成为日本的惯例。1958 年，日本质量管理代表团访美，将费根鲍姆“全面质量控制（total quality control，TQC）”的学说带回日本。从 20 世纪 60 年代开始，日本大力推广“全面质量管理”。

1962 年，利用美国的质量管理（quality control，QC）方法重建工业时，日本科学技术联盟内设立了质量管理小组本部，建立了第一批由生产工人和直接相关的检验人员组成的质量管理小组，开展质量管理小组活动。以戴明、朱兰为代表的美国质量管理专家，通过讲学将质量管理思想带到日本，并渗入公司的管理实践中。20 世纪 70 年代初，日本已成立 50 多万个质量管理小组。一个质量小组由 10 多人组成，来自相近的工段。小组成员相互协作，共同提高技能，合作处理生产中出现的质量问题，同时提高工作能动性和组长的领导能力。

经消化、吸收戴明、朱兰和费根鲍姆等人的质量管理思想，日本迅速创造出独特的日本式 TQC 文化。石川馨（Kaoru Ishikawa）提出的全公司质量管理（company wide quality control，CWQC）、品管圈（quality control circles，QCC）和质量七工具就是典型的代表。石川馨被誉为日本品管圈之父。1962 年，他提出“品管圈”的概念。品管圈是指工厂车间员工定期举行会议，提高操作技能、创造力和工作动力。参与会议的人员一般是同一个班组的人员。在这样的品管圈中，人人都可以接受培训和教育，能够提出改进产品质量的有效建议。品管圈理论成为全面质量管理的重要组成部分，石川馨以此写了 2 本著作：《日本品管圈》和《怎样实践品管圈活动》。

质量革命给日本企业带来的不仅是短期的经济收益，更有一笔巨大的潜在财富——品牌效应。诸如索尼、松下、丰田、花王、佳能等众多品牌在全球制造业市场已成为高质量的代名词。索尼与松下这两大品牌的脱颖而出，是日本质量革命带来的品牌效应最有力的代表。

索尼开创了特丽珑（Trinitron）时代。在20世纪90年代，如果家中有一台29英寸“特丽珑”彩色电视机，是一件颇值得炫耀的事情。在那个时代，画质代表着电视机的一切。在CRT（显像管）时代，特丽珑是电视机和电脑显示器最佳品质的代名词。特丽珑显像管可以说是索尼公司当时对世界产生极大影响力的技术发明之一。这一技术使得索尼电视在全球热卖，给索尼公司带来了巨额的利润，也在一定程度上改变了日本产品“便宜货、质量差”的形象。

松下电器的销量依靠上乘质量创下当时的世界之最。日本松下的洗衣机、电冰箱和空调器等产品，均属全球名牌产品，在全球家电市场上占有重要地位。因为松下坚持“质量第一，用户至上”的经营方法，重视提高产品质量，所以其产品的品质较好。到1979年底，松下电视机全球的累计销售总量已超过6 000万台，松下成为当时世界上生产电视机最多的厂家；该公司生产的磁带录像机累计销售突破200万台，在国际市场上的占有率为世界第一。

（二）日本质量革命的主要特征

日本质量革命带来的丰硕成果也激发了许多人对其特征与问题的探讨兴趣。1969年10月，世界著名质量管理专家约瑟夫·朱兰博士在世界首届质量管理国际会议上强调“日本的经济振兴是一次成功的质量革命”，并系统总结了日本质量革命的主要特征[3]。

（1）质量革命成为社会经济发展的巨大驱动力。质量革命提升了产品质量对经济的影响，极大地增强了民族自豪感，提高了产品竞争力。

（2）质量革命推动形成全员参与的生产管理模式。在企业活动的整个过程中，由经营领导者带头，各级现场工作人员全体参加质量管理工作的做法，是日本独创的先进方法，提高了员工参与管理的积极性。

（3）质量革命催生了自主管理的形成和效率的提升。员工围绕目标，结合现场问题，自发形成质量管理小组，运用质量管理的理论和方法，开展以提高工作效率、改进质量、降低消耗、提高经济效益的系列活动。

（4）质量革命深刻影响全社会质量意识的形成。为了强化和推动全国质量管理活动，日本将每年的11月份定为质量管理月，并举行各种质量管理会议或讲演会。各企业也把大多和质量有关的各项活动纳入该月开展。除质量管理月外，日本企业平时也经常召开质量管理小组大会和 Q－S(标准化和质量管理)大会等。

(5) 质量革命带动了质量教育和培训的兴起。“质量管理始于教育，而又终于教育。”从公司经理到第一线的作业人员，各个层次的员工均参与全面的质量管理教育和培训，这是日本质量管理最显著的特征。企业全体员工通过质量管理小组将简单的统计方法不断地应用于现场。

(6) 质量革命强化了质量监督管理职能的作用。在企业内，以公司经理为首的经营班子，到工厂、分公司、营业所等下属单位进行关于质量管理的诊断工作，对提高企业内的质量管理能效起到了极大的推动作用。

二、美国的质量革命

(一) 美国质量革命的兴起与发展

20 世纪 70 年代末，石油危机席卷美国，油价大幅上涨，消费者对节油汽车的需求量增加，而日本汽车刚好可以满足美国人的这种需求。按日本标准制造的小型汽车就此打开了通往美国市场的道路，并广受美国人的欢迎。与美国汽车相比，日本汽车更省油，较少出现故障，更经久耐用[4]。高质量、低成本的日本产品对美国市场的冲击，导致美国制造业遭受重创。以摩托罗拉公司为例。日本一家企业从该公司收购一家电视机厂以后，改用日本管理模式，产品质量得到迅速提升，电视机的缺陷率只有摩托罗拉管理时期的 1/20。摩托罗拉公司管理者意识到自己的管理落后，通过制定质量战略，采取改进措施，来满足顾客的需求。六西格玛就是摩托罗拉公司质量改进活动中的最大创意。摩托罗拉公司将六西格玛管理用于整个制造领域，其产品质量大幅提高，还减少了大量的浪费和返工，增加了公司的利润。摩托罗拉公司的产品很快成为高质量的象征。摩托罗拉公司的成功效应影响了众多的美国企业，联合信号公司、德州仪器公司纷纷跟进，之后的 GE 公司更是将六西格玛管理推向高潮。

日本企业的竞争威胁引起了美国社会对质量问题的关注。1980 年，美国 NBC 电视台播放的纪录片，介绍了日本 TQC 活动，第一次向美国民众介绍日本的“爱德华·戴明质量奖”及其在创造经济奇迹中发挥的作用。全面质量管理(total quality management, TQM)起源于美国,却在日本开花结果,这一现象引发了美国人的深思,也促发了美国从上而下开展一系列有关提升质量的改革和行动。

1982 年 10 月,里根总统签署生产力文件,指出美国的生产力在不断下降,美国的产品在国际市场上价格昂贵,缺乏竞争力。美国政府领导人和企业界人士都意识到,美国企业不了解全面质量管理,不知道如何提升产品质量,提升企业产品的质量已迫在眉睫。

1983 年 9 月,美国白宫召开生产力会议,推动全面质量管理运动的开展。美国总统、副总统、总统顾问、财政部部长、商务部部长都在会议上呼吁在全国公立和私营部门开展全面质量管理运动。在这一背景下,美国众议院科学技术委员会决定以国家法律的形式设立国家质量奖[5]。

1987 年 8 月,美国国会通过质量改进法案,设立国家质量奖。里根总统签署了由国会通过的美国 100 - 107 号公告法案《马尔科姆·波多里奇国家质量改进法》。依据该法案,创立波多里奇质量奖,用以表彰在 TQM 和提高产品竞争力方面做出杰出贡献的美国企业。摩托罗拉公司当年即获得波多里奇质量奖。

1998 年 12 月,美国修订质量法案,克林顿总统签署了 100 - 107 号公告法案的修正案[6]。

2001 年 4 月,美国总统布什出席了波多里奇质量奖标准修订研讨会[7]。

(二) 美国质量革命的主要特征

通过质量革命,美国建立了完整的质量标准和质量管理体系。其主要内容及其特点如下。

(1) 质量革命促进了美国信用制度的建设和完善,通过市场化运作手段建立产品质量的信用体系,培育了基于市场的诚信文化。

(2) 质量革命提升了国家级质量奖的积极效应。国家质量奖奖励和表彰质量实践领域贡献突出的企业,引导和激励更多企业积极践行提升质量的行动。

(3) 质量革命推动消费者保护运动的兴起。美国各大城市相继成立了公众利益调查小组(PIRG),以及各种专门小组。消费者保护运动成为美国社会生活中的一大势力,并对其他国家产生影响。

(4) 质量革命催生了质量过程控制系列标准。通过建立一系列标准和规范,对质量过程形成有效的监督和管理,如保障食品安全生产的“危害分析与关键控制点(HACCP)体系”,提升药品质量安全的“良好作业规范(GMP)”“美国保险商实验室(UL)认证”“美国国家标准协会认证(ANSI)”等。

(5) 质量革命促进了产品召回制度的形成。美国是第一个开创产品召回制度的国家。召回制度强化了信用体系建设,目的在于确定问题产品的型号、范围,及时防止问题的不断扩大,避免产生更多的纠纷;同时,借助市场力量找出产品的问题所在,及时弥补缺陷。

(6) 质量革命促进了赔偿诉讼长效机制的形成。20 世纪 60 年代,美国通过集体诉讼制度来保护弱势消费者的权益。凡由产品质量导致消费者权益受到的侵害,厂商须支付高额赔偿金;情节严重的,会有数额巨大的惩罚性赔偿,由此产生了强烈的社会震慑效应。

三、德国的质量革命

(一) 德国质量革命的兴起与发展

德国作为西方国家的后起之秀,它的工业设计和本土品牌曾经长期不为其他欧洲国家所承认。18 世纪和 19 世纪之交,在英国制造仍然领先世界的年代,德国被认为是英国的模仿者和抄袭者。英国人对德国产品的抵制,引发了德国人的深刻反省和德国工业界的觉醒。德国人奋起直追,以一种执着精神,以近乎刻板的质量意识,为自己的产品赢得了良好的口碑。“用质量去竞争”,成为德国工业界的至理名言。严格把好质量关,成就了“德国制造”[8]。

在近 150 年的时间里,德国制造业经历了由弱到强、由低质量到高质量的蜕变过程。这一过程大致可分为三个阶段:夺回尊严的“德国制造”、曲折前行的“德国制造”和繁荣发展的“德国制造”[9-10]。

1. 夺回尊严的“德国制造”:靠质量为自己正名

为摆脱产品质量低劣的标签,德国开始重视培养工人的技术和科研水平,这也为德国制造高质量发展奠定了基础。经过近 20 年的时间,到 1907 年,德国已经在一些技术上领先并超越英国。与此同时，德国一些企业加大在化学和医药领域的研发投入，并在国际上获得了垄断地位。到1914年，德国完成了工业化任务，在新兴电子、化工、机械制造领域站稳脚跟，也成为那个时代先进制造业的成功典型。

2. 曲折前行的“德国制造”：用标准占领国际质量高地

1914—1945年，在两次世界大战期间，德国制造经历了曲折发展阶段。一战失败导致德国在海外的资产和市场直接被竞争对手接管；在《凡尔赛和约》中，德国的国际专利被当作战争赔偿条件，德国早先的优势技术就此彻底丧失。一战后，德国充分利用技术工人的技术优势，广泛运用精细化生产理念。1926年，德国成立了国家标准化协会国际联合会（国际标准化组织的前身），国际标准的A3、A4纸张型号就源于德国的工业标准。但好景不长，美国的大萧条和第二次世界大战，让德国经济也深受影响。

3. 繁荣发展的“德国制造”：为高质量代言

二战后，在美国的支持下，西德走“和平工业化”道路，沿用精细化生产理念，采取特色规模生产和小批量定制模式相结合的竞争策略，西德制造业重新回到世界领先位置。东德制造业主要以重工业为主，以多主体协作和柔性加工系统为特色，在缝纫机、光学和精密仪器、钢铁生产等领域保持优势。民族统一后，两种“德国制造”模式充分融合，共同形成了高质量的形象。

（二）德国质量革命的主要特征

德国质量革命的主要特征如下：

（1）质量革命促进了产品质量管理体系的完善。德国产品质量相关的体系在改革中不断发展和完善，并推动质量管理的不断完善，具体有《设备安全法》《产品安全法》《食品法》等法规体系。行业标准化组织扮演着各项行业法规的执行者角色，将法规转化为具体的标准，成为质量认证和企业生产的依据。

（2）质量革命强化了认证机构的外部监督。以标准化学会为代表，制定行业生产质量保障标准，形成了“流程决定结果”的质量安全过程管理理念。“法律—行业标准—质量认证”的管理体系的形成，成为产品质量的有力保障。

(3) 质量革命催生了严谨的召回制度。德国的召回制度体系完备，包括质量问题事前管理、事中控制以及事后处理程序。召回制度既是对公司敢于承担责任的形象的维护，又增强了顾客对产品的信任度。

(4) 质量革命促进了高科技战略计划的推进。德国将第四次工业革命确定为国家重要的发展战略之一，坚定推进智能制造和科技创新。

(5) 质量革命推动了职业教育的高质量发展。极具特色的德国职业教育快速发展，提供了高质量人才保障，形成了特色的职业教育质量保障模式，是德国质量革命的一个显著特征。

第二节　21 世纪中国质量革命

一、中国质量革命的背景

伴随着我国改革开放的发展进程，中国质量管理也发生了根本性的变化。1996 年，国务院发布了《质量振兴纲要(1996—2010 年)》。这是我国首个质量发展纲要，提出了提高我国主要产业整体素质，使我国产品质量、工程质量、服务质量跃上新台阶的目标，标志着我国开启质量变革创新的新征程。

进入 21 世纪，中国迎来了质量发展新时代。2003 年，国务院审议通过《认证认可条例(草案)》，我国质量管理由此与国际接轨，成为全球通过质量管理体系认证最多的国家。2004 年，原国家质量监督检验检疫总局发布《卓越绩效评价准则》，标志着我国在推行全面质量管理 25 年后，质量管理发展进入了新的阶段。2012 年 1 月，国务院印发《质量发展纲要(2011—2020 年)》，这是我国质量发展新的里程碑。2014 年，中国质量奖设立，表彰了中国企业质量管理模式，标志着中国质量进入变革创新时代。2023 年，中共中央、国务院发布了《质量强国建设纲要》，标志着中国质量进入高质量发展时代。我国的质量管理从学习国外经验逐步转变为“引进来”和“走出去”并重；随着中国企业的“走出去”，进而推动中国质量、中国标准、中国品牌、中国管理也走向世界，不断扩大中国质量的国际影响力。

当今世界正经历百年未有之大变局，新一轮科技革命和产业变革深入发展，引发质量理念、机制、实践的深刻变革。我国进入高质量发展时期，但人民日益增长的美好生活需要和不平衡不充分的发展之间的矛盾凸显，质量水平的提升仍然滞后于经济社会发展，质量发展的基础还不够坚实，人民群众仍面临着“看病难、上学难、住房难、养老难”的困扰，人民群众的质量获得感和满意度不强。面对人民群众日益增长的需求，质量管理的变革迫在眉睫。而探索适合中国国情、具有国际影响力的质量管理理论、模式和方法，认真总结中国质量管理的成功经验，推进新一轮、由中国发起的“质量革命”，向世界提供质量管理的中国方案、传播中国质量管理的研究成果同样迫切。

（一）解决我国社会主要矛盾的当务之急

随着中国特色社会主义进入新时代，我国社会主要矛盾转化为人民日益增长的美好生活需要和不平衡不充分的发展之间的矛盾。发展上的不平衡不充分，一个很重要的问题就是质量上的不平衡不充分。美好生活，不仅意味着高质量物质消费所代表的更高生活品质，更意味着超越物质需求的高质量精神文化生活，最终实现精神需要的满足，收获人生意义和精神富足。在集体和社会层面上，美好生活还意味着增进民生福祉，促进全体人民共同富裕，实现人民生活质量提升与社会建设高质量发展的统一。

2001 年，我国人均 GDP 超过 1 000 美元；2019 年这一数值超过 10 000 美元，中国居民的消费模式、消费水平已经进入了国际中等收入阶段，人民对美好生活的追求不断提高。一方面，有档次、有品位、高价值、知名品牌的产品和服务的有效供给不充分；另一方面，个性化的消费需求满足程度不平衡。例如，“最后一公里”问题广泛存在于城市公共交通网络、农村信息服务、电子商务末端配送等领域。“最后一公里”问题，本质就是一个质量问题。

解决这些问题是中国质量革命的当务之急，也是推进中国经济高质量、可持续发展，实现中国式现代化的必由之路。

（二）中国高质量发展的战略要求

党的十九大报告提出，必须坚持质量第一、效益优先，以供给侧结构性改革为主线，推动经济发展质量变革、效率变革、动力变革[11]。党的十九大报告首次提出了高质量发展的重大目标，表明中国经济由高速增长阶段转向高质量发展阶段。高质量发展不只是一个经济要求，更是对经济社会发展方方面面的总要求，要服务于为人民谋幸福、为民族谋复兴、为世界谋大同，这也是高质量发展的本质特征。

推动经济社会高质量发展，需要中国质量革命的保驾护航，这也是高质量发展的战略要求。以质量变革创新来补短板、解难题、兜底线，解决好人民群众普遍关注、反映强烈的就业、教育、社保、医疗、养老、托幼、住房等问题，提高公共服务的可及性和均等化水平，推进城乡区域协调发展，全面实施乡村振兴战略，从根本上保障和改善民生福祉，不断提高人民群众的获得感、幸福感、安全感。

（三）互联网时代质量变革的必然趋势

21世纪以来，数字经济成为世界各国加快经济社会转型的重要选择。世界各国加快新型基础设施布局，以5G、人工智能、物联网、工业互联网为代表的新型信息基础设施逐步成为全球经济增长的新动能。2021年8月2日，中国信息通信研究院发布的《全球数字经济白皮书》显示，中国数字经济规模为5.4万亿美元，位居世界第二；同比增长9.6%，增长率位居世界第一。这也为中国质量革命奠定了基础。数字化为中国质量革命赋予了新的技术手段，开创了质量管理的新模式、新流程，将有效地解决质量瓶颈和难题，提升运行质态和效率，打通“最后一公里”，实现人民群众对美好生活的向往，为中国高质量发展提供坚实的基础。

（四）联合国可持续发展的深远影响

高质量的产品和服务保证是可持续发展的必然要求，也是可持续发展的关键内容。《联合国2030年可持续发展议程》提出实现17项可持续发展的目标，包括经济、社会、环境层面的目标。这对质量管理意义重大、影响深远。

中国作为世界上最大的发展中国家，人口基数大、人均资源少、生态环境脆弱，发展中不平衡、不协调、不可持续的问题较为突出，发展经济和保护环境的任务都十分繁重。中国选择了生产方式、生态环境可持续发展的道路，并取得了举世瞩目的成效。而质量管理与可持续发展是相得益彰的：一方面，质量管理可以为可持续发展提供强有力的支持；另一方面，可持续发展也成为质量管理的强大驱动力。

二、中国质量革命的实践

质量革命是指为解决经济社会发展中的主要矛盾，运用新的理念、技术和方法来推动生产力和生产关系的变革，促使社会产品和服务的质量升级，主要体现在产品质量的全面改善、生产效率的普遍提高以及社会效益的整体提升。21 世纪的中国正经历着一场前所未有的质量革命，人民日益增长的美好生活需要和不平衡不充分的发展之间的矛盾是新时代中国社会主要矛盾。中国质量革命的兴起正是围绕解决这一矛盾不断深入推进的。

与 20 世纪发达国家的质量革命不同，21 世纪中国质量革命的主要特色之一是沿着质量创造美好生活这条主线展开的。

美好生活是指人们各种生活需要的适度满足，每一个人都同时存在着多种生活需要，包括生存需要、成长需要、健康娱乐需要、文化精神需要等方面。在现代社会中，为满足人们多样化的需求，美好生活服务的提供可以来自三个方面，即由政府等公共组织机构使用公共权力与公共资源提供的公共服务；由市场主体（营利性的企业和组织）使用自有（个人或集体）资源提供的物质服务（有偿服务）；由非营利的社会组织使用社会资源提供的文化服务。表 1－1 为近十几年来我国经济社会发展成就。本书从供给端角度，按照服务提供者来分类，将 21 世纪初以来中国质量革命的标志性成果归类为三个板块。

（一）由公共组织机构使用公共权力与公共资源提供的公共服务

人民的社会安全需要，主要包括生命安全、财产安全、食品安全、药品安全、空气安全等。社会保障的需要，包括工作保障、教育保障、健康保障等。社会公正的需要，包括希望社会是公平正义的有序社会，希望办事和执法公正，希望分配公正、共同富裕等。人民的这类需求，主要通过公共组织使用公共权力与公共资源提供的公共服务获得，如本书所提到的城市公园革命、美丽乡村革命。

（二）由营利性的市场主体使用自有资源提供的物质服务

物质性需要或生理性需要，是人类基本的需要或本能需要，是人类第一层次的需要，如食物、服装、住房和种族繁衍等。物质需要主要是由企事业单位所提供的服务来满足，通过市场交换实现。本书界定为由市场主体提供的物质服务，涉及电商质量革命、新能源汽车质量革命、高铁质量革命。

（三）由非营利的社会组织使用社会资源提供的文化服务

心理性需要是人类第三个层次的需要，也称为精神文化方面的需要。它包含两方面：一是尊重的需要，可分为内部尊重和外部尊重两类。内部尊重即自信和自尊，相信自己的价值，对未来充满信心；人格独立，不依附于他人。外部尊重即希望自己的能力和成就得到社会的承认，受到他人的尊重。二是自我实现的需要。它是指实现个人理想、抱负，个人的能力得到最大限度地发挥。本书所提到的文化服务涉及职业教育质量革命、旅游质量革命等。

三、21 世纪中国质量革命的区域探索

区域经济发展战略是指对一定区域内经济、社会发展有关全局性、长远性、关键性的问题所做的筹划和决策。说得更具体些，是指在较长时期内，根据对区域经济、社会发展状况的估量，兼顾区域经济、社会发展中的各方面关系，对区域经济发展的指导思想、所要达到的目标、所应解决的重点和所需经历的阶段以及必须采取的对策的总筹划和总决策。随着经济的发展，区域经济发展战略的质量革命也在悄然发生，并取得了巨大成就。其中最典型的就是珠三角的深圳市、长三角的苏州市和京津冀的雄安市。下面就以这三个区域中的典型代表为例阐述中国质量革命的区域探索。

（一）深圳市质量革命实践

深圳在原有的高新技术产业发展的基础上，先后提出“效益深圳”和“深

圳质量”的发展目标，逐步进入经济高质量发展阶段。深圳市政府围绕创造“深圳质量”，努力做到“六个着力”：一是以加快转变经济发展方式为主线，着力提升经济发展质量；二是以改善公共服务为重点，着力提升社会发展质量；三是以绿色低碳为导向，着力提升生态发展质量；四是以推进特区一体化为突破口，着力提升城市发展质量；五是着力深化改革创新，为创造“深圳质量”提供制度保障；六是着力扩大区域合作，为创造“深圳质量”拓展空间。创造“深圳质量”，就是坚持以质取胜，追求更高水平的物质文明，使创新能力更强、产业结构更优、内生动力更足，国际竞争力一流；就是坚持以人为本，追求更高水平的社会文明，使法制更加健全，社会更加和谐，人民更加幸福；就是坚持文化强市，追求更高水平的精神文明，使人的发展更全面，人民生活丰富多彩，社会风貌昂扬向上；就是坚持内涵发展，追求更先进的城市文明，使城市布局更加合理，功能更加完善，现代化国际化水平更高；就是坚持低碳理念，追求更先进的生态文明，使资源消耗更少，环境代价更低，人与自然更加和谐。

数字技术的发展能为经济高质量发展赋能增效。深圳大力发展数字经济和产业新技术，推动了产业结构的迭代升级和经济高质量发展，其数字经济规模位居全国一线城市首位。深圳市通过利用互联网、大数据、云计算、人工智能等技术，实现了数字经济产业与实体产业深度融合以及服务业的集成创新；通过将先进科技与食品安全领域相结合，以人民群众为中心，创建国家食品安全示范城市，实施食品安全战略，在不断加强食品安全监管、推进信息化追溯体系建设、打造食品安全示范亮点、对标国际创新监管等方面持续发力，以食品安全助力民生幸福；通过创建“星期三查餐厅”“九号查酒”“食安探源”“农产品任你查”等品牌项目，为深圳市营造了食品安全社会共治的良好氛围。深圳市利用科技力量创新监管模式，实现消费者、经营者扫码实时观看餐厅后厨视频，9 类违法行为实时抓拍取证，让厨房面积在 200 平方米以上的餐饮单位和学校食堂实现“互联网＋明厨亮灶”。

深圳市作为我国质量革命先发区，其主要特点如下：① 城市综合竞争力是高质量发展的综合体现；② 科技创新是高质量发展的关键；③ 制度创新是高质量发展的保障；④ 规则和标准是高质量发展的动力。

（二）苏州市质量革命实践

作为最早荣获全国质量强市的示范城市，苏州市一贯高度重视质量工作，一把手亲自主抓高质量发展。苏州市通过推行首席质量官、开展品牌认证、开展十大服务行业服务质量满意度调查、建立标杆学习培训基地、推行卓越绩效等方式，在全市营造浓厚的质量管理氛围。苏州市政府开展的高品质生活城市建设行动，增加新一代信息技术、生物医药等四大先导产业的比重，产业体系加快优化升级；加大环保力度，老百姓生产生活环境持续优化；增加城乡公共服务支出，社会民生事业持续改善，探索出以提升生活品质为核心目标的城市发展新路子。

在种植、农副产品物流、养猪、食品、制药、化妆品、医院、物业、建筑、装修、保障性住房建设、园林、环保、燃气供应等与民生相关的领域，苏州涌现出博世、好孩子等一批示范企业，发挥了强大的标杆影响力，其质量管理呈现转型变革的良好趋势。中国质量奖是中国质量领域的最高荣誉，于 2012 年经中央批准设立，每 2 年评选一次。在 2021 年第四届中国质量奖及提名奖获奖的组织和个人名单中，苏州 3 家企业榜上有名：博世汽车部件（苏州）有限公司获得中国质量奖；好孩子集团有限公司、苏州市东吴物业管理有限公司荣获中国质量奖提名奖。

回看苏州的质量发展路径，其成功在于：强化标准引领，打响“苏州制造”品牌；提升服务能级，提升质量工作效能；发挥集群效应，提高产业创新水平；构建发展生态，赋能质量强市建设。

质量是“苏州制造”品牌发展硬核。苏州市正是以“苏州制造”为基点，坚持创新、协调、绿色、开放、共享的新发展理念，全面构建推动质量变革、效率变革和动力变革的高质量发展生态圈。质量强市，擦亮“苏州制造”金字招牌，已成为推动苏州制造业迈向“又大又强”的“破题密码”。

（三）雄安市质量革命实践

雄安市坚持高起点规划、高标准建设，逐步建立涵盖规划、建设、发展各领域和全过程的雄安标准体系，创造“雄安质量”，打造推动高质量发展的全国样板、建设现代化经济体系的新引擎。

在容东片区电建智汇城项目现场，中国电建·智慧建造平台由数字建造建筑信息模型(building information management，BIM)管理系统、智慧安全 HSE(health，safety，environment，健康、安全、环境)系统、智慧工地系统、区块链支付系统和区块链监理系统五大场景组成，并配置了决策支持中心模块，可支撑各级管理人员精准监督问题、精准决策指挥，提升监督能力，提高决策水平。雄安新区先期建立了工程建设标准关键质量指标体系，此后通过对现行国际、全国、行业、地方标准中设计工程质量的主要参数指标进行梳理和研究分析，沿用其中符合雄安建设要求、能保障和提高质量的强制性和关键性技术指标。而对于空白标准和指标，以及落后的标准和指标，雄安新区则提出了新增和提升指标。在监管层面，雄安新区构建"1＋4"工程质量监管机制，由建设主管部门负责工程质量行政监管，实施"省住建厅＋建设指挥部＋综合执法部门＋纪检监察部门"的工程质量监管跟进保障机制。

雄安新区同步规划的"孪生城市"，搭建起智慧城市基础框架。在这里，除了能看到这片"全国最大的工地"，看不到的"云上雄安"数字智能之城也在同步运行。新区每建设一栋楼，都会在数字雄安平台上生成一栋数字大楼。现实中哪怕更换一个路灯，都能在"云上雄安"平台上显示出来。每一栋建筑都是精密计算好的，运来的材料直接组装，大大减少了建筑材料的浪费。

在 2022 年"质量月"启动仪式上，雄安新区将打造工程质量管理体系作为"雄安质量"的重要内容，完成工程质量管理体系的系列调研课题，开展建设工程质量专项整治活动和"雄安质量杯"申报评选工作，推动"雄安质量"不断迈上新台阶。

我国各行业、各地区推行的质量革命，推动了我国社会经济的发展。表 1－1展示了党的十八大以来我国经济社会发展的巨大成就。

表 1－1　党的十八大以来我国经济社会发展成就(综合篇)

指　　标	单　位	2012 年绝对值	2023 年		2013—2023 年平均增速(%)累计
			绝对值	比上年增长(%)	
国内生产总值	亿元	538 580	1 260 582	5.2	12.2
就业工资					

续 表

指 标	单 位	2012 年绝对值	2023 年		2013—2023 年平均增速(%)累计
			绝对值	比上年增长(%)	
城镇新增就业人数	万人	1 266	1 206①	—	—
城镇就业人员占全部就业人员的比重	%	48.9	62.7②	1.1(百分点)	1.5(百分点)③
全国农民工总量	万人	26 261	29 562①	1.1	1.2④
城镇私营单位就业人员年平均工资	元	28 752	62 884②	8.9	9.1③
城镇非私营单位就业人员年平均工资	元	46 769	106 837②	9.7	9.6③
居民生活					
全国居民人均可支配收入	元	18 311	36 883	2.9	9.2
城乡居民人均可支配收入比	农村居民收入=1	2.81	2.45①	降低 0.05	累计降低 0.36④
全国居民人均消费支出	元	13 220	24 538	−0.2	7.8
全国居民每百户家用汽车拥有量	辆	16.9	43.5①	4.3	—
全国居民每百户移动电话拥有量	部	203.2	259.4①	0.1	—
全国居民人均服务性消费支出占人均消费支出的比重	%	39.7	43.2①	−0.1(百分点)	[3.5](百分点)④
社会保障					
年末参加基本养老保险人数	万人	78 796	102 871②	3	3.0③
年末参加基本医疗保险人数	万人	53 641	136 297②	0.1	—
全国城市低保平均标准	元/人·月	330.1	711.4②	5.0	8.9③

续　表

指　　标	单　位	2012 年绝对值	2023 年		2013—2023 年平均增速(%)累计
			绝对值	比上年增长(%)	
全国农村低保平均标准	元/人·年	2 076.8	6 362.2②	6.7	13.3③
各类棚户区改造开工	万套	331	134①	—	[4 095](万套)④
社会事业					
九年义务教育巩固率	%	91.8	95.4②	0.2(百分点)	[3.6](百分点)③
劳动年龄人口平均受教育年限	年	10.2⑤	10.9①	0.1(年)	0.1(年)⑥
公共图书馆数量	个	3 076	3 215②	0.1	0.5③
电视节目综合人口覆盖率	%	98.20	99.66②	0.07(百分点)	[1.46](百分点)③
每千人医疗卫生机构床位数	张	4.2	6.7②	3.7	5.2③
人均预期寿命	岁	76.34⑤	77.93⑦	—	0.32(岁)⑧
农村贫困情况					
农村贫困人口	万人	9 899	全部脱贫⑨	—	[−9 899](万人)⑩
贫困发生率(2010 年标准)⑪	%	10.2	—	—	—
脱贫地区农村居民人均可支配收入⑫	元	5 212	15 111①	7.5	11.2④

资料来源：国家统计局网站。

注：① 为 2022 年数据；② 为 2021 年数据；③ 为 2013—2021 年年平均或累计变动情况；④ 居民生活指标为 2013—2022 年数据；⑤ 为 2015 年数据；⑥ 为 2016—2022 年年平均增长量；⑦ 为 2020 年数据；⑧ 为 2016—2020 年年平均增长量；⑨ 2020 年我国现行农村贫困标准下的农村贫困人口全部脱贫；⑩ 为2013—2020 年累计变化情况；⑪ 2010 年农村贫困标准为每人每年生活水平在 2 300 元以下(2010 年不变价)；⑫ 2012—2020 年脱贫地区农村居民人均可支配收入为贫困地区农村居民人均可支配收入。

第三节　中国质量革命的本质特征

质量管理是提高人类生产生活水平的重要保障。在人类社会发展历程中，每一次质量革命都促进了科学技术的进步、生产效率的提高和生活品质的提升。中国的发展已经进入了一个新的时代。高质量发展成为未来中国经济发展追求的方向，也必将成为中国经济的显著特征。21 世纪初在中国兴起的质量革命，提升了企业的效益，增强了企业竞争力，促进了国家经济转型发展，提升了我国的整体实力和国际地位，推动了中华民族的伟大复兴，具有鲜明的时代特征和中国特色。

一、可持续发展是中国质量革命的理念

可持续发展理念为中国质量革命指明了方向。当前我国已经进入了高质量发展阶段，站在这个历史阶段，质量革命不能仅考虑提升产品、服务质量和提高经济竞争力，还需要更加关注社会生态文明建设，人与自然和谐相处。我国把推动发展的着力点转到高质量和效益上来，坚持质量第一、效益优先，下大力气推进绿色发展、低碳发展、循环发展，科学布局生产空间、生活空间、生态空间，让良好的生态环境成为展现我国良好形象的发力点。

二、美好生活是中国质量革命的目标

中国质量革命的根本理念和强大动力就是坚持人民至上，最终目的就是保障和改善民生，满足人民对美好生活的需要，增进民生福祉。总结中国质量管理的发展经验，其中最核心的就是坚持人民至上，不断满足人民日益增长的美好生活的需要。特别是进入 21 世纪以来，我国政府和企业一直致力于推动解决产品安全、教育、就业、医疗卫生、养老等重大民生质量问题，通过质量提升，推动供给侧结构性改革，改变人民的生活方式，不断把人民对美好生活的向往变为现实。

三、人民满意度是中国质量革命的标志

中国质量革命成功的标志就是社会大众的体验感得到优化和提升。随着社会大众的消费需求日益个性化，消费理念不断成熟，他们开始追求更多的情感、社会交往与自我实现的需要，并对产品和服务质量提出了更高的要求。中国质量革命要满足人民日益增长的美好生活需要，就要将社会大众体验视为核心要素和理念，不断提升人民群众在教育、医疗、生活环境、居住与出行及公共服务等领域的满意度。

四、数字化、智能化是中国质量革命的重要方法

数字化、智能化为中国质量革命提供了手段。目前，中国正在展开一场从理念、目标、制度到具体领域的全方位质量革命，而数字化、智能化技术的应用则为这场革命提供了强大的动力。通过融合应用新一代信息技术，推动质量管理活动数字化、智能化升级，注重对产品全生命周期、产业链、生态圈质量进行全面管理，有利于增强不同主体对产品全生命周期、全价值链质量管理的能力，从而使产品质量更有保障，服务水平更贴合人民的期望。同时，随着数字化、智能化的深入发展，最前沿技术的应用，更加注重以客户为中心的流程优化重构与管理方式变革，强调以客户为中心的质量协作，关注对用户个性化、差异化需求的快速满足和高效响应，极大地丰富了老百姓的物质和精神生活。

五、服务链协同是中国质量革命的途径

中国质量革命的参与主体是多元的，包括政府、企业、其他机构和消费者等。各方共同参与、协同共治，形成市场主体自治、行业自律、社会监督、政府监管的质量治理协同格局。不同主体之间的协同也是市场信用体系建设的过程。企业为消费者提供高质量的产品和服务，从而提升自身的品牌价值和信誉；消费者参与创新和质量监督，形成有力的外部监督；政府部门制定产品质量规范和标准；行业协会推动质量认证体系建设，最终形成多方协同共治的高质量生态环境。

六、完善的公共治理体系是中国质量革命的保障

完善的公共治理体系是中国质量革命的重要保障。高质量的产品和服务是人民美好生活的基础保障。衣、食、住、行各领域的产品和服务质量的全面提升，需要的不仅仅是企业等组织的自觉，还需要有完善的公共治理体系的支撑。质量安全问题，不仅直接影响消费者的基本权益，甚至还会危及人民群众的生命财产安全。因此，完善质量公共治理服务体系，遵照市场化改革的总体部署与要求，通过“简政放权”，明确质量公共服务的范畴、具体流程和细则，最终目的是要提供高效、精准的质量服务。

参 考 文 献

[1] 那日苏.全面质量管理与日本的崛起：传统文化与现代理性的成功融合[J].科学技术与辩证法，1996(6)：57-60.

[2] 李枫.从日本企业的质量经营认识管理移植[J].比较管理，2012，4(1)：89-97.

[3] 约瑟夫·M.朱兰.朱兰自传[M].上海朱兰质量研究院，译.北京：中国财政经济出版社，2004：279.

[4] 倪建文.论中国企业质量文化的培育：基于美、日两国质量文化的研究[J].湖南师范大学社会科学学报，2008(5)：100-103.

[5][6][7] 宋明顺，方兴华，刘璐.美国解决质量危机的启示[J].中国质量，2011(9)：53-55.

[8] 上海质量管理科学研究院课题组.质量提升与国家强大：日、美、德质量经营战略及其启示[J].上海质量，2011(4)：31-33.

[9] 徐建华.他山之石，可以攻玉[N].中国质量报，2018-03-29(4).

[10] 巫云仙.“德国制造”模式：特点、成因和发展趋势[J].政治经济学评论，2013，4(3)：144-166.

[11] 张超，唐杰.中国经济高质量发展机制：制度动因、要素保障与实现途径——兼论深圳经济高质量发展的实现路径[J].湖南社会科学，2021(3)：63-71.

第二章
美好生活的内涵与评价

追求美好生活是人的需求和愿望,代表着一种积极的生活态度。在社会发展的不同时期,人类对美好生活的憧憬不一样,对美好生活的评价标准也不一样。中国通过改革开放取得了物质财富上的巨大成就,在此基础上的美好生活,有了更加丰富的内涵。美好生活取决于消费结构的优化,消费结构质量系数为美好生活评价提供了理论基础。人民既是美好生活的享受者,也是美好生活的创造者。

关于美好生活内涵的研究,揭示了新时代美好生活的本质,弥补了美好生活内涵的价值空缺,具有重要的理论意义与现实意义。探索测量美好生活质量的评价指标,构建美好生活的质量评价指数模型,对长三角城市美好生活的案例分析,将美好生活从"倡导层面"提升到"落地层面"。

第一节　美好生活的内涵

一、美好生活的研究概述

古希腊的亚里士多德是第一个提出"美好生活"一词的哲学家。亚里士多德认为,"美好生活"是一个人在拥有基本的物质需求后,经过审慎思考之后追求的生活方式。即美好生活可以被定义为"理解",理解的对象是知识。随着个人理解能力的增强和知识的增多,可以达到更高层次的享受,从而实现美好。从 17 世纪前后到 20 世纪初,托马斯·霍布斯(Thomas Hobbes)、保罗·萨缪尔森(Paul Samuelson)等学者提出了用个人欲望、基数效用论等去阐述美好生活的观点。20世纪前后,各国在理论和实践上探索美好生活指数概念,从不同维度进行分层指标的探索与量化分析。进入21世纪,世界各国更加重视本国社会福利的改善和人民幸福感的提升,积极探索和推动实施美好生活战略。什么是美好生活?或许在不同时代、不同个体那里,会有不同的回答。在新时代的背景下,在全面建成小康社会之后,随着人民物质生活水平的不断改善,随着科学技术日新月异的发展,我们需要在这样的大背景之下重新思索美好生活在今天的中国的含义。

美好生活首先是物质生活上的富足。当人们还在为衣食住行而发愁时,很难说人们是幸福的。在马斯洛的需求层次理论中,也是将物质层面的生存需要看成人们需要满足层次的最基础条件。尽管不能简单地将美好生活等同于物质生活的富足,但是倘若没有物质上的基本满足,人民的美好生活便无从谈起。改革开放之后,中国的经济建设取得了巨大成就,获得了举世瞩目的脱贫攻坚的全面胜利,人民群众的物质生活条件得到了巨大改善。这无疑为创造美好生活奠定了良好的物质基础。然而,仅仅有物质上的富足,还不足以实现真正的美好生活。

美好生活绝不是某个人或某一群人的美好生活。我们始终处于一个共同体当中,唯有这个共同体能够彼此平等和谐,能够达到普遍的正义,共同富裕的美好生活才是可期的。真正的美好生活,只能建立在一个更为公正和平等的共同体基础上,从现实的历史背景出发,在政治制度和社会生活层面上,创造一个更公平、更和谐、更具有兼济天下精神的共同体。这确实是值得追求的美好生活。

二、美好生活的内涵

美好生活的内涵在新时代中国的改革创新实践中得到了丰富和发展。吴维海[1]认为美好生活是与特定历史时代的发展水平相关联的,是社会发展的最大价值公约数,包含了对发展成果(财富等)的占有,精神价值与意义的体验、感受,以及主体际(他人、群体和社会)之间的相互尊重、理解和合作等。它是公正社会的制度安排和充满理性、自由、开放氛围的生活。美好生活既包括"日益增长的物质文化需要"等"硬需求",也包括人民的获得感、幸福感、安全感,人的尊严、权利、当家作主等“软需求”。张诚[2]认为应从物质性、人民性、发展性三个维度把握美好生活需要的满足路径,推动社会主要矛盾的化解,实现人的更高水平更全面的发展。朱雨可等[3]将美好生活需求定义为人们在追求美好生活中产生的获取各种有利于人全面发展的消费资料的意愿和消费的主观体验。

基于上述内容可知,“个人感知”和“国家与社会发展”是诠释美好生活的不同维度。美好生活是包括物质充裕、精神富足、制度公正、社会和谐、环境宜居等诸多要素在内的完整的生活系统。随着人民美好生活需要的日益增长,美好生活的内涵也逐渐丰富。美好生活是指人们各种生活需要的适度满足。每一个人的生活需要是包含多方面的。这多方面的需要,都要得到适度的满足。

(1) 物质性需要。物质性需要或生理性需要,是人类基本的需要或本能需要,是人类第一层次的需要,如食物、服装、住房和种族繁衍等。

(2) 社会性需要。社会性需要是在物质性或生理性需要的基础上形成的,可以说是第二层次的需要。它包括社会安全、社会保障和社会公正等方面的需要。社会安全需要主要包含:一是生命安全;二是财产安全;三是食品安全;四是药品安全;五是空气安全。社会保障需要主要包含:一是工作保障的需要;二是教育保障的需要;三是健康保障的需要。社会公正需要主要包含:一是希望社会是公平正义的有序社会;二是希望办事和执法公正;三是希望分配公正,共同富裕;四是希望干部选拔公正,人尽其才。

(3) 心理性需要。这是人类第三个层次的需要。心理性需求包含两方面:一是尊重的需要,可分为内部尊重和外部尊重两类。内部尊重即自信和自尊,相信自己的价值,对自身的未来充满信心;人格独立,不依附于他人。外部尊重即希望自己的能力和成就得到社会的承认,受到他人的尊重。二是自我实现的需要。它是指实现个人的理想、抱负,个人的能力发挥到最大限度的需要。

本书第一章对质量革命所做的分类,是基于上述分类,从服务提供者这个角度出发的。

三、美好生活的特征

朱兰博士曾预言“21 世纪是质量的世纪”。国外的质量变革更多的是以经济效益为出发点，将质量作为驱动社会经济持续发展的核心要素。相比之下，我国的质量革命从人民的角度出发，还承担着服务人民美好生活、解决社会问题的工具性角色。因此，我国新时代的美好生活更多地彰显了人民至上的价值理念，以人民获得感、幸福感、安全感为美好生活的评价标准，以建设全体人民共同富裕的现代化作为实现美好生活的价值诉求。

（一）人民至上是美好生活的核心理念

人民至上是中国共产党的根本政治立场，是马克思主义政党区别于其他政党的显著标志。坚持以人民为中心的发展思想，是习近平新时代中国特色社会主义思想的核心与灵魂。不同于国外，我国质量革命的根本目标在于解决人民日益增长的美好生活需要和不平衡不充分的发展之间的矛盾。创造美好生活是我国质量革命的最高目标。创造美好生活必须始终坚持以人民为中心的发展理念。美好生活突出强调的是广大人民的美好生活，是代表历史前进方向的、对社会发展起推动作用的、以劳动群众为主体的绝大多数普通人的美好生活。人民是美好生活的需要主体，对于要实现什么样的美好生活，必须问需于民；人民是美好生活的创造主体，对于如何实现美好生活，必须问计于民；人民是美好生活的享受主体，美好生活必须由人民共享。同样要坚持美好生活的人民主体地位，必须坚持一切为了人民，一切依靠人民。

（二）人民的获得感、幸福感、安全感是美好生活的评价标准

党的十九大报告提出，“使人民获得感、幸福感、安全感更加充实、更有保障、更可持续”。党的二十大报告进一步明确，“我们坚持把实现人民对美好生活的向往作为现代化建设的出发点和落脚点”。人民美好生活的标准是“美好”，而“美好”的体现就是获得感、幸福感、安全感。

获得感指的是建立在物质生活水平切实提高基础上的满足。这种满足不仅包括对收入、福利待遇提高以及对衣、食、住、行等条件改善的切身感受，还包括对精神文化生活质量提升的亲身体会。幸福感强调的是在自身需要得到满足的条件下产生的喜悦情绪。这种喜悦情绪不仅指在自身生活和工作中享有的诸如自尊和自豪等身心愉悦的精神状态，更是指在自我追

寻和实现中得到的诸如社会认同和价值共鸣等欣喜快乐的心灵体验。安全感凸显的是一种渴望长期和长效稳定的心理诉求。这种心理诉求不仅体现了对当前现状没有后顾之忧的稳定预期,更体现了对未来健全社会保障和维持社会公平的殷切期待。

获得感的提升,为幸福感和安全感的获得提供了可能,是“美好”的基础;幸福感以获得感和安全感为前提,是“美好”的核心;安全感的提升,是获得感和幸福感产生的基本条件,是“美好”的保障。

(三) 建设和谐社会是实现美好生活的价值诉求

人们的感知感受在美好生活的评价中占据主导地位[4]。《国家基本公共服务体系“十二五”规划》确定了“公共教育、劳动就业服务、社会保障、基本社会服务、医疗卫生、人口计生、住房保障、公共文化”等为基本公共服务的重点领域。《“十三五”推进基本公共服务均等化规划》指出“学有所教、劳有所得、病有所医、老有所养、住有所居”要持续取得新进展。《“十四五”公共服务规划》确定了“幼有所育、学有所教、劳有所得、病有所医、老有所养、住有所居、弱有所扶、优军服务有保障、文体服务有保障”的民生保障目标。

由此可见,美好生活是人民群众的收入更稳定、住得更舒服、出行更便捷,享受更优质的教育、医疗、社会保障,吃上更放心的食品,喝上更干净的水,呼吸到更清新的空气。此外,美好生活也蕴含了人民对“善”的生活的守护,即对“以正义的能力为基础的有尊严的、人性丰满的有活力的生活”的坚守。尊严作为人民涵养德性、弘扬共善的重要伦理特质,既阐明了美好生活维系正义、崇尚德性、完善人性的要旨,又显扬了人民求真至善、严于律己、修身养性的旨趣。

第二节　消费结构质量系数

随着社会的发展,美好生活的内涵也在改变。经济发展是衡量美好生活的重要维度,若单纯依靠人均 GDP、人均可支配收入等指标,美好生活的概念只能停留在表面。随着社会经济的发展,低层次的生存需要(吃饱穿暖等）的满足对人的激励作用有限，进而对旨在提高生存质量、优化生活环境的享受性需要（娱乐休闲等）和自我实现的发展性需要（自由自觉、正义、完善、审美等）有着更高的要求[5]。即从吃穿消费为主到住行消费为主，到健康娱乐为主，再到精神文化消费为主，人的需求的改变，引起消费模式的改变。其中，消费结构的发展对于消费模式和消费质量需求有重大影响，对于解决供求间不匹配问题，对于将美好生活从“倡导”提升到“落实”，有着现实的导向意义。因此，在国家层面上，美好生活的内涵主要体现在消费结构的不断完善上。

根据新时代美好生活的内涵，从国家与社会发展、个人感知角度对美好生活的要素进行分析，并构建相应的消费结构质量系数（quality coefficient of consumption structure，QCCS）的评价模型，用于宏观层面评价美好生活的水平。

一、消费结构研究

消费作为一种典型的社会交换行为，它的存在由两大基本要素构成，即“商品供给”与“支付实力”，也就是提供商品的能力和消费者的消费能力。消费结构就是消费者对各种消费品和劳务的消费在总消费支出中的占比，可以用各项消费支出占生活费总支出的比重来表示。在一定的经济社会条件下，人们所消费的各种不同的消费资料（包括劳务）的比例关系及其构成形态就构成了消费结构[6]。换言之，消费结构是指各类消费支出在消费总支出中所占的比重。目前，我国消费结构的划分主要包括食品烟酒消费、衣着消费、居住消费、生活用品及服务消费、交通通信消费、教育文化消费娱乐、医疗保健消费、其他用品及服务消费等。全面建成小康社会，温饱问题早已不再是城乡居民消费的主要矛盾。人们从基本的生存型消费开始转向了发展型和享受型消费。生活水平的不断提高，推动着人们的消费需求向更高层次的转变，其结果就是带来了消费结构的优化，向往的美好生活的水平也在不断提高。食品烟酒消费中也更多关注绿色、有机消费，教育文化娱乐消费、医疗保健消费等消费需求日益增长。

我们可以通过研究消费结构，建立消费结构质量系数，来衡量和规划国家美好生活的发展历程。消费结构质量系数是评价国家或地区美好生活的宏观指标。

(一) 人均 GDP 的变化趋势

人均 GDP 水平与国民消费结构有着密切的联系，发达国家与发展中国家的居民消费结构有着显著的差异。人均 GDP 的变化规律也在一定程度上反映了国家消费演变的普遍规律。我国与日、美、德、韩 4 国近 62 年来的人均 GDP 数据如表 2-1 所示。

表 2-1 1960—2022 年中、日、美、德、韩人均 GDP

单位：美元

年 份	中 国	日 本	美 国	德 国	韩 国
1960	89.52	475.32	3 007.12	——	158.25
1961	75.81	568.91	3 066.56	——	93.83
1962	70.91	639.64	3 243.84	——	106.15
1963	74.31	724.69	3 374.52	——	146.31
1964	85.50	843.62	3 573.94	——	123.60
1965	98.49	928.52	3 827.53	——	108.72
1966	104.32	1 068.56	4 146.32	——	133.47
1967	96.59	1 239.32	4 336.43	——	161.16
1968	91.47	1 451.34	4 695.92	——	198.43
1969	100.13	1 684.66	5 032.14	——	243.42
1970	113.16	2 056.12	5 234.30	2 761.17	279.30
1971	118.65	2 272.08	5 609.38	3 192.13	301.18
1972	131.88	2 967.04	6 094.02	3 809.98	324.20
1973	157.09	3 974.75	6 726.36	5 046.76	406.90
1974	160.14	4 353.82	7 225.69	5 639.08	563.36
1975	178.34	4 674.45	7 801.46	6 236.36	617.46
1976	165.41	5 197.62	8 592.25	6 634.86	834.13

续　表

年　份	中　国	日　本	美　国	德　国	韩　国
1977	185.42	6 335.29	9 452.58	7 682.95	1 055.88
1978	156.40	8 820.69	10 564.95	9 482.04	1 405.82
1979	183.98	9 103.56	11 674.18	11 281.02	1 783.62
1980	194.80	9 463.35	12 574.79	12 138.31	1 715.43
1981	197.07	10 360.18	13 976.11	10 209.07	1 883.45
1982	203.33	9 575.61	14 433.79	9 913.74	1 992.53
1983	225.43	10 421.21	15 543.89	9 864.34	2 198.93
1984	250.71	10 978.92	17 121.23	9 313.17	2 413.26
1985	294.46	11 576.69	18 236.83	9 429.57	2 482.40
1986	281.93	17 113.26	19 071.23	13 461.83	2 834.90
1987	251.81	20 748.99	20 038.94	16 677.51	3 554.60
1988	283.54	25 059.01	21 417.01	17 931.28	4 748.63
1989	310.88	24 822.78	22 857.15	17 764.38	5 817.03
1990	317.88	25 371.46	23 888.60	22 303.96	6 610.04
1991	333.14	28 915.01	24 342.26	23 357.76	7 636.98
1992	366.46	31 414.98	25 418.99	26 438.23	8 126.67
1993	377.39	35 681.96	26 387.29	25 522.63	8 884.93
1994	473.49	39 933.52	27 694.85	27 076.61	10 385.34
1995	609.66	44 197.62	28 690.88	31 658.35	12 564.78
1996	709.41	39 150.04	29 967.71	30 485.87	13 403.05
1997	781.74	35 638.23	31 459.14	26 964.05	12 398.48
1998	828.58	32 423.76	32 853.68	27 289.06	8 281.70

续 表

年 份	中 国	日 本	美 国	德 国	韩 国
1999	873.29	36 610.17	34 513.56	26 734.94	10 672.42
2000	959.37	39 169.36	36 334.91	23 694.76	12 256.99
2001	1 053.11	34 406.18	37 133.24	23 628.33	11 561.25
2002	1 148.51	32 820.79	38 023.16	25 197.27	13 165.07
2003	1 288.64	35 387.04	39 496.49	30 310.36	14 672.86
2004	1 508.67	38 298.98	41 712.80	34 106.66	16 496.12
2005	1 753.42	37 812.90	44 114.75	34 520.24	19 402.50
2006	2 099.23	35 991.55	46 298.73	36 353.88	21 743.48
2007	2 693.97	35 779.02	47 975.97	41 640.08	24 086.41
2008	3 468.30	39 876.30	48 382.56	45 612.71	21 350.43
2009	3 832.24	41 309.00	47 099.98	41 650.37	19 143.85
2010	4 550.45	44 968.16	48 466.66	41 572.46	23 087.23
2011	5 614.35	48 760.08	49 882.56	46 705.90	25 096.26
2012	6 300.62	49 145.28	51 602.93	43 855.85	25 466.76
2013	7 020.34	40 898.65	53 106.54	46 298.92	27 182.73
2014	7 636.12	38 475.40	55 049.99	48 023.87	29 249.58
2015	8 016.43	34 960.64	56 863.37	41 103.26	28 732.23
2016	8 094.36	39 400.74	58 021.40	42 136.12	29 288.87
2017	8 816.99	38 891.09	60 109.66	44 652.59	31 616.84
2018	9 905.34	39 808.17	63 064.42	47 973.61	33 436.92
2019	10 143.84	40 777.61	65 279.53	46 794.90	31 902.42
2020	10 434.78	40 193.25	63 206.52	46 252.69	31 597.50

续　表

年　份	中　国	日　本	美　国	德　国	韩　国
2021	12 617.51	40 058.53	70 219.47	51 426.75	35 142.26
2022	12 720.21	34 017.27	76 329.58	48 717.99	32 422.57

资料来源：数据分别来源于美国劳动统计局(http://stats.bls.gov/)、中国国家统计局各年统计年鉴(http://www.stats.gov.cn/sj/ndsj/)、世界银行、经济合作与发展组织。

中、日、美、德、韩5国62年来的人均GDP变化趋势如图2-1所示。我国人均GDP的增长虽然起步较晚，但自2002年以后一直保持高速增长的趋势。

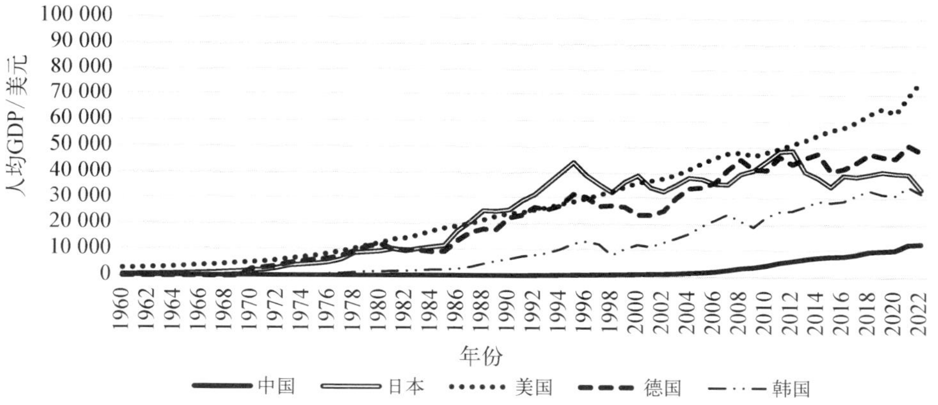

图2-1　1960—2022年中、日、美、德、韩人均GDP变化趋势

(二)发达国家消费模式演变的四个阶段

世界银行有一个标准：人均GDP在755美元以下的为低收入国家；人均GDP在756～2 995美元的为中下等收入国家；人均GDP在2 996～9 265美元的为中上等收入国家；人均GDP在9 265美元以上的为高收入国家。根据其他国家的经验，在人均GDP达到3 000美元后，经济社会生活会出现一些新特征：在经济结构上，三次产业优化升级，服务业将加快发展，经济增长的质量和效益都会明显提高；在消费结构上，更加注重生活质量，消费呈现多样化的特点，社会事业将全面发展；在社会结构上，生活宽裕人群将成为社会主体，社会总体收入分布形态向“橄榄型”转变。社会学家认为，这是比较成熟、稳定的社会形态。

亚历克斯·英克尔斯(Alex Inkeles)认为在判定现代化评价指标体系中,人均国内生产总值(GDP)3 000 美元以上是一个重要指标[7]。人均 GDP 3 000 美元是实现现代化的一个关键点。

通过对美、日、德、韩 4 个国家的分析得出:消费模式演变与人均国内生产总值有密切关系。依据人均 GDP 的水平可以将消费模式划分为 4 个阶段。

(1) 消费模式的第一阶段。当人均 GDP 在 3 000 美元以下时,是工业拉动经济增长的阶段[8],人们的消费支出主要为吃穿。

(2) 消费模式的第二阶段。人均 GDP 超过 3 000 美元,是居民消费结构发生转变的重要时期。在这一时期,作为发展型、享受型的服务性消费逐渐为越来越多的人所接受,居民服务性消费将快速增长。当一个国家的人均 GDP 达到 3 000 美元以后,居民在吃穿上的消费比例会持续下降,在居住和娱乐休闲等方面的支出占比会明显上升;尤其当人均 GDP 超过 5 000 美元之后,交通通信等服务性消费支出增加是普遍现象;而在人均 GDP 超过 10 000 美元之后,服务等行业的高质量消费占比也会逐渐提高。

(3) 消费模式的第三阶段。人均 GDP 达到 10 000 美元无异于一道"坎",实现从发展中国家向发达国家的跨越。在人均 GDP 达到 10 000 美元之后,一般就进入了消费模式的第三阶段,消费升级将持续推进。在第三阶段,居民消费大幅度转向服务型消费(例如医疗健康、公共服务、养老等),并且注重产品和服务的品牌,同时在奢侈品消费方面也有大幅增长。在进入人均 GDP 10 000 美元的发展阶段后,美国等发达国家的总体消费水平显著提高。1959—2000 年,美国的个人消费开支年均增长 3.6%,消费开支在国内总需求中的比重达到 65%。同时,美国居民的消费结构不断升级,食品消费支出由 1960 年的 24.4%下降到 1998 年的 13.5%,此后以发展、享乐为主的消费占据主导地位。同时,此阶段也容易坠入中等收入陷阱,如果不注重质量发展,不以大幅度提升产品和服务质量激发消费欲望来拉动消费,则经济增长势必长期处于停滞状态,就像南美、东亚等国家经历的那样。

(4) 消费模式的第四阶段。人均 GDP 达到 20 000 美元,则代表着真正跻身发达国家的行列。当人均 GDP 超过 2 万美元之后,消费模式就逐渐演变到第四阶段。此阶段,精神文化型消费已经占主导地位,国民已经逐渐形成个性、理性、文明、绿色、智能、共享等消费理念。

整个消费模式演变的四个阶段以质量为主线，以人民需求为主导，逐渐向高品质消费转变。只有当前一阶段的质量达到一定水平，矛盾冲突已较好解决时，人均 GDP 随之上涨到一定程度时，人们的消费模式才会逐渐向更高阶段推进（见表 2-2）。

表 2-2　消费模式演变的四个阶段

消费模式的阶段	人均 GDP/美元	消　费　特　征
第一阶段	小于 3 000	以吃穿消费为主
第二阶段	3 000～10 000	以住行和通信的消费为主
第三阶段	10 000～20 000	以服务型（例如养老、医疗和公共服务等）消费为主，奢侈品的消费增加
第四阶段	20 000 及以上	以精神文化消费为主，且以理性、绿色、智能、共享等消费理念为主导

以人均 GDP 3 000 美元、10 000 美元、20 000 美元为三大关键点，我国与日、美、德、韩四国首次突破关键点的时间如表 2-3 所示。我国人均 GDP 于 2019 年首次突破 10 000 美元大关，日本、美国、德国、韩国人均 GDP 突破 10 000 美元的年份分别为 1981 年、1978 年、1979 年、1994 年。

表 2-3　中、美、德、日、韩人均 GDP 关键点的首次突破时间对比

人均 GDP/美元	中　国	美　国	德　国	日　本	韩　国
3 000	2008	1961	1971	1973	1987
10 000	2019	1978	1979	1981	1994
20 000	——	1987	1990	1987	2006

（三）我国消费模式阶段分析

改革开放后，我国经济迅速发展，城镇化水平大幅提升，居民收入显著增加。2001 年，我国人均 GDP 首次超过 1 000 美元；2008 年，我国人均 GDP 首次超过 3 000 美元，代表着从消费模式的第一阶段开始向消费模式的第二阶段转变。自 2011 年我国人均 GDP 首次超过 5 000 美元，居民对于住行和通信的消费需求越来越大，完成从总体温饱型消费向总体小康型消费转变的过程，城镇居民甚至进入了相对富足的阶段，居民消费更注重个性和品质以及从中得到的满足和享受程度，高端需求逐步替代低端需求，价格不再是主导消费的首要因素。2019 年，我国人均 GDP 首次超过 1 万美元，达到 10 276 美元。

然而，我国目前区域发展不平衡问题十分突出，对应的质量发展也并不均衡。我国不同区域的 GDP 发展水平有着较大差异，因此不同区域对应的消费水平和消费模式也不同。对比消费模式演变的条件，从总体上看，虽然我国人均 GDP 已经超过 1 万美元，居民住行消费在消费支出中的占比最大，但我国居民消费恩格尔系数仍远高于发达国家的水平。此外，由于区域发展不平衡等矛盾还没有得到较好的解决，不同区域的供给质量也尚未达到平均理想水平，因此，我国目前仍处于以住行和通信消费为主的消费模式的第二阶段。

二、消费结构质量系数构建

本书运用消费结构质量系数这一指标来衡量我国消费升级水平，并同时计算美国等国家在对应阶段的消费结构质量系数，以此作为综合参考，预测未来的情况。这里将我国近年来的消费情况按照各个阶段消费模式中最常见的类型进行分类，大致可以分为食品烟酒和衣着、居住交通、各类服务和教育文化时尚四类，如表 2 - 4 所示。

表 2 - 4　2013—2023 年我国全体居民人均消费支出中四类消费的占比

年　份	食品烟酒和衣着消费占比/%	居住交通消费占比/%	各类服务消费占比/%	教育文化时尚消费占比/%
2013	39.36	34.65	15.42	10.58
2014	38.53	35.02	15.71	10.74
2015	37.70	35.40	16.00	10.91
2016	36.87	35.77	16.29	11.07

续　表

年　份	食品烟酒和衣着消费占比/%	居住交通消费占比/%	各类服务消费占比/%	教育文化时尚消费占比/%
2017	36.04	36.15	16.58	11.24
2018	35.21	36.53	16.87	11.40
2019	34.38	36.90	17.15	11.57
2020	33.54	37.28	17.44	11.73
2021	32.71	37.65	17.73	11.89
2022	36.10	37.00	16.80	10.10
2023	38.20	37.00	14.00	10.80

资料来源：国家统计局各年统计年鉴(http://www.stats.gov.cn/sj/ndsj/)。

对表 2-4 的 4 个维度比例值赋予权重并进行加权计算，从而得到我国 2013—2023 年消费结构质量系数，计算结果如图 2-2 所示，计算公式如下：

消费结构质量系数$=[\alpha_1 * p_1+\alpha_2 * p_2+\alpha_3 * p_3+\alpha_4 * p_4] * 1\,000$

p_1：吃穿类消费占人均消费支出总额的比例；

p_2：住行和通信类消费占人均消费支出总额的比例；

p_3：服务类消费占人均消费支出总额的比例；

p_4：精神文化类消费占人均消费支出总额的比例；

α_1、α_2、α_3、α_4 分别为 4 类消费支出比例的权重，$\alpha_1+\alpha_2+\alpha_3+\alpha_4=1$。

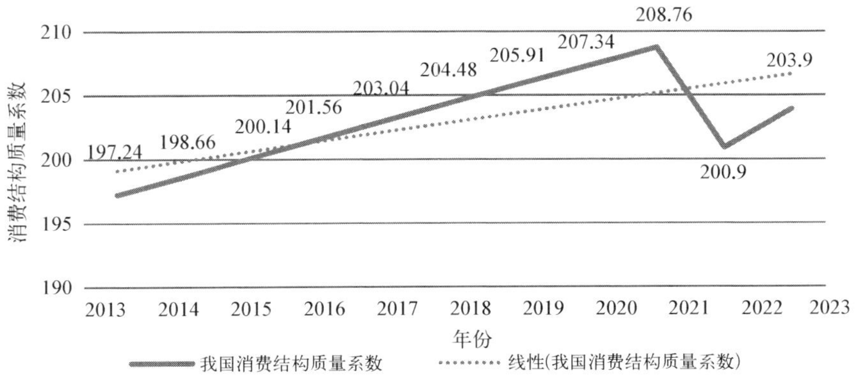

图 2-2　2013—2023 年我国消费结构质量系数

三、我国消费结构质量系数分析与预测

（一）消费结构质量系数分析

2019年，在美国人均消费支出中，吃穿、住行和通信、服务、精神文化四类消费的占比分别为16%、49%、19.5%和15.5%。通过相同的假设，计算出美国2019年消费结构质量系数为235，故可以考虑设定消费结构质量系数达到230时象征消费模式已由第三阶段转为第四阶段。我国消费结构质量系数如图2-2所示，从中可以看到，排除新冠疫情影响，我国消费结构质量系数呈现逐年增加的趋势，仍处于消费模式的第二阶段，预示着我国居民的消费水平还有一定的发展空间。

（二）消费结构质量系数预测

通过对全体居民人均消费支出中四类消费占比的预测，可进一步预测我国消费结构质量系数，从图2-3可以看到，我国消费结构质量系数继续保持逐年增加的趋势，在2025年将达到214.6，开始步入消费模式的第三阶段；并于2035年达到229.1，即步入消费模式的第四阶段。这与我国2035年将基本实现社会主义现代化的目标一致。

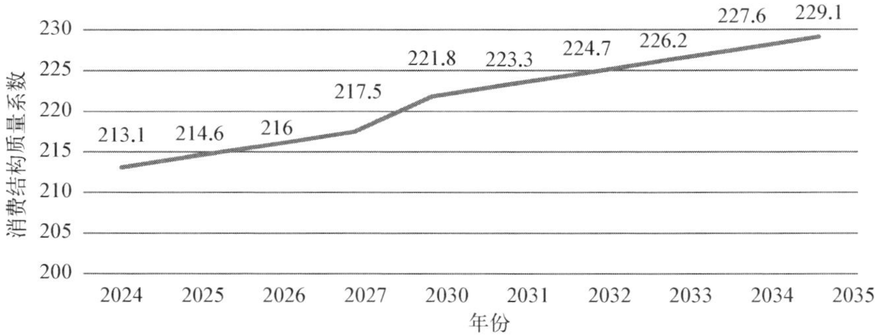

图2-3　2024—2035年我国消费结构质量系数预测

第三节　美好生活指数的构建

如何评价美好生活的状态和水平，是理论研究需要解决的一个重要议

题。本书从居民感知和体验的视角，构建美好生活指数，用于评价居民关于美好生活的获得感和幸福感，并通过实例进行指数的应用分析。

一、美好生活相关指数研究综述

（一）国外研究

美好生活的衡量与评价成为众多学者的研究对象。目前，国际上对于美好生活的指数研究主要存在两种观点。其一，认为随着经济增长或收入增加，人们的生活质量提高，主观幸福感也会随之提升，体现了幸福感中确定、客观、物质的部分。其二，虽然经济和财富呈现长期增长，但个体的幸福感或生活满意度的提升却微乎其微，甚至恒定不变或下降，反映了幸福感中不确定的部分。部分国际机构和国家开启了美好生活的评价研究，并针对不同地域构建了幸福、生活质量等相关指标。

1. 人类发展指数

人类发展指数由联合国开发计划署创立，将经济指标与社会指标相结合，更加强调人文发展。自 1990 年以来，每年发布一次。它通过一些较为容易获得的数据和科学的计算方法，来反映不同国家和地区的状况。它的 3 项基本指标分别为：预期寿命、教育水平和生活质量。

2. 幸福生活指数

幸福生活指数由经济合作与发展组织于 2013 年公布，源自对 34 个成员的民众的幸福感做出的评估。该指数的综合评估标准包括 11 个方面：住房条件、家庭收入、工作、社区环境、教育、自然环境、公民参与、健康、生活满意度、安全度以及工作生活平衡度。

3. 生活质量指数

全球最大的城市和国家信息数据库 Numbeo 公布的生活质量指数，其指标包括收入、生活成本、房价、安全、医疗保障、交通、污染、气候等八大因素。

4. 全球幸福报告

联合国可持续发展解决方案网络使用盖洛普世界民意调查的数据汇总而成的全球幸福报告，包括人均 GDP、预期健康寿命、朋友和家人的社会支持、人生选择的自由、慷慨程度、对政府腐败的感知度等方面。

5. 美国梦综合指数

美国梦综合指数由美国辛辛那提大学创建，是基于人的情绪，相对全面地考察让人们感觉快乐、成功以及有成就感的因素。该指数具体包括 35 个维度，涵盖经济因素、个人幸福因素、社会因素、多样性因素和环境因素等 5 个模块。

6. 国民幸福总值

国民幸福总值最早是由不丹王国的国王提出的。他认为政策应该关注幸福，并应以实现幸福为目标，由此创造性地提出了由政府善治、经济增长、文化发展和环境保护组成的“国民幸福总值”(GNH)指标。

(二) 国内研究

党的十八大以来，政府、媒体、研究机构等致力于家庭、城市、国家各个层面上美好生活的研究。

1. 家庭层面——中国美好生活大调查

中国美好生活大调查由中央广播电视总台财经节目中心、国家统计局、中国邮政集团公司联合举办，是我国规模最大的媒体民生调查活动。每年发放 10 万张明信片问卷，覆盖全国 31 个省市区、150 多个城市和 300 多个县，调查 10 万户中国家庭的生活感受、经济状况、消费投资预期、民生困难和幸福感等。

2. 城市层面——品质城市指数

品质城市建设的内涵是指在特定时期内，遵循经济社会可持续发展规律、自然资源永续利用规律和生态环境保护规律，将城市经济发展、社会文化、生态环境、公共服务和居民生活“五位一体”的总体布局落实到具有不同主体功能的城市群落，形成由经济发展品质、社会文化品质、生态环境品质、公共服务品质和居民生活品质构成的“五位一体”的品质城市建设基本框架。品质城市评价指标体系(GB/T 39497—2020 新型城镇化品质城市评价指标体系)，就是让人们从“创新、协调、绿色、开放、共享”五个方面感知城市发展的内在品质。品质城市评价指标体系框架如图 2-4 所示。

3. 国家层面——幸福指数

张兴祥等[9]在设计调查问卷、开展全国性实地调查获取样本数据的基

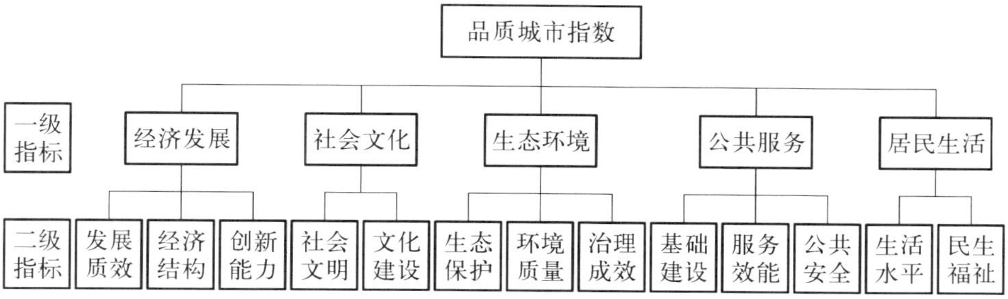

图 2-4　品质城市评价指标体系框架

础上，对各指标进行检验、筛选，得到影响幸福感的重要变量，构建国民主观幸福感的指标体系。刘军强等[10]利用综合社会调查数据分析的方法发现，中国居民幸福感在 2003—2010 年间一直处于上升趋势，经济增长是居民幸福感提升的主要动力。鲁元平[11]利用世界价值观调查数据分析后指出，收入不平等对居民主观幸福感有显著负面影响。余剑等[12]通过选取部分相关指标比较分析了我国与其他国家美好生活的差距，发现我国在收入、教育、环境等方面与国际一流水平还有一定的差距。综上，在国家层面的美好生活研究中，学者更为关注的是主观幸福感或满意度，并且较多考虑经济因素。

（三）研究述评

对比国内外对美好生活的评价方式的研究发现，由于理论研究、实践认知和社会价值的差异，尽管关于美好生活要素衡量的研究存在着不同的观点，然而不论是国内还是国外关于美好生活的评价，经济要素始终是美好生活的第一要素。随着经济的不断发展，给生态环境带来了不同程度的破坏，引起了人们对生态环境的关注，环境要素在美好生活中的地位愈加重要。此外，家庭/生活、教育、文化也是美好生活至关重要的影响因素。整体而言，较多观点把“美好生活”等同于 GDP 增长、居民收入增加，以及住房条件改善等，主要从经济角度和物质层面去衡量，还没有上升到满足发展需要和满足享受需求层面，如养老要素涉及得较少，这对于日益逼近的老龄化社会而言，显然是有欠缺的。现有关于美好生活的不同评价方法涉及的相关要素如表 2-5 所示。

表 2-5　不同评价方法中涉及的美好生活相关要素

地区	相关指数与研究	经济	环境	家庭/生活	教育	文化	寿命	医疗	住房	监管	交通	安全	养老
国外	人类发展指数			√	√		√						
	幸福生活指数	√	√	√	√			√	√			√	
	生活质量指数	√	√					√	√		√		
	全球幸福报告	√		√		√	√			√			
	美国梦综合指数	√	√		√	√		√	√				
	国民幸福总值	√	√			√				√			
国内	中国美好生活大调查	√		√									
	品质城市指数	√	√	√		√	√	√		√	√	√	√
	幸福指数	√	√		√								

二、美好生活评价指标体系的设计

（一）美好生活指数模型

基于新时代美好生活的内涵，在充分吸纳国内外学者对美好生活指数研究成果的前提下，本书坚持人民至上，以人民为中心，从人民生活感知的角度出发，构建美好生活指标体系，即“八有”——“学有优教”“劳有厚得”“病有良医”“老有颐养”“住有宜居”“行有畅达”“境有改善”“娱有佳乐”，涵盖人民最关注的衣食住行、生老病死等各方面内容，形成美好生活的基本框架。基于此，将公共文体服务、公共教育、公共交通、公共环境组成公共服务指数，将就业保障、医疗保障、养老保障、住房保障组成社会保障指数；同时，因美好生活又与消费升级有密切关系，再以消费结构质量系数进行加权计算，最终得到美好生活指数，计算公式为：

$$\text{美好生活指数}=\text{消费结构质量系数(QCCS)} * \sum_{i=1}^{n}(\text{公共服务指数,社会保障指数})$$

其中，公共服务指数为公共文体服务、公共教育、公共交通、公共环境的加权平均；社会保障指数为就业保障、医疗保障、养老保障、住房保障的加权平均。具体模型框图如图 2－5 所示。

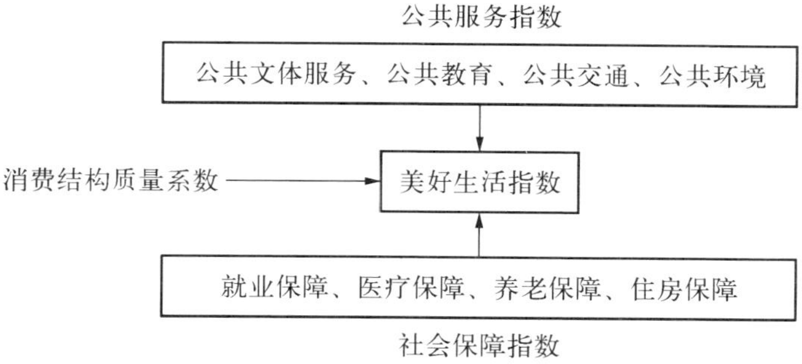

图 2－5　美好生活指数模型

（二）美好生活指标体系

1. 指标确定原则

美好生活指标体系设计，主要遵循 4 个原则：① 真实性原则。即与党和国家的政策相结合、与当前人民的生活实际相结合。② 代表性原则。即在每一项二级指标中，要对影响一级指标的关键性因素进行衡量和评价。③ 可比性原则。选取的二级指标能切实反映美好生活的共同特征，且原始数据较容易获得，确保评价结果具有可比性。④ 可行性原则。即指标体系要简洁，可操作性强，经济职能与客观规律和人民的主观感受相符合，努力使调查结果为党和国家的科学决策提供依据。

2. 指标的选取

调查共设计两级指标，一级指标包含 8 个指标，分别为“公共文体服务”“公共教育”“公共交通”“公共环境”“就业保障”“医疗保障”“养老保障”“住房保障”；二级指标共 18 个，分别与一级指标一一对应，具体如表 2－6 所示。

3. 指标权重的确定

采用等权重方法计算各指标的权重。等权重方法是目前应用较广泛的权重确定方法，且认可度较高。它遵循着各维度对美好生活同等重要的原则，对各个维度设置相同的权重。

表 2－6　美好生活指数指标体系

序号	一级指标	二级指标
1	公共文体服务(娱有佳乐)	人均公共图书馆藏书量
2		公共文化实施免费开发率
3		居民教育娱乐文化消费占消费支出的比重
4	公共教育(学有优教)	人均受教育年限
5		初等教育师生比
6	公共交通(行有畅达)	每十万人公共交通公里数
7		公路密度
8	公共环境(境有改善)	生活垃圾无害化处理率
9		每万人拥有公共厕所数
10		$PM_{2.5}$平均浓度
11	就业保障(劳有厚得)	人均可支配收入
12		城镇调查失业率
13	医疗保障(病有良医)	每十万人医疗卫生机构床位数
14		人均预期寿命
15		城镇基本养老医疗保险覆盖率
16	养老保障(老有颐养)	65岁老人健康管理率
17		百名老人养老机构床位数
18	住房保障(住有宜居)	人均住房面积

4. 美好生活评价指标体系的意义

人民幸福安康是推动高质量发展的最终目的。满足人民群众对美好生活的需求，是党和国家对人民作出的承诺。在规划落实庄严承诺时，如何评估具体工作的实际成效成为需要重视的现实问题。就人民的角度而言，明晰美好生活需要评估指标以后，则可以指引自己更加理性地认识和把握自身的主观生活状态，从而能够反思和调整自己的人生规划，实现认识自我、发展自我和完善自我的目标。因此，人民美好生活需要指标衡量体系，在一定程度上是改革目标实现程度的重要"指示器"，是监测社会是否良性运转的"预警器"，是了解民众需求满足情况的"晴雨表"，也是追求美好生活的"路线图"。

三、长三角城市群美好生活实证研究

（一）样本来源确定

通过研究发现，较多关于美好生活的调查都采用问卷调查法，但都存在共同的弊端。如调查问卷无法保证样本选取的随机性，难以确保数据结果的无偏性，且在调查问卷的对象选取上往往会存在是否具有代表性的问题。因此，本报告的指标着重关注美好生活中确定的、客观的部分，运用公开统计资料获取相应的客观指标数据，并利用平均法合成美好生活指数。通过定量计算，对美好生活指数进行量化与预测，并与国家现有水平、国家规划水平以及国际先进水平做对比，从而发现不足，精准改进。基于上述美好生活指数的构建，本报告的研究对象主要包括上海市，江苏省的南京、无锡、常州、苏州、南通、盐城、扬州、镇江、泰州，浙江省的杭州、宁波、嘉兴、湖州、绍兴、金华、舟山、台州，安徽省的合肥、芜湖、马鞍山、铜陵、安庆、滁州、池州、宣城等长三角城市群的 26 个城市。

（二）数据收集处理

本次实证研究的数据主要来源于上述长三角城市群的 26 个城市的统计年鉴，选择了公共文体服务、公共教育、公共交通、公共环境、就业保障、医疗保障、养老保障、住房保障 8 个分析维度，每一个维度的数据，都是从各城市统计年鉴、国民经济和社会发展统计公报、长三角年鉴中获取的，同时运用消费结构质量系数进行综合分析。

（三）数据结果分析

表 2－7 展示了使用等权重法计算出的 2020 年长三角城市群美好生活指数各指标数据。

表 2－7　2020 年长三角城市群美好生活指数各指标数据
（按美好生活指数降序排列）

地区	消费结构质量系数（分值）	公共文体服务（娱有佳乐）	公共教育（学有优教）	公共交通（行有畅达）	公共环境（境有改善）	就业保障（劳有厚得）	医疗保障（病有良医）	养老保障（老有颐养）	住房保障（住有宜居）	美好生活指数
上海	89.38	100.00	100.00	81.37	86.96	100.00	91.90	91.42	82.20	81.99
杭州	87.29	92.84	93.03	82.81	86.09	93.85	94.51	100.00	89.51	79.94
南京	87.80	92.37	99.67	82.76	81.74	95.11	93.60	96.08	84.72	79.69
苏州	88.80	85.93	85.99	85.93	85.22	87.55	91.25	95.22	94.23	78.96
宁波	89.16	93.64	88.01	83.20	94.78	94.84	80.00	93.84	80.00	78.95
无锡	86.90	93.88	92.57	82.41	86.09	95.94	87.65	94.53	91.06	78.67
合肥	87.97	84.52	85.34	85.82	84.35	86.33	93.42	91.68	100.00	78.23
常州	88.78	90.87	91.01	84.92	90.43	90.90	82.17	83.71	85.93	77.67
南通	87.23	88.78	91.92	84.34	80.00	91.53	85.69	92.16	93.09	77.15
泰州	85.84	94.45	84.95	86.44	92.17	91.41	85.17	93.28	86.02	76.61
芜湖	86.14	90.89	86.84	85.23	93.04	90.93	80.00	83.58	93.98	75.85
嘉兴	82.99	96.61	86.84	83.73	88.87	95.65	98.70	95.26	83.74	75.67
绍兴	88.50	80.62	80.00	98.59	85.22	80.74	93.13	83.97	80.00	75.47
金华	86.44	92.06	80.00	80.00	100.00	93.11	84.18	84.53	80.00	74.98
扬州	86.14	87.62	84.30	88.98	83.48	87.46	93.60	80.00	86.02	74.45
舟山	84.11	95.15	85.34	84.03	90.43	96.59	84.67	84.35	86.32	74.31
湖州	87.06	81.05	83.06	90.18	86.09	83.81	91.59	84.31	80.00	74.01
镇江	80.84	91.40	93.49	85.11	90.43	93.43	88.62	94.74	94.80	73.97
台州	85.88	85.53	85.02	85.83	80.87	87.13	96.72	81.94	86.02	73.97
盐城	85.82	84.60	84.95	80.00	83.48	88.38	97.76	84.05	82.36	73.54

续　表

地区	消费结构质量系数（分值）	公共文体服务（娱有佳乐）	公共教育（学有优教）	公共交通（行有畅达）	公共环境（境有改善）	就业保障（劳有厚得）	医疗保障（病有良医）	养老保障（老有颐养）	住房保障（住有宜居）	美好生活指数
铜陵	83.20	84.94	86.71	100.00	84.52	80.45	90.77	81.64	80.00	71.66
宣城	85.84	80.00	80.33	80.00	86.09	82.56	88.13	81.68	84.63	71.19
马鞍山	83.43	84.94	81.76	80.00	84.35	82.07	100.00	84.05	82.60	70.89
安庆	79.69	83.87	86.45	85.55	83.48	85.97	87.14	94.22	90.41	69.44
池州	82.72	80.00	82.87	80.00	86.09	80.00	89.79	84.22	80.00	68.55
滁州	72.00	86.45	90.23	85.64	86.09	92.81	84.65	95.04	93.50	64.30
平均水平	85.49	88.58	87.33	85.11	86.94	89.56	89.80	88.83	86.58	75.10

1. 总体指数分析

通过对各指标进行计算加总，最终得出 2020 年长三角 26 个城市群美好生活指数，各指标数据得分及其排名（见图 2 - 6）。均分为 75.10，位居均分之上的有 13 个城市，分别为上海（81.99）、杭州（79.94）、南京（79.69）、苏州（78.96、宁波（78.95）、无锡（78.67）、合肥（78.23）、常州（77.67）、南通（77.15）、泰州（76.61）、芜湖（75.85）、嘉兴（75.67）、绍兴（75.47）。

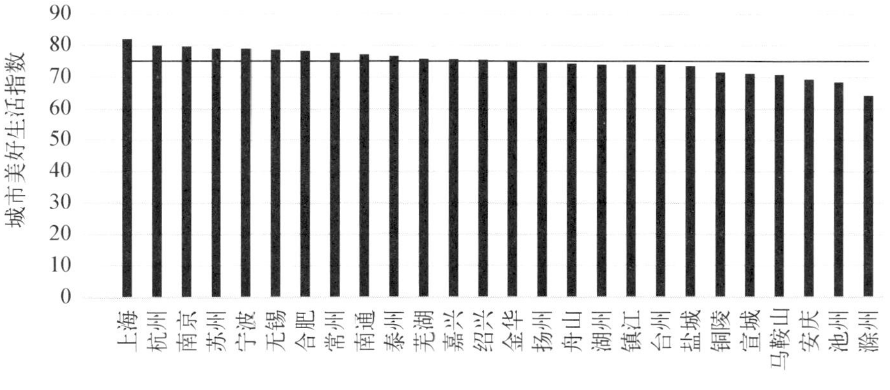

图 2 - 6　2020 年长三角城市群美好生活指数对比

注：横线表示 26 个城市美好生活指数平均值。

2. 类指数分析

根据一级指标的特点，分保障服务和公共服务两个维度进行分析。

1）保障服务分析

表 2－8 展示了长三角城市群各个城市的保障服务即就业保障、医疗保障、养老保障和住房保障的对比情况，可以看出，无论是哪一类型的保障服务，波动幅度都较大，说明每个城市在不同的保障服务领域中呈现出比较明显的差距。以就业保障为例，上海该指标的数值高达 100.00，而池州市该指标的数值仅为 80.00，两个城市的数据相差 20，说明就长三角城市群内部而言，各个城市之间的美好生活指数有较为明显的差距。因此，对于美好生活指数偏低的城市而言，应对标美好生活指数高的城市，采取相应的积极调整措施，缩短与后者之间的差距。

表 2－8　长三角城市群保障服务指数对比（基于 2020 年的数据）

城　市	就业保障（劳有厚得）	医疗保障（病有良医）	养老保障（老有颐养）	住房保障（住有宜居）
上海	100.00	91.90	91.42	82.20
杭州	93.85	94.51	100.00	89.51
南京	95.11	93.60	96.08	84.72
苏州	87.55	91.25	95.22	94.23
宁波	94.84	80.00	93.84	80.00
无锡	95.94	87.65	94.53	91.06
合肥	86.33	93.42	91.68	100.00
常州	90.90	82.17	83.71	85.93
南通	91.53	85.69	92.16	93.09
泰州	91.41	85.17	93.28	86.02
芜湖	90.93	80.00	83.58	93.98
嘉兴	95.65	98.70	95.26	83.74

续 表

城 市	就业保障（劳有厚得）	医疗保障（病有良医）	养老保障（老有颐养）	住房保障（住有宜居）
绍兴	80.74	93.13	83.97	80.00
金华	93.11	84.18	84.53	80.00
扬州	87.46	93.60	80.00	86.02
舟山	96.59	84.67	84.35	86.32
湖州	83.81	91.59	84.31	80.00
镇江	93.43	88.62	94.74	94.80
台州	87.13	96.72	81.94	86.02
盐城	88.38	97.76	84.05	82.36
铜陵	80.45	90.77	81.64	80.00
宣城	82.56	88.13	81.68	84.63
马鞍山	82.07	100.00	84.05	82.60
安庆	85.97	87.14	94.22	90.41
池州	80.00	89.79	84.22	80.00
滁州	92.81	84.65	95.04	93.50

2）公共服务分析

表2-9给出了长三角城市群26个城市的公共服务指数对比情况，从中可以看出，与表2-8相似，不同公共服务类型在不同城市中均呈现出较大的波动，这同样意味着各个城市在公共服务指数上存在较为明显的差距。以公共交通为例，上海该指标的数值为81.37，而铜陵市该指标的数值高达100.00，两个城市在该指标上相差近20。这说明长三角城市群中的少数非一线城市实现了美好生活指数的全面发展。因此，各个城市都应根据自身的特点与优势，补短板、强弱项，实现美好生活指数的全面发展。

表 2－9　长三角城市群公共服务指数对比(基于 2020 年的数据)

城　市	公共文体服务（娱有佳乐）	公共教育（学有优教）	公共交通（行有畅达）	公共环境（境有改善）
上海	100.00	100.00	81.37	86.96
杭州	92.84	93.03	82.81	86.09
南京	92.37	99.67	82.76	81.74
苏州	85.93	85.99	85.93	85.22
宁波	93.64	88.01	83.20	94.78
无锡	93.88	92.57	82.41	86.09
合肥	84.52	85.34	85.82	84.35
常州	90.87	91.01	84.92	90.43
南通	88.78	91.92	84.34	80.00
泰州	94.45	84.95	86.44	92.17
芜湖	90.89	86.84	85.23	93.04
嘉兴	96.61	86.84	83.73	88.87
绍兴	80.62	80.00	98.59	85.22
金华	92.06	80.00	80.00	100.00
扬州	87.62	84.30	88.98	83.48
舟山	95.15	85.34	84.03	90.43
湖州	81.05	83.06	90.18	86.09
镇江	91.40	93.49	85.11	90.43
台州	85.53	85.02	85.83	80.87
盐城	84.60	84.95	80.00	83.48
铜陵	84.94	86.71	100.00	84.52

续　表

城　市	公共文体服务（娱有佳乐）	公共教育（学有优教）	公共交通（行有畅达）	公共环境（境有改善）
宣城	80.00	80.33	80.00	86.09
马鞍山	84.94	81.76	80.00	84.35
安庆	83.87	86.45	85.55	83.48
池州	80.00	82.87	80.00	86.09
滁州	86.45	90.23	85.64	86.09

3. 个体指标分析

1）人均寿命

据国家统计局发布的数据（见图 2－7），2020 年，中国人均预期寿命为 77.3 岁，除安庆外，长三角城市群各地的人均寿命均高于全国平均水平[13]。2020 年，欧盟人均预期寿命为 80.4 岁，包括上海、杭州、湖州等在内的 10 个长三角城市均高于这一水平。根据《“十四五”国民健康规划》，到 2025 年，中国的人均预期寿命将在 2020 年的基础上继续增加 1 岁左右；展望 2035 年，我国人均预期寿命将达到 80 岁以上，进一步与国际先进水平缩小差距。

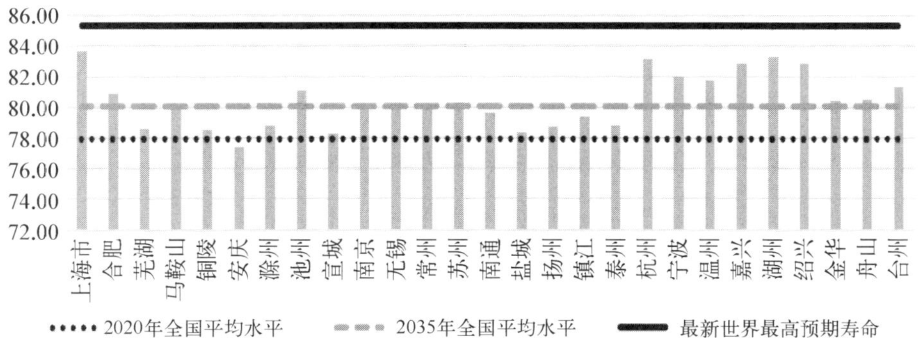

图 2－7　长三角城市群 26 个城市人均预期寿命对比

2）单位 GDP 能耗

从单位 GDP 能耗水平来看，长三角城市群各地的单位 GDP 能耗普遍低于全国平均水平，上海、合肥、芜湖等 20 个城市均低于世界平均水平，但与发达国家平均水平有一定差距。

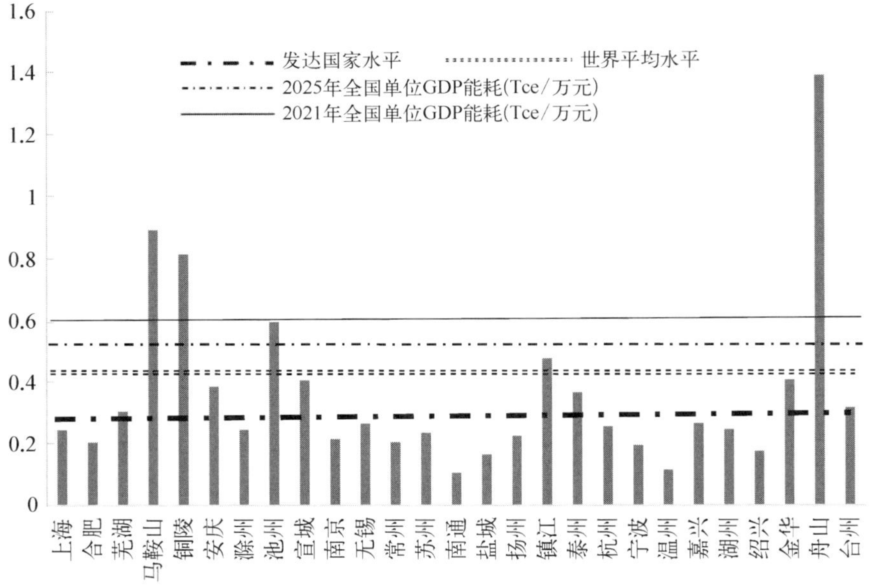

图 2-8　长三角不同城市单位 GDP 能耗对比

参 考 文 献

[1] 吴维海."美好生活"内涵与"美好生活指数"研究[J].新时代学刊，2018,1(1)：48-51.

[2] 张诚.新时代"美好生活需要"内涵及满足路径探析：基于马克思需要理论的考察[J].南方论刊，2020(3)：4-7.

[3] 朱雨可，赵佳，邹红.新时代人民美好生活消费需要的内涵及维度[J].消费经济，2018，34(4)：18-25.

[4] 方巍.文化视野下的中国特色美好生活评价指数[J].社会科学，2020(1)：102-111.

[5] 邓先奇.新时代建设美好生活的历史唯物主义意蕴[J].江汉论坛，2019(7)：52-56.

［6］尹新丹.我国消费结构升级研究的理论分析［J］.价值工程，2017，36（5）：258－259.

［7］童星."现代化"指标体系研究的再认识：兼论"提前"、"率先"应当慎提［J］.南京师大学报（社会科学版），2005（6）：5－13.

［8］祁国燕，曾红颖.一些国家人均 GDP 从 800 美元到 3000 美元能源、汽车、钢铁消费变化［J］.中国经贸导刊，2003（20）：26－27.

［9］张兴祥，钟威，洪永淼.国民幸福感的指标体系构建与影响因素分析：基于 LASSO 的筛选方法［J］.统计研究，2018，35（11）：5－15.

［10］刘军强，熊谋林，苏阳.经济增长时期的国民幸福感：基于 CGSS 数据的追踪研究［J］. 中国社会科学，2012（12）：82－102.

［11］鲁元平.中国"幸福—收入之谜"的作用机制研究［D］.武汉：华中科技大学，2012.

［12］余剑，杨小玄，李康."美好生活"的国际实践，绩效比较及对中国的启示［J］.金融发展评论，2019（5）：18－30.

［13］人民日报.预期寿命达 77.3 岁，主要健康指标总体上优于中高收入国家平均水平——让 14 亿人"病有所医"［EB/OL］.（2020－11－30）［2023－10－11］.https://www.gov.cn/xinwen/2020－11/30/content_5565781.htm.

第三章
打造亲民文明的“城市会客厅”
——城市公园质量革命

城市公园是一种为城市居民提供的、有一定休闲景观功能、自然化的游憩生活空间，是城市的绿色生态境域。它作为城市主要的公共基础设施，既是城市居民游憩休闲的主要活动场所，也是市民文化科普教育的传播场所。

城市公园正在发生着定位与功能变更的质量革命。由“封闭管理”到“门户开放”，由“统一规划”到“自然生长”，由“政府主导”到“公众参与”，由“千园一面”到“因地制宜”，由“传承保护”到“拓展创新”，城市公园发生了一系列重大变革。逛公园曾经是一种奢望，如今已成为城市居民的生活日常。城市公园不仅是一块生态绿地，更是承载市民休闲活动的重要场所，是城市更新中的重要活力场。公园既是市民“家门口的好去处”，也是文明、生态的“城市会客厅”。

通过敞开公园、口袋公园、全域公园等探索实践，中国城市公园逐步形成自身特色，从孤岛式、星罗棋布的城市公园向系统化、全生态的城市公园迈进。城市公园逐渐成为城市生活的重要存在，不断满足群众对美好生活的需求，让人们收获了越来越多的获得感、幸福感和安全感。

第一节　城市公园质量革命的背景

一、西方城市公园的起源

世界造园已有 6 000 多年的历史，而公园真正出现不过是近几百年的事。17 世纪中叶，英国、法国相继爆发资产阶级革命，武装推翻了封建王朝，建立起土地贵族与大资产阶级联盟的君主立宪政权，革命的浪潮继而席卷了整个欧洲。在“自由、平等、博爱”的口号下，新兴的资产阶级没收了封建领主及王室的财产，把大大小小的宫苑和私园都向公众开放，并统称为公园（public park）。

近代城市公园的建设起源于 19 世纪的英国和美国。1843 年，英国利物浦建立的伯肯海德公园，标志着第一个城市公园正式诞生[1]。1876 年，纽约曼哈顿中央公园建成开放。它由美国人奥姆斯特德设计，可谓城市公园发展的里程碑，成为城市公园的典范，掀起了席卷全美的“城市公园运动”。城市公园运动既带动了世界范围内大量城市公园的建设高潮，也为园林学科与其他学科之间的交流开拓了一片现代的新天地[2]。当时，美国已经意识到仅靠单个公园去改造城市环境的作用是有限的，并开始重视城市公园系统和更广阔的区域性公园系统的建设。在此情况下，资产阶级对城市环境进行了改善，开辟了新的公共绿地并成为公共花园和公园。

20 世纪 70 年代后，“绿色城市”和“生态城市”的概念开始席卷全球。第一次世界环境会议通过的人类环境宣言，标志着生态思想开始引领城市公园建设，城市公园进入了生态化的发展时期，系统化与生态化成为世界城市公园发展的主导思想。

二、中国城市公园的变迁

中国古代园林的景观设计通常是静态的，其建筑空间非常狭小，其中的亭廊一般只能容纳一两个人，不是大众游览的景观场地，是绝对的私人空间，而可供大众参观和游玩的只有一些寺庙和自然风景地。公园在中国的出现始于近代。我国第一个公园于清同治七年（1868 年）落成，是位于上海外滩北端、苏州河汇入黄浦江的入江口、英美公共租界南侧的公家花园（public garden，后依次改名为外滩花园、外滩公园、黄浦公园，现已改为纪念广场）。国民政府时期，公园绿地被纳入城市建设的范畴，出现了以广州越秀公园、汉口市政府公园、昆明翠湖公园等为代表的城市公园。

新中国成立至改革开放初期，我国城市公园的建设受到多方面因素的影响。我国现代城市公园的发展主要始于20世纪80年代，由于国家对人民文化娱乐活动的关心和对城市园林绿地建设的重视，全国各个城市扩建、改建、新建了大量的公园。随着国家大力倡导"园林城市"，我国的城市公园绿地进入大幅增长的时期。在21世纪初，"生态城市""山水城市"的宜居标准，使城市决策者逐渐重视公园在城市生态建设与城市个性展现方面的作用。近年来，随着我国城市化的快速推进，各类城市病开始显现，居民对绿色健康的城市环境的需求越来越迫切，"绿道""海绵城市""城市双修"等理念与政策的推进，使我国城市公园建设迈上新的台阶。

三、城市公园发展是城市现代化的必然趋势

（一）应对城市病阻碍城市发展的影响

英国城市发展的经验表明，随着工业革命的开展，城市病等问题开始蔓延，人地矛盾尖锐，城市环境不佳，居民生活质量下降，需要建设大规模公共空间。1844年，英国市政当局提出"建立面向全体市民开放的公共园林"的要求。工人集会要求"为保障市民的健康，为市民提供休息娱乐场所，交流感情而建设公园"。而城市公园系统可以在一定程度上维持和促进城市的可持续发展，通过提供活动空间遏制城市无序蔓延，改善城市生态环境。城市公园的发展，要求从城市的规划结构上，将公园绿地的分布作为确定城市结构的重要考量因素，完成对城区甚至更大范围的覆盖。城市公园功能上的全新变革，对城市的生态环境、城市形象、城市生活以及城市经济和市场活动等方面都会产生积极的影响。

（二）响应城市开放空间生态的追求

从英国公园运动到纽约中央公园的设计，是人类不满于工业污染，对公共活动场所和宜人的城区环境的追求。城市公园系统承担着维持区域生态安全格局的重任，成为城市中的绿脉与绿岛，保留了动植物栖息的场所，为城市宜居打下了环境基础。城市公园的设计与建设，应坚定地走生态发展之路，保护自然环境资源，努力建立可循环自持的、能净化污染的新型城市开放空间。城市公园将田园景色带入城市，改善了城市的物质环境和社会状况，是集游憩、休闲、经济进步、园林艺术等要素于一体的综合体，成为衡

量现代城市建设水平的重要标志之一。

(三) 促进城市人居环境的提升

从西方发达国家的发展历程看,城市经济的迅速发展,往往会导致城市化进程中人与自然、人与人之间关系的失衡。如果说社会健康问题的激化是城市公园出现的直接原因,那么城市公园出现的根本原因则是城市化速度过快导致的城市人居环境的恶化。在城市化水平达到50%以前,全社会的目标都以提高经济效益为主,忽视甚至牺牲生态与社会综合效益。新的城市公园系统,为市民提供休闲娱乐、文化交流的环境空间,促进人与自然、人与人的和谐相处,成为人们注重社会综合效益的标志成果之一。

第二节　城市公园质量革命的内涵

《建筑大辞典》对公园作了如下定义:“公园是由政府或公共团体建设经营,供人们游憩、观赏与娱乐的园林。公园分为城市公园与自然公园两大类,一般‘公园’仅指城市公园,也就是主要在城区经营的公园,而不包括美国国家公园和中国的自然风景名胜区一类的自然公园。”我国住房和城乡建设部发布的《公园设计规范》中对公园的定义是:“向公众开放,以休憩为主要功能,有较完善的设施,兼具生态、美化等作用的绿地。”在城市化快速发展的今天,城市居民对生活品质的要求更加多元化。为使公园成为社区隔阂的缓冲剂、生活环境改善的加速剂,从城市公园的含义和功能出发,秉承以人为本的原则,研究城市公园质量革命的内涵,为构建与城市发展相匹配的城市公园体系提供依据。

一、提升游憩与景观功能,让市民生活更有获得感

城市公园为城市居民提供户外活动的场所,满足其休闲游乐活动的需要,这是城市公园最主要、最直接的功能。城市公园是城市绿化景观的“自然场所”,拥有水体和大量的绿色植被软质景观,在与道路、建筑等灰色硬

质景观形成强烈的对比上起着重要的作用。城市公园是城市的起居空间,其空间环境和相关设施是城市建设的重要内容。对于市民而言,城市公园提供了休息、游览、锻炼、交往的空间,从而满足城市居民的生活需求。而传统的封闭公园,职能单一,景观设施不齐全,不能开展各种各样的休闲、健身、娱乐、交往活动,已经不能满足市民对公园多元功能的需求。因此,城市公园质量革命应改变公园现状,突出与城市发生互动,彰显其与城市有着密不可分的联系,从而紧密融入城市空间环境中,完善其服务于民的城市职能。城市公园能提升外地人对城市的第一印象,尤其是那些具有地域文化特色的综合公园和专类公园,它们会形成城市特色鲜明的旅游集聚中心,有力地促进城市旅游业的发展,带动城市经济社会的全面发展。

二、拓展文化传承与科普教育功能,让市民生活更有幸福感

随着科学技术的快速发展和社会文明程度的不断提高,人们不再承担简单的繁重体力劳动,经济上逐渐变得更加宽裕,有了更多可以自由支配的时间和财力,对休闲及娱乐场所的需求也随之上升。同时,伴随着城市的不断发展,人们的生活节奏变快、效率变高,生活压力加大,使得居民的生活理念发生变化,生活习惯发生改变,人们对健康和休闲的诉求也越来越多。而传统的城市公园因其功能的不完善,已无法满足人民群众的诉求,因此城市公园的质量革命需要拓展其文化传承与科普教育功能,才能满足市民的需求。城市公园是文化传承的一个重要载体。城市历史文化是城市的精神命脉,也是城市历史发展的价值目标。科普教育是文化推广的一项重要内容,普及科学知识,传播科学思想,引导市民树立正确的科学观、历史观、价值观,为更好地传播中华优秀传统文化奠定坚实的基础。城市公园日益成为传播精神文明、科学知识和开展宣传教育的重要场所,城市公园以其独特的文化折射出的城市形象,是城市文明的标志之一。

三、增强生态与应急避险功能,让市民生活更有安全感

我国目前大多数的城市公园都是随着新中国的成立建设、发展至今的。由于初期的建造受历史局限,随着城市建设蓬勃开展,其弊端也日益显现。

公园布局散乱，设施陈旧、不齐全，导致公园功能不够完善；植物配置品种单一，园内景观环境差；公园管理模式陈旧，运营投入缺乏保障，等等。传统的城市公园已难以适应现代社会的发展要求。城市公园的质量革命应着力于对传统的城市公园进行改造与更新，增强生态与应急避险功能，才能使公园重生活力，满足现代人的生态、安全需求。城市公园是城市绿地系统中最大的绿色生态板块，动植物资源丰富，常常被人们亲切地称为"城市绿肺""都市氧吧"。城市公园还扮演着保护生物多样性的角色，是维持城市生态平衡的主要场所。另外，城市公园在城市的防火、防灾、避难等方面具有较强的安保功能，可作为地震发生时的避难地、火灾发生时的隔火带，大公园还可作救援直升机的降落场、救灾物资的集散地、救灾人员的驻扎地及临时医院所在地、灾民的临时住所和倒塌建筑物的临时堆放场，对城市抗震救灾、避难发挥着不可替代的作用。

第三节　城市公园质量革命的特征

城市公园作为城市的主要绿色空间以及人与自然、人与人活动交往的公共空间，通过空间的可达性、可亲近和可参与的景观要素的创造，营造多样化的活动领域，促进社会交往，在带动社会经济发展中的作用越来越明显。城市公园建设的最终目的是使其社会效益、经济效益、环境效益和人文效益相统一，遵循整体性、保护性、新进性、关联性，以人为本、因地制宜等原则，在生态环境保护、使用功能提升、视觉景观优化、历史文化传承、投资收益回报等方面实现综合平衡。

一、由"封闭管理"到"门户开放"

虽然很多城市传统公园已经开放，但其开放也仅仅只是停留在"免费"上。传统公园的边界仍然处于"封闭"状态，公园边界的主导形式仍旧是栏杆、墙体。这种边界元素的单一化，导致公园空间界面不够丰富，阻碍了人们与公园的接触，使得公园与城市仍旧处于分割状态，公园绿地无法融入城市中去；而且这种封闭的空间边界致使公园的可达性大大降低，完全不能满足周边市民对公园的诉求，不能实现真正的“开放”。

随着城市公园的全方位开放，其功能由封闭走向开放，打破了传统公园封闭的、只供少数人使用的观念，把广泛的休闲活动与绿地环境结合起来，设置各种文体活动设备和场地，为各层次的市民提供了健身和文娱活动的可能性。城市公园由封闭走向开放，与城市的广阔空间融为一体，使得城市公园的内涵和功能不断丰富，“公园经济”“辐射经济”也逐步受到人们的关注。城市公园的观赏和游憩功能从公园自身向城市和周边地区辐射，甚至在全国拓展。许多知名的城市公园以其独特的功能和定位，吸引着周边地区的人们前来观光、游览、娱乐，已经率先成为城市重要的景点。

二、由“统一规划”到“自然生长”

推进城市公园建设，首要的是规划，合理预留城市拓展空间，科学布局，提高城市规划的前瞻性、预见性和可操作性。推动生产生活生态空间相宜、自然经济社会人文相融，让美丽山水和美丽人居交相辉映。依托现有山形地貌、空间布局，构建多元文化场景，打造特色文化地标，充分发挥历史建筑、历史文化街区等文化遗产的文化展示和文化传承价值，加强历史文化保护，实现保护与利用的统一，塑造鲜明的城市文化特色，增强城市吸引力和竞争力。

事实上，规划很重要的一个理念就是顺其自然。在城市建设中，首先进行的不是建设区域的规划，而是把一些传统历史文化遗存、需要生态保护的区域先保护起来，在此基础上，再对保护范围以外的区域进行城市规划，使两者有机共存。从一个极端的角度来说，城市就应该自然生长，有公众参与，无论是城市的建筑也好，还是城市的功能也好，都应该顺其自然。城市公园的“自然生长”彰显的是自然的感性思维。城市公园建设遵循自然规律，使得城市具备了置换更新的能力。

三、由“政府主导”到“公众参与”

以往的城市公园建设一般采用自上而下的政府主导方式，主要依靠强制力和权威管理，针对初期投资巨大、利益回报并不明晰、公众支持力度不够大的情况，由政府出面组织并投入主要资金，实施土地房屋征迁的政策倾斜,政府在加快城市公园建设、增强城市活力方面所起的推动作用非常重要。随着对城市建设的认识由浅入深,由被动走向自主,民众参与城市建设的自觉性和自主性不断增强,自下而上的公众参与方式逐渐成为共识。为公众服务是城市公园的职能之一,而公众的参与能为公园带来更多的人气和生气。除此之外,因为有了公众的参与,能更好地发现公园设计的不足之处,更好地体现城市公园的价值所在,更好地发挥城市公园的社会功能。

“自下而上”的公众参与方式能够体现人性化的设计理念,反映民众多样化的利益诉求,缓和协调城市公园建设中社会各利益相关群体之间的矛盾冲突,在城市更新过程中具有不容忽视的重要意义。采用公众参与的协商方式,获得民众真实的诉求,覆盖各年龄阶段不同人群的兴趣爱好,权衡市民的公共利益以获得大众的支持,提高城市公园的活力。组织公共艺术、科普教育、表演展览等各种活动,提升城市公园的使用频率和影响力,促进更多人参与公园的保护与利用,让城市公园不仅成为市民的休闲活动空间、科普教育基地和艺术展示舞台,更能成为展现城市自然生态与人文历史的魅力地标。

四、由“千园一面”到“因地制宜”

城市公园承载着城市特有的历史文脉,体现着城市积淀的历史特色,同样也是所处区域特色的重要载体。每个城市都有每个城市的特色,城市公园应符合它所处城市区域中的特色,避免“千园一面”的现象。在城市公园的建设、更新与改造中,充分调查研究公园所处区域的历史文化,使其作用于公园景观这一重要的载体上,让城市公园延续公园的物质空间,成为所在地域的文化景观。建设一批主题公园、街头绿地、小微公园,增加一批城市绿道及滨水步道,将公园城市建设与文旅、体育健康产业发展相融合,让城市公园成为百姓的幸福乐园。

城市公园改造更新遵循因地制宜的原则,秉承生态优先、节约型园林、生物多样性的设计理念,通过种植花卉植物、建造休息廊道、增加健身设施等多种举措,打造“一街一园林、一园一特色”的园林风貌,实现园林景色和人文精神的有机融合,为居民休闲娱乐、亲近自然、调理身心提供了理想之地，在美化城市环境、拓展休闲空间的同时，提升居民的生活品质，增强城市人文气息。城市公园不仅为人们提供聚会、交流和开展各种公益性文化活动的场所，更重要的是它已经深深融入城市当中，成为人们社会生活的重要组成部分。人们到公园去能各取所需，各得其所，高兴而来，满意而归，既增进了人们的交流和沟通，又满足了人们的休闲和游憩需求。

五、由“传承保护”到“拓展创新”

我国的城市公园受民族文化以及历史传承等理念的影响，因地制宜、因时制宜、因人制宜，成为协调天、地、人三者之间关系的纽带。城市公园建设继承优秀的传统理念，是历史文化的延续，使人们在游憩、观赏、运动的同时，了解历史、文化和风情。如公园中的亭台和阁楼等，具有观赏性和艺术性，能够美化环境，创造宜人的景观。

鉴于工业化和城市化所带来的环境影响，客观上要求城市公园能够成为一个提供生态环境良性循环的场所。在公园景观上充分体现自然的美、自然的意境。以前强调的是城市美化的形式性、展示性，把公园从城市中分割开来。现在更重视人的行为活动，特别是关注残障群体、老龄群体的需求，在城市公园中设置老年人集体活动的场所，提供便利残疾人的无障碍设施，实现“人与天调，然后天地之美生”的理想境界。

第四节　城市公园质量革命的路径与实践

城市公园为公益性的城市基础设施，其主要服务对象是城市居民。城市公园质量革命的出发点在于开放、生态保护和形成特色，使城市与公园融为一体，自然环境和人类现代生活相结合；从公共利益和使用的角度减少公园土地被占用，阻止城市无序蔓延导致的自然环境破坏；彰显特色，严格区分城市公园与商业景区，避免沦为商业性设施。

一、推进资源共享开放

城市公园应与城市形成良性互动的关系，既不能像私家园林那般“孤芳自赏”，也不能像传统城市公园那般“故步自封”，它的开放性应是多层次和多方面的。城市公园开放性的实现层次，除了需要考虑公园系统中公园与公园之间的整体性之外，还必须关注公园与周边街区的融通。随着城市自身的发展及市民、旅游者外在需求的拉动，城市公园将会增加更多的休闲、游憩、娱乐等主题的产品。同时，城市公园的开放性所涉及的内容，除了空间方面的开放，还有功能设施方面的共享和文化取向方面的一致，从而最大限度地提高公园的使用价值及与城市文化的呼应。城市公园的兴建，在短期内可以为城市居民提供休闲活动场所；在远期，因城市公共用地的特殊属性，城市公园可以作为城市的主要预留用地，为城市未来公共设施的建设提供一定的可能性。随着城市旅游业的发展及城市旅游目的地的形成，城市公园将不再单一地服务于本地市民，也将服务于外来旅游者，为全社会所共享。

案例

常州敞开公园——城市公园、市民享用[3]

长期以来，常州市立足于服务市民，以人民公园敞开改建为起点，全面启动“还绿于民”的敞开公园建设工程。一个个敞开公园的建成，带动了周边一定区域人居环境的改善和提升。根据市民游憩、锻炼等相关需求，对公园座椅、垃圾箱、健身场地等基本服务设施进行完善升级，合理布置零售、茶室、餐饮等一般服务项目，满足市民入园的基本需求。常州市建成的90余座敞开公园均匀分布在城市的各个区域，基本实现了公园绿地500米服务半径全覆盖。

在实现公园敞开、拆除公园“有形围墙”的同时，常州市主动打破思想上的“无形围墙”，探索建立以基本服务、景观服务、公益服务、文化服务、特色服务为主的敞开公园管理公共服务体系，提升公园公共服务功能。

围绕基本服务体系建设，常州市着力推进敞开公园管理服务标准化工作，通过编制公园植物养护、园容保洁、秩序维护等各项业务标准和操作规范，研发信息化管理系统，确保公园业务标准化全覆盖，进一步提升公园整体公共服务质量。

围绕景观服务体系建设，常州市以花境绿雕、根塑盆景、假山叠石等打造公园特色景观服务，为市民游园提供更高层次的享受。在原有“一园一品、一园一花”的基础上，编制《常州市重点公园园艺发展规划》，进一步明确特色景观的发展方向和具体项目，建立相应的人才工作室，培养行业工匠，推进特色景观体系的形成。

围绕公益服务体系建设，常州市各公园均建立了公园义工活动平台和以市民为主体的公园理事会管理平台，引导市民积极参与公园日常管理活动，提升公园管理服务质量。

围绕文化服务体系建设，常州市不断推陈出新，开展园事、花事品牌活动，充分展示公园人文内涵和花卉文化，陶冶市民情操，使公园成为传播社会正能量、推进社会主义精神文明建设的重要阵地。

此外，针对市民需求，常州市创新打造公园特色服务内容，使公园公共服务能够满足不同年龄、不同专业人群的需求。如青枫公园被打造为“健康体育”主题公园，东坡公园则成为文艺活动的新天地。一些公园还充分利用现有资源，建立园艺中心，让花卉、花艺走进千家万户，满足人民群众对美好生活的向往。

二、厚植公益普惠底色

城市公园是公众开展个人活动和社会交往的公共空间，公益性、普惠性是其本质特征。作为一种公共资源，各种类型的城市公园都有独特的公共功能，发挥好城市公园的公益性、普惠性，既能激活城市有机体，也能更好地满足人们的美好生活需要。湿地公园是城市的“海绵体”，历史名园是文化遗存的“收藏夹”，一些空旷的广场还是城市防灾避险的重要基础设施，城市绿道则成为人们锻炼健身的重要去处。城市是人民的城市，人民城市为人民。在商业化快速发展的今天，城市公园不仅是一道城市景观，还是一处心灵栖居地。城市公园是城市的有机组成部分，也是城市的一张名片，承载着生态保护、文化传承等多重价值。城市公园的开放性决定了其较低的使用门槛，但绝不意味着没有使用原则和规范。变公共园地为自家场地，以无偿用地开展营利活动，不仅会影响公共服务体验，降低人居环境质量，更是对公共空间的违规侵占，给城市公园的安全有序管理带来隐患。彰显城市公园的公益性，排除过度商业干扰，形成人与自然、人与城市和谐共生的生态，才能更好地发挥城市公园助力高品质生活和高质量发展的应有价值。

案例

上海口袋公园：让“城市插画”融入居民生活[4]

什么是口袋公园？根据《上海市口袋公园建设技术导则》，它是指依靠城市道路、商业街区或居民区等已建成的，具有景观赏识、游憩服务、文化展示等功能，彰显上海城市风貌特色的小型绿地。从建设特性来说，与传统公园相比，口袋公园建设没有固定模型，重要的是与当地居民需求、周边环境相匹配。比如，建在居民小区附近，通过简单的功能分区，布置不同设施，来满足不同年龄段居民的需求；建在办公楼附近，作为商业区中的绿色纽带，可营造舒适环境以缓和紧张的办公氛围；在人流密集的交通站点、停车场或广场附近，见缝插针建设口袋公园，可起到疏导交通、分散人流、引导绿色出行的作用。在具体实施中，口袋公园既注重公益性，向居民免费开放，又体现亲民性，让居民乐意进来。

随着人口的导入，口袋公园作为居民“生活圈”的重要组成部分，化解了公共空间供需的矛盾，补齐了人民群众美好生活需要的一块短板。公园虽小，意义却大，反映了城市绿化建设向生态园林建设转型的理念，在满足市民“公园自由”的同时，也提高了城市土地利用率。另一方面，在上海城乡公园体系中，口袋公园的就近服务功能被强化了。借助公园里四通八达的路网，市民可以从不同入口直接穿越公园抵达其他目的地。简而言之，这些小而美的公园不求气势和规模，只求共享和可达。

坐在长椅上沐浴阳光，享城市之静、听自然之音——一座座口袋公园的建成，藏着一城春色。口袋公园就好比精巧的“城市插画”，正沿着城市肌理从中心向外扩散，拂过街角、水边、林间，夯实生态基础，照亮宜居梦想，俨然成为附近居民的“公共客厅”。老水厂花园、民乐花园、人乐花园，这三座口袋公园均被纳入上海公园名录。它们都坐落于松江区，且彼此之间最长距离仅2.7公里。它们因需求而诞生，即便如此“亲近”，风格特色也各不相同。

松江区中山东路普照路东北角上的老水厂花园，毗邻建成于1962年的松江自来水公司第一水厂。老水厂花园在设计之初，就将公园设计和纪念老水厂发展历程联系起来，融入水文化元素。入口处，“老水厂花园”标识就是一个艺术品，艺术镂空网格内填充着蓝色“水滴”；步道上，鲜绿色的水晶样陶瓷颗粒绵延成一道道“清波”。凡此种种，让人迅速捕捉到公园的文化意象。在绿意与花香间，一条蓝色健身步道蜿蜒其中，直达通坡塘畔，可供市民近距离欣赏滨河景观，沿途还标记着水厂各个年份的日供水量，展示水厂的发展历程。在这里，廊架、座椅、路灯、公厕一应俱全，给过往市民提供方便。

民乐花园地处西林北路荣乐中路东北角，周边业态丰富，既有商业综合体，又紧邻有轨电车等交通枢纽，为行人提供休憩之所，也为邻近住宅区隔绝尘嚣。该园以玉兰花为主题，通过一条曲折的园路来打开绿地空间，并配以广场、座椅等。

人乐花园被小学、幼儿园和住宅建筑围合，是附近居民的“公共客厅”。公园以水为核，景石堆叠，绿篱围合。在功能上，人乐花园设计了若干分区，如游乐休闲区、疏林草地区、健身群乐区等。从早到晚，这处小园一直弥漫着烟火气。一家老小在木栈道上散步，爷叔们围在小桌前“排兵布阵”，阿姨们怀抱孩童，尽享生活之乐。欢声笑语充盈这个老城区的新花园。

口袋公园看起来普遍从边角料地块演变而来，但却彰显了城市的温度与内涵。便捷、灵活、微小、离散，小小的口袋公园就像城市绿色网络中的“穴位”，可以活化原来一些堵塞的“动脉”，进而激活城市有机体，成为城市微更新、居民生活品质提升的一个重要“触媒”。

三、改善城市环境生态

城市公园作为城市绿地系统的重要组成部分，具有调节城市水环境、改善城市空气质量、维持城市生态的重要作用。城市生态系统的多样性和稳定性主要靠绿化来完成，二氧化碳的吸收、氧气的生成是植物光合作用的结果。城市公园由于具有大面积的绿化，在防止水土流失、净化空气、降低辐射、杀菌、滞尘、防尘、防噪声、调节小气候、降温、防风引风、缓解城市热岛效应等方面都具有良好的生态功能。由城市公园、小游园、微绿地构成的城市公园系统，以及在城市公园系统基础上延续和发展的城市生态系统，如城市绿道、绿色基础设施、绿色网络等，在承载景观功能的同时改善生态环境，逐步成为城市建设的重要举措。城市公园正从“咫尺园林”的微观尺度，向“大地园林”“生态园林”的宏观尺度发展。一个真正的城市公园可以没有多种娱乐设施，但是不能没有绿色植被。以自然布局为主形成的自然地貌、自然植物群落，为城市的生态系统建设起到较大的作用。

案例

成都全域公园：打造城市“绿色项链”[5]

推窗见绿、出门见园，已成为成都市民的生活日常。2022 年 3 月 16 日，《成都建设践行新发展理念的公园城市示范区总体方案》正式公布，提出建立万园相连、布局均衡、功能完善、全龄友好的全域公园体系，厚植绿色生态本底，塑造公园城市优美形态，描绘“绿满蓉城、水润天府”大美图景，建立蓝绿交织公园体系，让整个城市成为大公园。

公园城市理念自提出以来，成都市以“青山绿道蓝网公园”为生态骨架，全域布局大尺度生态廊道和高品质绿色空间体系，实施全域增绿行动，加快推进龙泉山城市森林公园、环城生态公园、锦江公园等重大生态工程，塑造推窗见绿、出门见园的公园城市形态，创造城园相融的城市格局之美。2018 年至今，成都市累计建成各级绿道 5 327 公里，新建各类公园 86 个，新增公园面积达 4 300 万平方米，全市森林覆盖率由 2018 年初的 39.1%提升至如今的 40.3%，建成区绿化覆盖率由 2018 年初的 41.6%提升至如今的 45.1%。

推进多维度全域增绿，建设灵秀俊美的山水公园。依托龙门山、龙泉山建设城市生态绿地系统，推进多维度全域增绿，建设以“锦城绿环”和“锦江绿轴”为主体的城市绿道体系，完善休闲游憩和体育健身等功能，为城市戴上“绿色项链”。成都市龙门山、龙泉山“两山环抱”，沱江、岷江水系“两江环绕”，广袤平原“沃野千里”，川西林盘“星罗棋布”，山水交融的自然本底，是天府之国的千年遗泽，也是公园城市的筑城之本。龙门山区域重点推进大熊猫国家公园建设，以植被低干扰自然恢复为主，推进龙门山大熊猫栖息地生态修复和生态廊道建设，强化水源涵养和水土保持功能。龙泉山区域重点推进龙泉山城市森林公园建设，实施“增绿增景”“减人减房”行动，加快推进国家储备林和国土绿化试点示范项目，夯实“城市绿心”功能。同时，还将建设串联城乡的绿道体系，注重绿道体系的形态成网、功能成势，引领带动生产生活方式绿色低碳转型，推动城市内部绿地水系与外围生态用地及耕地形成完整生态网络，打造城市“绿色项链”。

加快推进社区绿道串联城市公园、产业园区和公交站点，构建慢行微循环网络，建设优质均衡的城市公园。统筹建设各类自然公园、郊野公园、城市公园，均衡布局社区公园、“口袋公园”、小微绿地，推动体育公园绿色空间与健身设施有机融合。在东安湖体育公园，一湖一环、七岛十二景，将生态本底和生态效益完美结合；在环城生态公园核心区，农田里泛起阵阵绿浪，不远处绿荫环绕、蔷薇点缀、湖光潋滟……2021 年，成都重点推进新金牛公园、东安湖体育公园等“百个公园”示范工程项目，截至目前，“百个公园”示范工程建成开放 86 个，面积超过 867 万平方米，新改扩建成华区栖蝶园、龙泉驿区世茂广场小游园等小游园、微绿地 70 个。在栖蝶园，绿草如茵、花木繁盛，设置有健身器材、石凳桌椅、滑梯隧道等配套设施，打造沉浸式全龄互动的城市绿地；在成华区“风车绿地”，健身娱乐区、休息区、儿童游乐区等多个区域吸引了众多市民……这些曾经无人问津的边角地摇身一变，变为市民的微绿地、小游园，极大地丰富了市民 5 分钟、10 分钟生态生活圈。

第五节　城市公园质量革命的启示

城市公园是城市公共生活开展的主要场所，公园系统串联形成的集聚效益突破了传统公园有一定辐射范围的限制，对城市规划和城市公共空间的结构支撑产生了重要影响。现代城市公园与城市功能区之间相互渗透叠加，是创建宜居城市与提升城市居民幸福感的重要因素，提升城市居民归属感和城市人居环境品质，成为激发城市区域的发展动力。

一、城市公园建设的发展趋势

1. 注重网络连接、城郊融合的布局

随着我国绿地系统建设与绿道建设的大幅推广，城市公园的布局由最早集中、单一的模式，走向网络连接、城郊融合的发展趋势。住房和城乡建设部(以下简称住建部)在《关于加强生态修复城市修补工作的指导意见》中，明确提出“按照居民300米见绿，500米入园的要求，均衡布局公园绿地”，进一步明确了城市公园网络的密度。要求保持每一公园绿地的开放性，并利用线形绿地实现公园之间的串联，使城市中的人们可以就近通过每块绿地，融入整个公园系统中。同时，公园系统中慢行道的建设，使人们可以采用慢行的出行方式。

2. 注重开发利用、综合多元的功能

不同于早期公园单一的游憩功能，未来的城市公园将承担多元化的综合功能。除传统的休闲游憩功能外，公园绿地内的地下空间被进一步挖掘利用以满足城市土地集约化发展的要求。开发利用城市公园地下空间资源，分担城市交通、商业、文化、娱乐和市政基础设施压力，开发成本低，对地面空间类型的影响和制约程度较小，并进一步完善了公园自身的功能体系。除生物栖息、空气调节等生态功能外，近年住建部大力推广的“海绵城市”建设要求使得大多数城市公园还需承担城市雨洪管理的重要功能。

3. 注重差异发展、彰显特色的主题

随着时代的发展和社会的进步，人们对公园的游憩体验有了更高的要求，传统的观光型公园因缺少吸引力，已不能平衡公园的管理与养护要求。公园数量的大幅增长，也促使城市公园走上差异化发展的道路。体现城市历史文化、保存城市遗存记忆的特色公园，以市民游憩为主要功能的儿童游乐园、体育公园、婚庆公园等专类公园，以及湿地公园、乡村公园等吸引游客的各类主题公园，使人们在游览的过程中得以聆听历史之音、领悟文化之韵、发现生态之美[6]。

二、公园城市——城市公园建设的高级形态

公园城市是和城市公园相对应的概念。公园城市是覆盖全城市的大系统，城市是从公园中“长”出来的一组一组的建筑，形成系统式的绿地，而不

是孤岛式的公园。“公园城市≠公园+城市”，不能单纯看公园的数量，更不是大建公园。如果城市公园是一个个绿色孤岛，那么公园城市就是覆盖全市的大系统，系统式的绿地和孤岛式的公园是有高低之差的。不是在城市中建公园，而是把城市变成大公园。

公园城市作为全面体现新发展理念的城市发展高级形态，是将公园形态与城市空间有机融合、生产生活生态空间相宜、自然经济社会人文相融合的复合系统，是人、城、境、业高度和谐统一的现代化城市，是新时代可持续发展城市建设的新模式。公园城市坚持以人民为中心、以生态文明为引领，其本质内涵可以概括为“一公三生”，即公共底板上的生态、生活和生产。“一公三生”同时也是“公”“园”“城”“市”四字所代表的意思的总和，奉“公”服务人民、联“园”涵养生态、塑“城”美化生活、兴“市”绿色低碳高质量发展。

公园城市的价值主张体现在绿色低碳的经济价值、健康宜人的生活价值、绿水青山的生态价值、诗意栖居的美学价值、以文化人的人文价值、和谐共享的社会价值上。以生态文明理念为引领，将“城市中的公园”升级为“公园中的城市”，形成人与自然和谐发展的新格局。以让市民生活更美好为方向，以形筑城、以绿营城、以水润城，建立生态经济体系和绿色资源体系，构建多元文化场景和特色文化载体，优化绿色公共服务供给，让市民在城市绿色空间中享有高品质服务。

三、全球五大“公园城市”建设可借鉴的经验

公园城市建设是一项具有前瞻性、前沿性的人居环境改善工程。国内外前沿城市的历史与当下实践，为开展公园城市建设积累了丰富经验。“花园城市”新加坡，其政府特别重视植被和绿茵的规划和建设，树木、花园和公园系统作为“绿色资产”，由国家公园局统一管理，将保护自然和绿色空间的生物多样性上升为主要的政策目标。“绿洲之城”莫斯科，由“沙漠之都”变成“森林之都”，设立“生态警察”，建设“生态房屋”，开辟人类房屋设计的新纪元。“城市的氧气场”伦敦，成为全球首个国家公园城市，花园、绿地随处可见，把市民直接发展为绿地的维护和管理者，真正做到将天然“氧气场”搬进自己家里。东京打造“生态城市”东京，建设“环境共生住宅”、全民参与“绿色点数”、政府“绿色支援”政策是其特色，绿化生态、美化环境成了人们的共识。“绿心智慧城”

布里斯班，被人们称为“阳光之洲”和“森林中的城市”，规划“绿地空间区”，以河流、湿地为骨架的绿网连成整体，形成“外大内小，有效连接”的绿地系统。

从新加坡、莫斯科等全球五大公园城市的案例中可以看出，公园城市是以人为本的城市，城市因人而美好。公园城市实质是一种高度发达的社会形态，生态、生活、生产平衡统一，人、城、境、业深度相融，人、自然、城市和谐共处，体现人文与科技的平衡，蕴含了高深的东方哲学思想——自然为本，天人合一。展望未来，推动公园城市场景化向纵深发展，进一步融合人居环境科学理论、城市人理论、场景理论等既前沿又符合城市发展实际的理论，将便捷联通世界的“快场景”与放松身心的公园城市“慢场景”融合，将标准规范的功能场景与各地特色的场景融合，关注人的体验与获得感，坚持以人民为中心，推动生活美学的落地实践，聚焦城市生活的各领域、各环节，围绕通勤路、工作地、消费场、游憩地、社区家园等功能场景，探索构建全覆盖、全周期的园林化场景体验。

参考文献

[1] 吴人韦.英国伯肯海德公园：世界园林史上第一个城市公园[J].园林.2000(3)：41.

[2] 麦华.西方城市公园发展演变[J].南方建筑，2006(8)：11－13.

[3] 中国建设新闻网.常州市：打造敞开公园管理 2.0 版本[EB/OL].(2022－01－28)[2023－09－20].http://www.chinajsb.cn/html/202201/28/25430.html.

[4] 史博臻.一座座口袋公园：让“城市插画”融入郊区生活[EB/OL].(2022－02－23)[2023－09－20].https://baijiahao.baidu.com/s?id=1725504707469273450&wfr=spider&for=pc.

[5] 彭惊.成都市公园城市建设管理局：建立全域公园体系描绘“绿满蓉城、水润天府”大美图景[N].成都日报，2022－04－07(2).

[6] 汤姿.中国城市公园的发展趋势[C]//INTELLIGENT INFORMATION TECHNOLOGY APPLICATION ASSOCIATION. Proceedings of 2011 international conference on applied social science(ICASS 2011 V3)，2011：234－239.

第四章
产业兴、生态优、生活美
——美丽乡村质量革命

曾经小路泥泞、交通困难、信息闭塞、生活单调、贫穷落后的村庄，如今已迎来崭新面貌。干净平坦的硬化路面、完善便利的基础设施、错落有致的连排小楼、整洁清新的生活环境、便捷有序的公共服务，这些现代化城市的专属已然成为乡亲们的生活日常。农村不再是荒芜的农村、留守的农村，而是“望得见山，看得见水，留得住乡愁”的美丽家园。

当乡村振兴战略的阳光雨露惠及广大农村，农民群众的幸福感、获得感有了提升时，农村现代化建设的意义才会实现。多汁的雷波脐橙、脆甜的洛川苹果、道地的新会陈皮，一个个依托农村特色资源茁壮成长的产业，彰显农业现代化发展的强劲动能。深入推进乡村绿色革命，农村人居环境明显改善；建好乡间路，让农村地区“人畅其行、货畅其流”，创建美好便利新生活。根据群众文化需求制订清单，建设图书馆、文化中心、剧院，组织多彩文化活动，丰富村民精神文化生活。

随着乡村振兴战略的不断深入实施，生产美产业强、生态美环境优、生活美家园好“三生三美”乡村融合发展的幸福图景渐次呈现。

第一节　乡村质量革命的背景

中国传统村落是中华民族先民从采收与渔猎的游弋生存方式，进化到农耕文明定居生存方式的重要体现，是中国农村辽阔地域上和历史进程中一种实际存在的、历史最为悠长的时空坐落，是中华文化的“根”与“魂”所在[1]。乡村在空间上形态多样、文化上成分多元，蕴藏着深刻而又丰富的历史文化信息。

一、中国的根在农村

在农村生活过的人都对农村保有一份特别的感情。共有的乡村情感来自共同的文化传统，即便远离故土，但灵魂深处仍保有一种近乎执拗的田园情结。中国人眷恋田园，不单单因为那是自己的家园，那里有牵挂的亲人，更因为那里有承载着岁月记忆的山清水秀和飘散着成熟庄稼芬芳的土地田园，承载着乡愁，滋养着离乡人的精神之根，也是连接血脉的栖息之所。

城市是乡村的进化体。随着乡村人口增多、生产力的发展，劳动力的分工、商业的出现，一部分村庄逐渐发展为乡镇，乡镇在继续繁荣之后形成城池聚落，进而再发展为城市。城市是社会生产力发展到一定历史阶段的产物，是人类文明进步的结晶。

中华文明以农而立其根基，由农而铸其精神，因农而成其久远。任何时候都不能忽视农业，不能忘记农民，不能淡漠农村。过去发展的方式是让一部分人先富起来，先富带动后富；上升到农村和城市层面，过去城市的发展在很大程度上得益于农村的支持。那么城市发展起来了，也应反哺农村、反哺农业，让农民一起分享改革发展的成果，帮助农村富裕起来，最终达到共同富裕的现代化强国目标。

二、务农重本，国之大纲

从汉朝轻徭薄赋、休养生息，到唐朝鼓励垦荒、劝课农桑，再到土地革命、家庭联产承包责任制。“农”向来是治国中的重点。中国是一个发展中国家，也是一个人口大国，无论是从14亿多人的吃饭问题，还是从推进农业农村现代化，或者是从推动高质量发展等层面来看，“三农”工作始终是一项重中之重的工作。提升农民群体的幸福感和获得感也随之成为时代热点。

中国的发展之路始终坚持平衡的、惠及全民的方向。据统计，2021年，我国农村户籍人口为7.6亿人，常住人口为4.98亿人，纵使未来城镇化率发展到70%以上，依然会有数亿人生活在农村[2]。中国的人口结构中，农村人口仍然占绝大多数，从某种意义上说，只有农村人口富裕了，中国才能真正走向富强。2023 年 2 月，中共中央、国务院印发的《质量强国建设纲要》明确提出，“围绕城乡居民生活便利化、品质化需要，加强便民服务设施建设，提升卫生、文化等公共设施服务质量”。同城镇居民一样，农村居民也向往过上现代化生活，这就需要我们顺应广大农民群众对美好生活的向往，坚持不懈地推进宜居宜业和美丽乡村建设，持续提高农村生活品质，填补城乡发展差距，努力将农村建设成农民就地过上现代生活的幸福家园。我国“农业、农村、农民”领域主要指标如表 4－1 所示。

表 4－1　我国“农业、农村、农民”领域主要指标

指　　标	单　位	2022 年		2018—2022 年平均增速/%（累计）
		绝对量	比上年增长/%	
农业基本情况				
农作物总播种面积第一产业	千公顷	169 991	0.8	0.4
其中：粮食播种面积	千公顷	118 332	0.6	0.1
油料播种面积	千公顷	13 141	0.3	−0.1
棉花播种面积	千公顷	3 000	−1.9	−1.2
糖料播种面积	千公顷	1 453	−0.3	−1.2
大豆播种面积	千公顷	10 244	21.7	4.4
粮食产量	万吨	68 653	0.5	0.7
油料产量	万吨	3 654	1.1	1.0
棉花产量	万吨	598	4.3	1.1
糖料产量	万吨	11 236	−1.9	−0.3
大豆产量	万吨	2 028	23.7	5.8
猪牛羊禽肉产量	万吨	9 227	3.8	1.6
牛奶产量	万吨	3 932	6.8	5.3
农村基本情况				
农村地区互联网普及率	%	61.9	4.3（百分点）	[26.5]（百分点）

续 表

指 标	单 位	2022 年		2018—2022 年平均增速/%（累计）
		绝对量	比上年增长/%	
农村宽带接入用户	万户	17 632	11.8	13.5
农村义务教育阶段国家财政性教育经费	亿元	12 777.3①	4.2	4.9②
村卫生室数量	万个	58.8	−1.9	−1.4
乡镇卫生院床位数	万张	145.0	2.3	2.3
农村广播节目综合人口覆盖率	%	99.26③	0.09（百分点）	[1.02]（百分点）④
农村电视节目综合人口覆盖率	%	99.52③	0.07（百分点）	[0.78]（百分点）④
农村最低生活保障人数	万人	3 349	−3.6	−3.7
农民生活				
全国农民工总量	万人	29 562	1.1	0.6
其中：外出农民工	万人	17 190	0.1	−0.1
农村居民人均可支配收入⑤	元	20 133	4.2	6.1
脱贫地区农村居民人均可支配收入⑥	元	15 111	5.4	7.6
农村居民人均消费支出⑤	元	16 632	2.5	6.4
农村居民恩格尔系数	%	33.0	0.3（百分点）	[1.8]（百分点）
农村居民消费价格	%			
农村居民人均住房面积	平方米/人	50.7	1.1	1.7
农村居民家用汽车拥有量	辆/百户	32.4	7.5	10.9

资料来源：国家统计局网站。

注：① 为 2020 年数据；② 为 2018—2020 年平均增速；③ 为 2021 年数据；④ 为 2018—2021 年累计变化情况；⑤ 农村居民人均可支配收入、农村居民人均消费支出绝对数按当年价格计算，增速为实际增速；⑥ 脱贫地区农村居民人均可支配收入绝对数按当年价格计算，增速为实际增速；2018—2020 年脱贫地区农村居民人均可支配收入为贫困地区农村居民人均可支配收入。

第二节　乡村质量革命的内涵

在20世纪八九十年代，浙江省安吉余村人靠挖矿山、建水泥厂，生活富裕了起来[3]。可是好景不长，环境污染问题日益突出。2003—2005年，安吉县确定了“生态立县”目标后，余村里关停了矿山和水泥厂，开始封山育林、保护环境。

2005年8月15日，时任浙江省委书记习近平在余村考察，充分肯定了村里关停矿山、水泥厂的做法，并首次提出“绿水青山就是金山银山”的科学论断，为余村指明了绿色发展之路。通过十几年来的不懈努力，余村在“两山理论”的指引下，从一个污染村慢慢变成了远近闻名的示范村，走出了一条生态美、产业兴、百姓富的可持续发展之路，美丽乡村建设在余村变成了现实。

乡村质量革命的本质是改善农民的生活物质条件、丰富精神文明，帮助农村社会从匮乏社会进入较长时间的丰裕社会。人们的生活逻辑不再是为了生存而奋斗，而是为了美好生活而追求。

只有解决包括广大农民及其后代日益增长的美好生活需要，充分发展农业农村、聚焦农民生产生活，才能促进城乡均衡发展，为人民美好生活向往提供坚实的物质基础。

一、生活便捷利民

过去，由于城乡发展的巨大差异，行路难、饮水难、上学难、看病难……种种民生难题阻碍了乡村发展的脚步；如今，路通了，灯亮了，上学不交费了，看病能报销了，有人管养老了……城乡二元结构的藩篱逐步被打破，城乡经济社会一体化发展进程不断加快。

越来越多的乡村同步强化“硬件”和“软件”，乡亲们“环境美”和“生活美”同享，出行、看病、上学、办事都更加方便了。国家统计局公布的数据显示，2021年末，全国87.3%的村通公共交通；99.1%的村进村主要道路路面为水泥或柏油；97.4%的村村内主要道路路面为水泥或柏油。农村信息化建设持续推进，2021 年末，全国 99.0%的村通宽带互联网，94.2%的村安装了有线电视。2021 年末，超过 33 万个乡村有电子商务配送站点。

村民的生活拥有了便利的公共基础设施和配套服务，政府建设、维护涉及污水、垃圾、厕所、道路、路灯等方面的生活类基础设施，提供农村居民文体娱乐服务，整合优质教育资源、医疗保障供给等，让村民生活无忧。

原来破旧的泥草房、土坯房等危房已不多见，村民们换上了安全住房，甚至大部分地区已建起设施现代的联排小别墅；越来越多的农民群众用上了放心方便的自来水。推进村村通动力电项目，基本实现行政村光纤通达和 4G 网络覆盖，“楼上楼下，电脑电话”也正成为很多农村家庭的标配。放眼全国，所有行政村都有了农家书屋、电子阅览室和文化活动室，农民文化生活丰富多彩。

建立“新农合”，农民“看病难、吃药贵”困境逐步得到缓解。各地不断健全农村基层医疗卫生服务体系，着力改善基层医疗卫生设施，推动乡村医院医保一站式报销，农民健康水平不断提高。2021 年我国卫生健康事业发展统计公报显示，截至 2021 年底，全国有县级医疗卫生机构 2.3 万个，乡镇卫生院 3.5 万个，村卫生室 59.9 万个，实现了县、乡、村医疗卫生机构全覆盖，越来越多的村民在家门口就能看病拿药。实施农村义务教育“两免一补”，推行农村地区“三个课堂”教育，农村的孩子可通过相关的资源共享，享受到和城镇孩子一样的优秀名师所讲的优质课程。

案例

农村基础设施全域升级　打造秀美乡村新样本[4]

江西省横峰县是曾经的国家扶贫开发重点县，在很长一段时间里，横峰县的不少村落像是一个个孤岛，远离繁华。住房、饮水、交通、网络……这些基础设施短板严重影响了村民们的获得感。

近年来，江西省横峰县以“秀美乡村、幸福家园”创建为抓手，推动农村基础设施全域改善，在江西率先完成了 25 户以上自然村“七改三网”（改路、改水、改厕、改房、改沟、改塘、改环境，电网建设、广电网络建设、电信网络建设）等基础设施改造工作，实现了 100%自然村干道和入户道硬化、

100%农户饮上了干净水、100%农户住房安全、100%村庄通电通广播通网络。

通过村民理事会，群众自己组织开展拆危旧房、拆围墙，把村庄的整体格局打开。在横峰县姚家乡七甲村“忠义杨家”，村中有个将近800平方米的忠勇广场，可供村民休闲娱乐。据七甲村支部副书记杨西福介绍，这里曾被3栋空心房和1栋废旧礼堂“占据”着，在秀美乡村建设过程中，村里拆废建新，让村民多了一个好去处。此外，横峰县通过“造地复垦”，新增土地开发，“旱改水”“增减挂钩”，将腾出的农村存量土地实施增减挂钩，进行综合治理和复垦，解决了耕地碎片化、村庄建设无序化、土地产出低效化、环境脏乱差等问题。通过盘活农村建设用地，横峰县村庄道路、休闲健身场所等公共设施建设规划得以落地。

二、环境优美惠民

乡村具有重要的生态功能。生态绿色发展是实现农村永续发展的必要条件。坚持生态绿色发展，保护青山绿水，才能推动建设生态环境更优的美丽乡村。各地各部门自觉保护乡村地形地貌、水系水体、林草植被等自然生态资源，慎砍树、禁挖山、不填湖、少拆房。整治的同时也注重保护乡土味道，保留田园美景，维护自然生态的原真性和完整性，改善乡村山水林田湖草自然风貌，突出乡村特色风光。

农村人居环境好不好，直接关系到农民群众的幸福指数高不高。我国连续部署实施了《农村人居环境整治三年行动方案》和《农村人居环境整治提升五年行动方案(2021—2025年)》，农村人居环境明显改善，生活垃圾和污水治理水平明显提升，基本实现干净整洁有序，农民群众获得感、幸福感不断提升。

深入推进农村生活污水和生活垃圾治理，基本消除农村黑臭水体，推行农村生活垃圾源头分类减量，完善农村生活垃圾收运处置体系，努力回归田园最初美好面貌。结合“三清一改”(即清理农村生活垃圾、清理村内塘沟、清理畜禽养殖粪污等农业生产废弃物，改变影响农村人居环境的不良习惯)，推动环境综合整治。系统采取控源截污、清淤疏浚、水系连通、生态修复等措施，消除农村黑臭水体。据国家乡村振兴局发布的数据[5]，截至2020年，中央财政累计安排专项资金258亿元，以农村生活污水、垃圾治理，规模以下畜禽养殖污染防治等为重点，支持行政村整治，累计完成19.5万个行政村整治，占全国行政村总数的1/3左右，村庄环境明显改善。

案例

让乡村成为宜居宜业美好家园[6]

河南省禹州市火龙镇刘沟村是远近闻名的“豆腐村”，拥有百年豆腐制作历史，村民在制作出鲜美豆腐的同时，也带来了环境问题，影响了生活品质，更制约了豆腐产业的发展。过去人们对刘沟村的刻板印象就是污水横流、臭气扑鼻。

为彻底扭转这一局面，刘沟村启动了“三治理一提升”工程，即垃圾治理、污水治理、散煤燃烧治理和产业提升。尤其是在治水方面，政府投入180多万元，建起了污水处理站和微型湿地公园，覆盖全村的污水管网让各家各户、各豆腐作坊流出的污水汇聚一地，经过净化后实现达标排放。整治后，不见了“旧面孔”，展现出“新容颜”：河底水草招摇、水体清澈，两岸绿带环绕，空气里也闻不到异味了。

“五十年代淘米洗菜，六十年代洗衣灌溉，七十年代水质变坏，八十年代鱼虾绝代，九十年代人畜受害。”这首反映淮河流域水质变化的民谣生动展现了农村发展过程中环境的变化。曾经村民们的生活污水都直接排进了河里，一到高温天，河水就会变绿、发臭。如今村民日常生活中产生的厕所水、厨房水、沐浴水、洗涤水等主要污水都得到了有效治理，污染源减少了，河水水质大幅度提升。

案例

绿化美化打造农村“新生态”[7]

从漫天飞沙到绿树成荫，吉林省白城市镇赉县在村屯绿化美化规划、建设和管护全流程上下功夫，克服了降雨量小、土壤盐碱程度高、常年大风等自然条件的劣势，确保绿化“无死角”。经过数十年的努力，在吉林西部逐渐打造出新的绿色符号。

镇赉县位于吉林省西部，地处吉黑蒙三省(区)交界地带、松嫩平原中部。由于邻近科尔沁沙地，加之处于盐碱地集中区，该县的多数树木难以存活。过去，多数农村少有植被覆盖，只有光秃秃的房屋和院落。每逢春天大风刮起沙尘，当地人戏称“晴天一身灰，雨天一身泥”。

如今镇赉的村屯却是另一番景象：树木整齐排列，鲜花芳香阵阵，草木错落有致……近年来，镇赉县选择适宜本地气候特点的杨、柳、榆、樟子松等树木品种，搭配丁香、格桑花等花卉实施村屯绿化美化建设。

围绕“生态镇赉”的建设目标，2019 年，镇赉县把组织实施村屯绿化美化建设与脱贫攻坚村屯环境综合整治相结合，与推进乡村振兴、改善农村和农民生产生活条件相结合，新增村屯绿化面积 4 980 亩，全县 458 个自然屯全部实施绿化工程。镇赉县的森林覆盖率由 1998 年的不足 4%提升到现在的 10%以上，林草覆盖率达 43.11%。

三、产业升级富民

“三农”问题的根本是农民问题，农民问题的关键是收入，农民的钱袋子有没有鼓起来，是农村工作是否有成效的重要体现。党的十八大以来，随着脱贫攻坚战的全面胜利、乡村振兴战略的深入实施，我国农村居民的收入大幅提高，人均可支配收入由 2012 年的 8 389 元增长至 2021 年的 18 931 元，增速连续 10 年跑赢城镇居民[8]。与此同时，城乡居民人均可支配收入比由 2.88∶1 下降至 2.5∶1，城乡收入的相对差距稳步缩小。

钱袋子的饱满离不开农村产业发展的变革，从我国的国情来看，不少农民养家糊口的重要来源仍然是农业经营收入。步入新时代，我国加快推进农业现代化，大力发展农业经营专业化、规模化，提升农业科技创新能力，粮食连年丰收，农产品产量增加，价格稳定，保障了农民增收的基础。鼓励开拓和发展乡村富民创收产业，依托乡村资源基础，开发农业的多种功能，挖掘乡村多元价值，“接二连三”促进融合发展，增加了内部就业机会。大力发展以家庭为单位的农业生产经营主体，通过促进资源整合、严格实施标准，培育适度规模的家庭农场，有效拓宽农民经营性和财产性增收渠道。

随着数字经济的兴起，农村电商、直播带货等新业态爆发式增长，电商凭借便捷、高效、低成本、广覆盖等优势，进一步助力农村产业升级，推动农业高质量发展。从提篮吆喝到网销全国，手机成了新农具，直播成了新农活。不少农民转身“触网淘金”，主动拥抱大市场。偏远的四川凉山彝族自治州，裕隆乡星宿村年轻人黄欣燕通过网络把家里的雷波脐橙销往天南海北，顺利解决了村里农户卖货难的困境。江西安远县鹤子镇阳佳村，200 多名村民拿起手机学着直播卖货。陕西柞水县农民程洋走进食用菌大棚，面对手机屏幕热情地介绍起来。一根网线、一部手机，互联网“高速路”助力优质农产品走出深山，打开销路，身价倍增。

案例

农民钱袋子鼓了　日子蒸蒸日上[9]

2013 年，谢意与妻子张漫通过流转土地经营权种植西瓜，创办连云港谢意家庭农场。十年来，谢意坚持带头创业、带动就业，努力推进本土农作物品种改良。目前农场已种植瓜果蔬菜 200 亩，同时葡萄树下养鸡、鹅、羊，自然除草种养结合，走出一条生态有机循环的经营新路子。2019 年，谢意自创了穿衣免洗草莓种植模式，创办“谢小农”品牌，农场也由原本的批发模式向精品果蔬零售转型，采取线上销售和线上宣传引流线下采摘的双模式运营。2021 年初，“谢小农”网红草莓通过抖音等网络平台被网友们熟知，由此“谢小农套袋草莓”成为网红草莓。

2022 年，是“新农人”谢意创业的第十个年头，谢意家庭农场也迎来了新一轮提档升级，投资 450 万元启动了农场提档升级建设，探索地暖温室种植技术，在引进新技术的同时，建设地暖温室大棚 10 个、圆拱形连栋温室大棚 7 个、阳光温室大棚 1 个，对农场门楼、进园道路、停车场、葡萄长廊、地暖等配套设施进行提档升级，进一步完善农场办公室、分装室、农产品检测溯源室、仓库等配套设施，带动园区内研学教育、观光旅游、网红打卡等“农旅文”融合发展。

第三节　乡村质量革命的路径

党的十八大以来，坚持农业农村优先发展，建立健全城乡融合发展体制机制和政策体系，加快农业农村现代化建设，推动数字技术在农村的广泛应用，不断催生新模式新业态，挖掘农村农业特色、打造乡村品牌，为农业农村现代化注入新动能，让农业成为有奔头的产业，让农民成为有吸引力的职业，让农村成为安居乐业的美丽家园。

一、全面持续落实“三农”政策

乡村的重大变革离不开好政策的落地见效。一直以来，中央都把“三农”问题作为党和政府全部工作的重中之重。2006 年 1 月 1 日起废止《农业税条例》，至此，我国全面取消农业税，在中国延续了 2 600 多年的“皇粮国税”成为历史，从根本上消除了农民负担反弹的隐患，直接促进了农村经济的发展和农村社会稳定[10]。特别是党的十八大以来，从农村土地“三权分置”到农业补贴政策体系不断完善，从农业经营体系改革到农村集体产权制度改革深入推进……不断深化的改革措施极大地解放了农村生产力，让农业现代化实现跨越式发展，为农村社会保持和谐稳定发展提供了长久的政策环境。

2021 年，我国脱贫攻坚战取得了全面胜利，完成了消除绝对贫困的艰巨任务。随后“三农”工作重心历史性地转移至全面推进乡村振兴。《中共中央　国务院关于全面推进乡村振兴加快农业农村现代化的意见》要求，“把全面推进乡村振兴作为实现中华民族伟大复兴的一项重大任务，举全党全社会之力加快农业农村现代化，让广大农民过上更加美好的生活”。

从实施乡村振兴战略的实践来看，通过一二三产业融合发展实现农业的转型升级、提质增效；通过践行“绿水青山就是金山银山”两山理论，推进产业绿色化和绿色产业化，加快生态农业发展；通过“互联网＋现代农业”，实现电子商务进农村、为乡村振兴插上信息化的“芯片”；通过产业扶贫与乡村振兴相结合，持续改善社会民生；通过壮大乡村集体经济，实现乡村产业可持续发展，在一系列政策的指导下，农村现代化步伐不断加快。

二、特色产品串起产业链

2022年中央农村工作会议指出，“依托农业农村特色资源，向开发农业多种功能、挖掘乡村多元价值要效益，向一二三产业融合发展要效益，强龙头、补链条、兴业态、树品牌，推动乡村产业全链条升级，增强市场竞争力和可持续发展能力”。全国乡村在“特色”和“链”字上下功夫，通过特色产品延长产业链，畅通循环链，做强富民链。

乡村产业发展的关键是用好一方水土，开发乡土特色资源，这是“特色”。丰富地道的农副产品，山清水秀的田园风光，耕读传家的文化传统，都是乡村吸引人的地方，也是乡村产业发展的独特土壤。面对不断变化的市场需求，紧密依托农业农村特色资源，开发农业多种功能，挖掘乡村多元价值，因地制宜选准产业发展的突破口，把乡村特色资源的优势转化为产品优势、产业优势，增强市场竞争力和可持续发展能力。

把“小买卖”做成“大产业”。全国不少地方探索“公司＋合作社＋农户”等多元经营方式，发挥产业集群优势，助力地方特产做大做强。陕西省洛川县运用产业集群化发展思路，先后建成了国家级洛川苹果批发市场、国家级洛川现代农业产业园等，按照“1＋3＋X”总体规划布局，高标准建设苹果关联产业加工区，引导配套产业和果品精深加工企业向园区聚集，推进产业集群发展，不断完善产业链条，“洛川苹果”品牌估值超过680亿元。

延长产业链，提升附加值。提高农业产业附加值，从种植向深加工、电商销售等环节延伸，实现一、二、三产业融合。广东省江门市新会区在陈皮产业附加值上下功夫，推动构建农企合作平台，引导产业园建立“龙头企业＋合作社”“龙头企业＋基地＋农户”“品牌联盟”等利益共享模式，以陈皮村为中心打造陈皮产业“双创”孵化基地，以丽宫陈皮古道等打造新会陈皮农文旅融合发展的网红旅游打卡点，带动农民丰富增收创收渠道。2022年，新会区重点推出建设一批“新会陈皮庄园”，深挖新会陈皮生态、休闲、健康和文化价值，拓展农耕体验、旅游观光、休闲度假、健康养老、教育文化等多种功能，丰富产业体系。三产融合，产值蝶变，新会陈皮产业从1996年产值不足300万元，到2022年产值达190亿元。新会陈皮位居“2022中国区域农业产业品牌影响力指数TOP100”首位。

三、高科技提升农业产出效益

科技是农业产业发展的“加速器”。农业科技创新作为实施乡村振兴战略的重要抓手，通过技术帮扶、科技合作等形式，科技资源下沉农村，加强新技术推广应用，推动大数据为现代农业赋能，让农业更有“科技范”。作为一项惠民利民工程，科技助农活动在中国各地广泛开展，各级政府部门通过组织农业领域的专家、技术人员，深入基层为农村群众、合作社、中小微企业提供技术指导，一些科研院所还针对性地对农业生产中的痛点、难点进行科研攻关，以技术作为突破口，推动传统农业转型升级。

通过运用物联网、大数据、区块链、人工智能等数字技术，摆脱传统农业生产依赖个人经验的弊端，实现精准高效生产。在农业生产过程中，通过建设相应的大数据中心、产业园区智能管理系统进行实时监测和有效调度，在农业生产大棚中做到温湿度数字化控制、排风自动化等，实现生产中温、光、气、土、肥、药可视化和联动控制，让农业生产更精准、更高效，发展动力更加强劲。

使用卫星导航精量播种、智能水肥一体化等先进技术，全国最大的玉米制种基地甘肃省张掖市实现有效增产；在山东省，智能传感器24小时监测大棚温湿度，利用种植大数据指导农户及时调整种植环境并精准滴灌；在重庆市荣昌区，生猪大数据平台实现生猪全链条溯源管理，累计接入生猪结构化数据超300万条；天上飞着无人机，地上跑着无人车，开沟、除草、打药、采收全程机械化……北京市平谷区峪口镇的智慧果园，引入人工智能、大数据、机器人、遥感等新兴技术，帮助农户种桃。在数据的精确指导下，精耕细作、准确施肥、合理灌溉取代了粗放经营，农民足不出户就能通过机械完成浇水、施肥等作业。通过“电子眼”“机械手”“智慧脑”呵护大桃成长，大力发展“互联网＋大桃”，使得京城市民和天南海北的人都能及时品尝到平谷鲜桃。“智慧”赋能，不仅有效提升了大桃的品牌价值、促进农民增收，还持续改善了生态环境，为市民提供了文化休闲的好去处。

日益普及的大数据、物联网、人工智能、云计算等数字化技术，改变和重塑着乡村的生产生活。在广大农村地区，数字化给乡村面貌带来新变化，助力农民过上更好的日子。

四、现代文化与本土文化融合

中共中央、国务院《关于实施乡村振兴战略的意见》提出，要“立足乡村文明，吸取城市文明及外来文化优秀成果，在保护传承的基础上，创造性转化、创新性发展，不断赋予时代内涵、丰富表现形式”。收集和整理农耕文化蕴含的优秀思想观念、人文精神、道德规范以及乡村中世代传承下来的良好家风族训、乡规民约以及孝道文化等资源，引导广大村民孝亲敬老、与人为善、诚实守信，并树立模范典型，帮助其确立正确的价值观和荣辱观。同时，推进农村移风易俗，深化文明村镇和文明家庭创建，坚决反对各种不良风气和陈规陋习，引领积极向上的社会风气，大力培育新时代中国特色社会主义乡村文明。此外，关注乡村文化的保护与挖掘，对农业生产生活、民风民俗文化开展调查，深入挖掘、溯源与梳理，修复优秀传统农村文化延续的断层。保存文物古迹、民族村寨、农业遗迹、灌溉工程遗产，支持农村地区优秀传统戏曲曲艺、少数民族文化、民间文化等传承发展。完善现代公共文化服务设施，如图书馆、阅读室、文化中心、剧院等，打造可抒发情怀、安放乡愁的精神家园。

案例

“村 BA”为何能“火爆全网”[11]

2023 年 3 月 25 日，贵州省首届“美丽乡村”篮球联赛总决赛在黔东南州台江县台盘村开赛。这项由台盘村“六月六”吃新节篮球赛发展而来的赛事，因为火热的现场氛围和“接地气”的办赛风格，在 2022 年“火爆全网”，被网友亲切地称为“村 BA”。

没有专业的选手，没有超高难度的动作，甚至也没有精致的美女啦啦队，但就是这样的业余大战，吸引了众多粉丝的关注。十里八村的村民，基本上都来了；现场的鼓舞与呼声，响彻大地。从 2 万现场球迷的热情到抖音粉丝的直播，从少数民族风情的啦啦队到当地的特色小吃……“村 BA”火爆的密码，值得分析与解剖。

"村BA"爆红的背后,有为全民健身、体育强国助力的影子。在广袤的乡村,肯定有很多爱好体育的人,也有很多天赋不错的人,他们因为种种原因,未能进入专业的队伍,但这并不妨碍他们对体育的热爱,对体育运动的追求。"村BA"这类群众性体育赛事的普及,有助于促进全民健身、体育强国等理念深入乡村。

"村BA"爆红的背后,还能助力乡村振兴。这一次办赛,以广泛开展全民健身活动为抓手,推进健康贵州建设,坚持"以赛促健、以赛促文、以赛促旅、以赛促产、以赛促消、以赛促兴"的办赛理念,巩固拓展脱贫攻坚成果同乡村振兴有效衔接。据贵州省体育局统计,截至2023年3月底,贵州省首届"美丽乡村"篮球联赛已开展超过5 000场比赛,有效带动了举办地旅游、文化、经济等领域的发展。

五、公共服务与基础设施建设同步推进

农村公共基础设施和公共服务建设质量,直接影响农民的生活质量。在全面建设小康社会、乡村振兴的伟业中,国家对加强农村公共基础设施和公共服务建设进行了全面部署,既一脉相承,保持了政策的延续性,又结合实际不断改善,与时俱进地统筹安排,紧跟农民需求,补短板、强弱项、提水平。农村公共基础设施往村覆盖、往户延伸取得积极进展,农村基本公共服务水平稳步提升。

建立城乡公共资源均衡配置机制,强化农村基本公共服务供给县乡村统筹,逐步实现标准统一、制度并轨。资源配置涵盖基础设施、人居环境、农村教育质量、加强农村医疗卫生服务、乡村公共文体服务、农村养老、托幼服务等多个大大小小的领域。各地各部门大胆探索和创新实践,从体制机制角度突出创新,在资源要素方面强调整合,推进数据信息共享。立足农民身边事,加快补齐农村公共服务短板,推进优质公共服务资源下沉。不论是打通村民办事"最后一公里"、让农村文化"活"起来、破解农村垃圾治理难题,还是加强乡镇公共服务功能、促进农村公共服务标准提升、绘就农民晚年幸福图景等,均让农民群众从公共服务建设中受益。

在教育方面，以提高农村教育质量为落脚点，多渠道增加农村普惠性学前教育资源供给，改善乡镇寄宿制学校办学条件，保留并规划必要的乡村小规模学校，完善农村特殊教育保障机制，支持建设城乡学校共同体，加快发展面向乡村的网络教育。在农民就业创业方面，健全统筹城乡的就业政策和服务体系，向乡村延伸公共就业服务，加快新生代农民工职业技能提升计划的实施。在健康方面，加强城乡医院对口帮扶，建立远程医疗、创新协同、巡回医疗等稳定机制，带动乡村提升应对突发公共卫生事件的能力。在文体方面，推进城乡公共文化服务体系一体建设，创新开展文化下乡活动，让农民既要“钱袋满”又要“精神足”，推广乡村农味农趣运动项目，积极培育农村体育组织，大力发展群众性体育活动。

案例

开往幸福的101路公交车[12]

20年来，“千万工程”在改变浙江农村面貌的同时，也在不断缩小城市和乡村的差距。嘉兴是全国首批开通城乡公交的城市，而行驶了20年的101路是嘉兴市最早连通城市和乡村的公交路线。20年间，嘉兴先后完成了3次公交改革，实现了城乡客运公交化、城乡公交国有化、市域公交一体化，将小公交做成了大民生。如今，101路公交车已成为发车密度最高的一班公交车，每天有104趟奔走在城乡之间，间隔时间只有七八分钟，车费刷公交卡只要1元。

乡村“蝶变”向美而行。101路公交车沿线的联丰村村口的公园，草坪、灯光、音乐、天幕一应俱全，晚饭后人们来到这里嬉戏、休闲、喝茶、听歌。走进联丰村，一幢幢房屋整洁亮丽，庭院内花香袭人。人在村里走，如在画中游。在位于村口的咖啡店里，聚集了一拨又一拨前来享受闲暇的游客。

“致富果”让农民的腰包越来越鼓。水蜜桃是三星村的特色主导产业。随着城乡一体化发展，越来越多的城里人来村里游玩采摘。嗅到商机的村民围绕水蜜桃，开发了桃花酥、蜜桃宴、蜜桃酒等产品，打造了乡村游、桃花节等文旅活动，不仅桃子不愁卖，还额外增加了旅游收入。不只是三星村，在嘉兴像水蜜桃这样的“致富果”正让农民的腰包越来越鼓，仅凤桥镇就有2 200余户农户从事水蜜桃种植。

“创新”打开共富之门。乘坐101路公交车，来到余新镇中学站。走进这所中学的校园，崭新的宿舍楼、先进的教室、明亮的餐厅，和城里的中学没有太大的区别。在教学楼6楼的网络教室里，一堂别开生面的远程网络课正在线上举行。顺畅的网络，让嘉兴市北师大附中的学生和余新镇中学的学生，可以同上一节课。

101路公交车，20年来一直穿梭在嘉兴城市和乡村之间，见证了基础设施一体化建设对缩小城乡差距的重要作用。20年过去了，101路公交车两头连接的城市和乡村差距越来越小了：不仅公交实现了一体化，全域基本实现教育现代化，城乡居民都纳入了“20分钟医疗卫生圈”。

第四节　乡村质量革命的启示

在人类社会不断推进城镇化、现代化的过程中，乡村发展问题成为普遍性议题。随着中国特色社会主义进入新时代，乡村振兴作为解决“三农”问题的新战略被提出来，并按照产业兴旺、生态宜居、乡风文明、治理有效、生活富裕的总要求，在国家现代化建设的新征程中全面加以推进。未来乡村振兴是一项系统工程，集成多种发展元素，一体推进“美丽乡村、数字乡村、共富乡村、人文乡村、善治乡村”建设，进行场景化设计、特质化打造，使未来乡村成为一个充满想象的大空间[13]。

一、夯实美丽乡村基础，打造诗画田园的秀美图景

美丽乡村的风貌标配是绿水青山的生态、整洁有序的村容、错落有致的农房。持续保护和修复自然生态，把垃圾分类好、污水处理好、厕所管护好、环境绿化好、卫生习惯培养好，建设人与自然和谐共生的美丽乡村。交通、信息、能源、物流等基础设施提档升级，改造民居生活配套，打造现代乡村社区圈。尊重村落原有肌理，实施“微改造、精提升”，抓好美丽庭院、降围透绿、杆线序化，设计、艺术落地下乡，展现乡村建设时尚风、文艺范。

二、深入数字化乡村建设，打造现代乡村的智慧图景

释放数字化乡村建设动能，在乡村加快运用和普及数字化技术，引领和培养新农人，撬动乡村生产生活生态各领域的系统变革。数字农业、智慧农业规模扩大，农村电商品牌强化，促进农业全产业链数字蝶变。加快乡村智慧医疗、智慧文化、智慧教育、智慧救助等落地，联通乡村智慧化公共服务，提升智能化服务老年群体适用水平，让更多农民群体共享智慧生活。

三、奔赴乡村共同富裕目标，打造富庶鲜活的生活图景

就业广阔、创业活跃，年轻人回乡、城里人进村，人人有事做、家家高收入，这是共富乡村的基础。坚决抓好粮食和重要农产品生产供给，稳住农业基本盘。重点培育和发展农业全产业链，做大村级集体经济，深入帮扶农民就业创业和低收入农户，促进农民农村扩中提低。盘活乡村生态价值、文化价值、美学价值，激发农事节庆、乡村旅游、养生养老等新业态活力，深化三产融合、产村融合。加大政策支持，实施农创客培育工程，留住原乡人，唤回归乡人，吸引新乡人。

四、促进乡村文化传承创新，打造乡土文明的人文图景

乡村建设既要塑形，也要塑魂。乡村承载着农业社会和农业文明的丰富内涵与文化传统。人文乡村建设要把保护和传承优良的文化传统、保护非物质文化遗产作为重要内容。弘扬节日节庆文化，提升传统文化的高度。把传统节日发展为区域性、周期性活动，扩大范围，提升影响。充分挖掘传统节日，盘活乡土文化；传承手工手艺文化，拓宽传统文化的广度；助力传统技艺走向市场，形成产业做大做强。乡村文化传承与创新是乡村建设的重要任务，需要通过合力机制共同促进乡村文化在现代化建设的大趋势中得以可持续、适应性地发展。

五、坚持善治乡村根本，打造舒心共享的和谐图景

幼有善育、学有优教、劳有厚得、病有良医、老有颐养、住有宜居、弱有众扶，生活在乡村和生活在城里一样便捷舒适，这是善治乡村的本。打造20分钟医疗圈、15分钟养老圈、15分钟健身圈，在最小单元里形成“一老一小”

问题的系统性解决方案。坚持和发展新时代“枫桥经验”，深化万村善治创建，构建“四治融合”现代乡村治理体系。

乡村振兴是实现中华民族伟大复兴的一项重大任务，也是21世纪中国乡村质量革命的重要体现。回顾历史，乡村振兴是在中国式现代化、城镇化发展中出现并不断发展的。就现实而言，随着农村全面脱贫，接续推进乡村振兴战略，既能巩固拓展脱贫攻坚成果，也可深入促进乡村现代化建设；从更深层面思考，乡村振兴的重要意义在于保护性发展，尤其是对文化传统和社会系统多样性的保护与延续。放眼未来，乡村振兴要注重与新型城镇化的协调推进，着眼城乡融合、产业融合、持续加强硬件设施建设和软件条件改善。未来乡村振兴更要体现“人本化”“生态化”“现代化”的核心，落脚点是“幸福”，既是农民安居乐业、增收致富和实现美好生活的幸福，也是人与自然、社会、科技完美融合的幸福。

参考文献

[1] 胡彬彬，李向军，王晓波.中国传统村落蓝皮书：中国传统村落保护调查报告(2017)[M].北京：社会科学文献出版社，2017.

[2] 胡春华.建设宜居宜业和美乡村[EB/OL].(2022-11-15)[2023-09-20]. https://www.gov.cn/xinwen/2022-11/15/content_5727004.htm.

[3] 王晓东，等.习近平浙江行　十五年后再访余村[EB/OL].(2020-03-30)[2023-09-20].https://baijiahao.baidu.com/s?id=1662595014948999532&wfr=spider&for=pc.

[4] 农业农村部农村社会事业促进司.第三批全国农村公共服务典型案例　江西横峰：农村基础设施全域升级 打造秀美乡村新样本[EB/OL].(2021-12-30)[2023-09-20]. http://www.shsys.moa.gov.cn/ncggfw/202112/t20211230_6385975.htm.

[5] 国家乡村振兴局. 对十三届全国人大五次会议第3772号建议的答复[EB/OL].(2022-11-21)[2023-09-20]. https://www.nrra.gov.cn/art/2022/11/21/art_2202_197715.html.

[6] 王平，王烜.让乡村成为宜居宜业的美好家园[EB/OL].(2022-04-21)[2023-09-20]. http://www.moa.gov.cn/xw/qg/202204/t20220421_6397164.htm.
[7] 关子儒.镇赉：绿化美化打造农村“新生态”[EB/OL].(2019-07-01)[2023-09-20].http://www.moa.gov.cn/xw/qg/201907/t20190701_6319998.htm? kfkfkfkfkfkfkfkn.
[8] 余瑶.增收不停步 农民腰包鼓[N].农民日报，2022-09-03(3).
[9] 王雅萱，等.海州新坝：家庭农场长出村民的“致富果”[EB/OL].(2022-09-06)[2023-09-20].https://jsnews.jschina.com.cn/lyg/a/202209/t20220906_3070538.shtm.
[10] 付晓磊，等.新中国 70 年农村变革之路[EB/OL].(2019-08-21)[2023-09-20]. http://report.hebei.com.cn/system/2019/08/21/100019577.shtml.
[11] 龙敏飞.“村 BA”为何能“火爆全网”[EB/OL].(2023-03-27)[2023-09-20].https://www.sohu.com/a/659637185_257321.
[12] 梁丽娟，等.坐上“开往幸福”的公交车　看“千万工程”如何让乡村蝶变[EB/OL].(2023-06-29)[2023-09-20].https://content-static.cctvnews.cctv.com/snow-book/index.html?item_id=8261216367377169922&toc_style_id=feeds_default&share_to=wechat&track_id=1d9ae35f-5522-4a76-be97-ba1fbc62e75f.
[13] 王通林.深化“千万工程”建设未来乡村 奋力打造共同富裕现代化基本单元金名片[N].农民日报，2022-05-26(2).

第五章
让中华民族瑰宝造福人类健康
——中医药质量革命

中医药作为中华文明宝库中的瑰宝，数千年来为我国人民的卫生保健，为中华民族的繁荣昌盛，做出了不可磨灭的贡献。新中国成立以来，中医药质量革命不断深入推进，中医药事业得到蓬勃发展。古老的中医药实现了从中医堂、中药铺到中医药工业化的嬗变，科技创新让中医药焕发新的活力。一代又一代中医药人坚持传承精华、守正创新，推进中医药文化创造性转化、创新性发展，深入挖掘中医药文化精髓，不断丰富中医药文化产品供给和服务供给，充分释放中医药多元价值，以文化繁荣助推中医药事业发展和产业振兴。

第一节　中医药质量革命的背景

一、中医药历史悠久、博大精深

中医药发展经历了漫长而辉煌的历程，凝聚了中国人对健康和医疗的智慧和经验。它以独特的理论体系和综合治疗方法，对保护人民健康、推动全球医药事业发展起到了重要作用。

早在远古时代，就有“神农尝百草”“药食同源”的记载。春秋战国时期，扁鹊总结前人经验，提出“望、闻、问、切”四诊合参的方法，奠定了中医临床诊断和治疗的基础。秦汉时期是中医药发展的重要阶段，《黄帝内经》《神农本草经》等古籍对中医药学理论和使用方法进行了系统总结。张仲景、华佗两位著名的医学家的《伤寒杂病论》和《金匮要略》等经典著作奠定了中医诊疗的基础。隋唐时期是中医药发展的繁荣阶段，医学家如孙思邈等对中医理论进行了深入研究。《备急千金要方》等经典成为后世中医药学的重要教材。宋、明、清时期见证了中医药的进一步发展。明代李时珍历时 27 年创作的中草药著作《本草纲目》，收载药物 1 897 种，附方 11 096 则，对中国乃至世界药物学的发展做出杰出的贡献。清代叶天士的《温热论》，提出了温病和时疫的防治原则及方法，形成了中医药防治瘟疫（传染病）的理论和实践体系。近代以来，中医药面临一些挑战和变革。在 21 世纪，中国进行了一系列医药改革和质量革命，推动了中医药产业现代化的进程。中医药理论以及药物研究、临床应用等方面都得到了新的发展[1]。

二、中医药独特价值得到国际认可

中医药早在秦汉时期就传播到周边国家，并对这些国家产生了重大影响。预防天花的种痘技术，在明清时期就传遍世界。《本草纲目》自 1593 年起先后被翻译成日、法、英、德、俄等多种文字，在世界范围内广泛传播，被称为“东方医学巨典”“中国古代的百科全书”，李时珍也被誉为“东方达尔文”。

2014 年，非洲国家科摩罗疟疾发病人数与 2006 年相比下降了 98%，很大程度上归功于青蒿素的使用。这是历史上首次通过群体药物干预，使用中国的创新药物使一个非洲国家快速控制疟疾流行的成功案例[2]。

青蒿素的成功发现，是中国中医药影响力不断扩大的缩影。2015 年 10 月 5 日，瑞典卡罗琳医学院宣布将诺贝尔生理学或医学奖授予屠呦呦以及另外两名科学家，以表彰他们在寄生虫疾病治疗研究方面取得的成就。这是中国医学界迄今为止获得的最高奖项，也是中医药成果获得的最高奖项。屠呦呦说：“青蒿素是人类征服疟疾进程中的一小步，是中国传统医药献给世界的一份礼物。”

国际上，越来越多的人开始关注中医药的疗效和研究，各国也在不同程度上开展了中医药的应用和推广。“中医针灸”“藏医药浴法”“太极拳”先后被列入联合国教科文组织人类非物质文化遗产代表作名录，为解决人类健康问题提供了“中国智慧”。

第二节　中医药质量革命的内涵特征

我国传统医药之所以历经数千年而不衰,至今在医疗保健中发挥着不可替代的作用,并且在世界传统医药领域处于领先地位,是由自身理论的科学性和优势所决定的。随着疾病谱的变化、老龄化社会的到来和健康观念的转变,坚持中西医结合,中医药学的优势越来越显著,其科学性和先进性越来越被学术界、产业界所重视。

一、中医药理念的突破与发展

(一) 中医整体观念和辨证论治

中国经典传统医学是具有独特理论风格的医药学体系,这一理论体系包括阴阳、五行、精气神、运气诸学说,以及藏象、经络、病因病机、治则治法等。在上述理论的指导下,以望、闻、问、切为诊病方法,遵循理、法、方、药进行辨证论治。

中医药提供了人类认识和把握人体复杂体系的有效途径。中医药学整体观念认为,人体的生命活动是机体在内外环境的作用下,由多种因素相互作用而维持的一种动态的相对平衡的过程。而健康则是人体阴阳维持相对平衡的状态,即“阴平阳秘”。平衡失调,就会导致器质性和功能性的疾病状态。中医学不是机械孤立地看待人患的“病”,而是把“病人”看作是一个整体,把“病”作为人体在一定内外因素的作用下,在一定时间的失衡状态。治疗上,既要祛邪又要扶正,强调机体正气的作用,通过调整机体功能状态达到治疗疾病的目的。这一健康观念目前已被人们普遍接受。

中医药学研究人体生命活动规律的认知方法及个体化诊疗体系,反映了整体医学的特征。中医学认为,人和自然是“天人合一”的关系,人体本身是形神统一的整体:人体的功能状态是肌体对内外环境作用的综合反映,掌握人体的功能状态就可以有效地掌握人体生命活动的变化规律。因此,中医通过“望闻问切”以外测内归纳为证候,作为临床诊疗的依据,构成中医药因人、因事、因地的个体化诊疗体系。这是中医药的一大特点和优势,符合现代临床医学发展的趋势。

（二）中医“治未病”理论

《黄帝内经》说：“上工治未病，不治已病，此之谓也。”治，为治理管理的意思。“治未病”即采取相应的措施，防止疾病的发生发展。其在中医中的主要思想是：未病先防、既病防变和瘥后防复。未病先防，预防疾病的发生，重在养生，主要包括法于自然之道、调理精神情志、保持阴平阳秘这三方面。既病防变，顾名思义，已经生病了就要及时治疗，要能够预测到疾病可能的发展方向，以防止疾病的进一步进展。瘥后防复，病愈之后要补养正气，注意调摄，防止伤残及促进功能康复，防止原病复发或复生他病。

中医“治未病”的思想历经两千多年的应用与发展，蕴含智慧，泽被深远。这种防重于治的疾病预防观，涵盖了健康与疾病的全过程，符合当今世界医学发展的潮流。中医强调健康和生活方式有着密切的关系，主张以养生为要务，认为可通过情志调摄、劳逸适度、膳食合理、起居有常等方式，也可根据不同体质或状态给予适当干预，以养神健体，培育正气，提高抗邪能力，从而达到保健和防病的作用。中医治未病的理念，以其丰富的养生、保健、预防、诊疗和康复的理念、手段和方法，与现代“健康中国”的国家战略不谋而合。在老龄化社会加剧、疾病谱变化、亚健康群体扩大的背景下，中医“治未病”理念有助于改善全民健康水平。

（三）中医养生“药食同源”

中药与食物的关系是药食同源。中医治病最主要的手段是中药和针灸。中药多属天然药物，包括植物、动物和矿物，而可供人类食用的食物，同样来源于自然界的动物、植物及部分矿物质，因此，中药和食物的来源是相同的。

“药食同源”指许多食物即药物，它们之间并无绝对的分界线。古代医学家将中药的“四性”“五味”理论运用到食物之中，认为每种食物也具有“四性”“五味”。《淮南子·修务训》称：“神农尝百草之滋味，水泉之甘苦，令民知所避就。当此之时，一日而遇七十毒。”可见神农时代药与食不分，无毒者可就，有毒者当避。

(四)中医药治疗手段多样化

中医药具有“简、便、验、廉”的特点,而且中药有着药效稳定、对胃肠道刺激小、对肝肾损伤小等优点,不仅能治常见病、多发病,而且对慢性病、老年病、疑难杂症等也有效,对于这些多因素疾病,现代医学没有很好的办法,而防治这些疾病,正是中医药的优势。例如,对于慢性肾炎、慢性胃炎等疾病,中医药的治愈率要明显高于西方医学。在一些情况下,将中医药与西方化学合成药物结合使用可以取得更好的效果。在治疗肝癌方面,中医药可以起到辅助作用。此外,中医药在助力疾病康复、对重大疾病协同治疗等方面也有独特作用。

中医药对疾病的治疗主要采用药物和非药物疗法,并用内治和外治法进行整体综合调节与治疗。中医方剂是中医最常用的药物疗法之一。方剂的多种有效组分,针对人体的多因素,通过多环节、多层次、多靶点的整合调节作用,适应于人体多样性和病变复杂性的特点。而非药物疗法有针灸、推拿、拔罐、刮痧等。其中,针灸疗法是我国古代的一大发明和创举,通过对人体体表穴位的刺激,进行整体调节,疗效显著,适用范围广泛。目前,针灸疗法已经在世界100多个国家和地区使用。中医养生保健理论和丰富多彩、行之有效的疗法,在提高人们健康素质和生活质量方面显示了良好的前景。

二、中医药实现工业化生产

在新中国成立之前,中医药堂一直是中华医药传承和发展的活态载体,大多是“前店后厂”或“前堂后坊”。中药的制作主要依赖于手工操作,包括采集、炮制到煎煮药材等,生产规模相对较小,主要靠个体户或家庭作坊手工完成,整体技术水平较为落后。以中药炮制为例,它还是以“前堂后坊”为特点的手工业生产形式,以手工工具为主,凭借药工的经验,完成对中药材的炮制过程。

中医药实现工业化生产是一个长期、复杂的过程,涉及中药材的生产、中成药工业的形成等多个方面。1949年新中国成立后,我国共组织了3次药材资源大普查;1958年,国务院发布了《关于发展中药材生产问题的指示》,开始了中药材异地引种试种,野生变家种、家养的工作。一些过去需要靠进口的药材,如西红花、西洋参、珍珠、木香等,逐步能够自产,有的甚至可以出口。中药材生产力的提升，也促进了中成药工业的形成。在现代科技的加持下，中医药的生产效率和质量不断提升，中医药产业呈现蓬勃发展的态势。

(一) 从中医堂到中医院的嬗变

古代真正具有规模、分科明确，称得上医院的，都是为帝王和贵族阶层服务的机构。民间中医馆大多是家、药铺、医馆的结合体，许多行医者多把自己的药铺、药店以“堂”相称，中医之学采取业师授受、家学相传、私淑遥承等形式相传。老百姓看病一般都是在家附近找熟悉的医生，诊断治疗均由同一人完成。由于中医馆数量有限，加上大多数老百姓连温饱都得不到保障，看病抓药成为奢侈，不少人因看不起病而贻误救治。

新中国中医事业的发展焕然一新，中医医疗服务的可及性显著提升。从 1956 年中医研究院成立开始，“中医老四校”相继在北京、上海、广州和成都成立，并各自建立一所附属医院。2005 年，中医研究院更名为中国中医科学院，成为一所集科研、医疗、教育、产业于一体的国家级综合性中医药科研机构，引领全国中医药事业不断向前发展。

随着中医院的兴起与发展，我国已基本建立起覆盖城乡的中医医疗服务体系。在城市，形成以中医(民族医、中西医结合)医院、中医类门诊部和诊所以及综合医院中医类临床科室、社区卫生服务机构为主的城市中医医疗服务网络。在农村，形成由县级中医医院、综合医院(专科医院、妇幼保健院)中医临床科室、乡镇卫生院中医科和村卫生室为主的农村中医医疗服务网络，提供基本中医医疗预防保健服务。

近年来，中医药服务能力明显提升。据国家卫生健康委员会《2022 年我国卫生健康事业发展统计公报》，全国中医类医疗卫生机构总数为 80 319 个，比上年增加 2 983 个，总诊疗人次为 12.3 亿，比上年增加 0.2 亿人次。其中，中医类医院 5 715 个，中医类门诊部、诊所 71 583 个，中医类研究机构 38 个[3]。2022 年的全国中医类医疗卫生机构总数较 2012 年，涨幅近一倍，达 96.7%。中医类的三级医院从“十三五”初期的 415 个增加到 2022 年的 476 个，公立中医医院的床位数从 68 万张增加到 81 万张。截至 2022 年末，全国中医类医疗卫生机构总诊疗人次为 12.0 亿，全国中医类医疗卫生机构出院人次达 3 800.2 万，越来越多的人接受了中医医疗服务。

中医药人才队伍也得到大力发展。《2022 年我国卫生健康事业发展统计公报》显示，中医药卫生人员从 2012 年末的 47.7 万人增加到 2022 年末的 91.9 万人，其中中医类别执业（助理）医师 76.4 万人，中药师（士）13.9 万人。国家中医药管理局组织实施国家中医药领军人才支持计划，并制定了《中医药传承与创新“百千万”人才工程（岐黄工程）——国家中医药领军人才支持计划》，遴选了 90 名国医大师，100 名全国名中医，99 名岐黄学者，培养了 6 600 多名全国名老中医药专家学术经验继承人，3 180 名中医药骨干人才。

（二）从手工作坊到规模化生产

流派繁杂、技艺传承的隐秘性，一直是中医药较难形成产业化的原因。随着现代科技的发展，打通了中医药发展的新脉络，让中医药从中医堂、中药铺中走了出来，迈向工业化发展的道路。20 世纪 50 年代，国家开始建立中药工业体系，逐渐改变了中成药传统的“前店后场”生产方式，将店场分开，集中组建药厂。从 20 世纪 80 年代起，中成药进入大发展时期，一批新型的中成药企业开始涌现出来。

数十年来，中药工业化生产由起初的分工合作，经历了机械化、自动化、现代化生产几个发展阶段，广泛应用自动化设备和先进控制技术，逐步实现向自动化、智能化生产的蜕变。中医药工业化发展越来越注重科技创新和现代技术的应用，如利用指纹图谱技术和信息化、智能化手段，进行中药质量控制、药效成分的提取和药物制剂的开发，推动中医药向高科技领域发展。与此同时，重视药材资源的整合和优化，推行道地药材规范化种植，建立中药材质量溯源体系，从源头保证了中药质量安全，推动中药质量符合国际标准。

随着中医药生产工业化、现代化水平的提升，在“大品种、大企业、大市场”理念的引导下，中药产业得到迅猛发展。国家统计局的统计数据显示，2022 年，全国中成药累计产量达 227.7 万吨，相比 1988 年实现了近 10 倍的增长[4]。据中康 CMH 数据库的数据，在全国二、三级医院诞生了金水宝、百令、华蟾素、苏黄等年销售超过 20 亿元的中药大单品，销售额超过 10 亿元的大单品通用名多达 30 多个，满足了疾病防治的需求[5]。信息化、智能化和工业化的融合，使中药智能制造成为未来发展方向。

三、传承不泥古，创新不离宗

没有传承，创新就失去根基；没有创新，传承就失去未来。遵循中医药发展规律，正确处理好守正和创新的关系，才能不断满足人民日益增长的健康需求。唯有秉持“传承精华、守正创新”的原则，在传承中创新，在创新中传承，才能推动中医药高质量发展。

（一）传统中医药文化薪火相传

中医药的精华，沉淀在汗牛充栋的中医古籍中，流传在历代中医大家的临床实践中，散落在疗效显著的民间奇方中，这是中医药学深厚的根基，也是中医药事业发展的命脉。对中医经典著作、名方等进行深入研究和传承，可以更好地普及中医药知识，增强人们对中医药的认识和了解。

近年来，以“加强古典医籍精华梳理和挖掘”为重点，我国实施了一系列中医药古籍保护、研究与利用的重大工程，构建起中医药古籍工作体系。据国家中医药管理局 2023 年 4 月 20 日召开的新闻发布会介绍，通过实施“中医药古籍保护与利用能力建设”项目，出版了 416 种中医药古籍；推进国家重大文化工程《中华医藏》项目，拟影印出版 2 289 种经典医籍；完成 400 余种海外中医药古籍的回归整理和 160 余部少数民族医药传统文献的整理工作等[6]。

中医药文化是中医药传承发展的重要根基。为大力弘扬中医药文化，更好满足人民群众对中医药的需求，2023 年，国家中医药管理局和中宣部等八部门联合印发《“十四五”中医药文化弘扬工程实施方案》，提出了“加大中医药文化活动和产品供给”等 12 项重点任务，中医药文化建设至此有了路线图。

（二）现代中医药焕发时代魅力

随着现代科技的不断发展，中医学与现代科技的结合日益紧密，人们对中草药的认识和使用也在不断深入。而通过现代科技手段对传统中草药进行提取、纯化、改良等处理方式，可以更好地挖掘中草药的潜力，并提高其治疗效果。利用新技术、新设备、新工艺、新理论和新辅料等发展现代中药制剂，中药剂型的开发、中药配方颗粒的诞生，改变了中药汤剂“千年一罐制”的状况。如今，中药已从过去的丸、散、膏、丹、酒、露、汤和锭等传统剂型，演变发展为现在的滴丸、片剂、膜剂、胶囊、颗粒、注射剂、贴剂等40多种剂型。

进入21世纪，我国中医药事业稳步发展，中医药的传承、发扬和创新因现代科技的融入带来新机遇。特别是大数据、人工智能等先进技术为中医药研究提供了有力支撑，多学科、跨行业合作为加快中医药现代化发展带来广阔空间。通过临床和机理研究，中医药在治疗缺血性中风、非小细胞肺癌、糖尿病、慢阻肺等一系列重大疾病、常见多发病方面均取得重要进展，形成了一批中医药特色治疗方案。陈竺院士团队揭示了传统中药砷剂治疗急性早幼粒细胞白血病的作用机制，患者5年无病生存率升至90%以上，获得舍贝里奖。陈香美院士团队揭示了IgA肾病进展新机制，中西医结合治疗使IgA肾病导致的尿毒症患病率下降10.5%，疗效提高20%，获得国家科技进步奖一等奖。刘保延研究团队证实了针灸在治疗女性压力性尿失禁上有显著优势，其研究成果得到国际广泛认可，推动了针灸更好地走向世界[7]。

坚守中医药原创思维，纠正离宗的传承，保持道地性，不因炮制之繁而减省人力，推动中药质量提升和产业高质量发展，使中医药事业在新时代焕发出蓬勃的生机和活力。

第三节　中医药质量革命路径

中医和中药是传统医药优秀文化不可分割的两大重要组成部分。在历史发展进程中，中医药行业兼容并蓄、创新开放，形成了独特的生命观、健康观、疾病观、防治观，实现了自然科学与人文科学的融合和统一，蕴含了中华民族深邃的哲学思想。新中国成立以来，随着中医药质量革命不断深入推进，引发人们健康观念的变化和医学模式的转变，中医药与时俱进、创新发展，走出了一条符合自身发展规律、中西医药相结合的发展之路，增强了人民群众对中医药健康服务的获得感和幸福感。

一、在传承中深入挖掘中医药宝库的精华

中医药学根植于深厚的中华优秀传统文化沃土，是中华民族几千年医疗实践的智慧结晶，汲取了中华优秀传统文化的精华。在近代之前，西医还未传入中国时，在长达数千年的时间里，我们祖祖辈辈都是用中医药来治疗疾病，诞生了张仲景、华佗、孙思邈等著名中医学家，并有许多医学名著问世并流传至今。中医药学也因此得以传承，有了长足的进步与发展。中医药不仅能治病救人，而且能以其精神文化影响人，这正是中医文化的核心理念与魅力所在，并被历代中医药人共同传承与践行。

（一）百年老店，匠心传承

明清时期，中医药得到较快发展，带动了中医堂、中药铺的兴起。如广誉远、陈李济、九芝堂、同仁堂、雷允上、胡庆余堂等，这些有着数百年历史的老字号传承至今。它们以传统制药的制作技艺为基础，以造福百姓的信念，专注中药品质，也因此成为家喻户晓的知名品牌，在中医药行业漫长的历史上留下了浓墨重彩的一笔。据统计，目前全国有上百年历史的药号超过 50 个。

（二）“国宝”中药，传世秘方

为保护中华医药瑰宝，促进中药事业的传承发展，国家对部分中药精品的处方、剂量、制法等内容实施保密措施。目前，被列为绝密级配方的国宝中药有云南白药和漳州片仔癀 2 个品种。其中，云南白药由云南民间医生曲焕章于清光绪二十八年(1902 年)研制成功。云南白药由名贵药材制成，以其独特、神奇的功效被誉为“伤科圣药”。片仔癀是国家一级中药保护品种，有清热解毒、凉血化瘀、消肿止痛的功效。其传统制作技艺入选国家非物质文化遗产名录，连续多年居中国中成药单品种出口量前列。此外，还有速效救心丸、安宫牛黄丸、华佗再造丸、六神丸、麝香保心丸、龟龄集等 6 个国家中药保密配方。

（三）开发名方，造福苍生

中医很多传统特色疗法是在家门或者民间诊治中传承，收集、整理、开发名医名方，能让散落于民间的“绝活”，更好地为老百姓的健康造福。上海

医药拥有涉及古方、验方和经典方品种270个。以岭药业化裁中医名方，开发出连花清瘟和连花清咳“姊妹药”。扬子江药业与十多名知名中医医师携手合作，成功开发了20多种独家中药。这些药企在创新实践中，走出了一条独具特色的中药发展之路，为弘扬优秀中医药文化作出积极贡献。

二、在创新中迈向高质量、可持续发展

中医药几千年的发展历程，屡经磨难，由传统到现代，仍历久弥新，在维护人民群众健康方面发挥着重要作用。步入新时代，奏响中医药高质量发展最强音，传统中医药文化在“创造性转化、创新性发展”中焕发新的生命力，中医药为全人类健康贡献“中国处方”。

（一）中药全产业链规范化发展

在国家立法保障和政策引导下，中医药逐渐成为国民经济与社会发展中具有独特优势和广阔市场前景的战略性产业。基于传统中医药的理论和经验，现代中药严格按照GAP（药材生产管理规范）、GLP（药品非临床研究管理规范）、GCP（药品临床试验管理规范）、GMP（药品生产质量管理规范）等标准规范，能进行大规模生产（产业化），并能生产为国际市场所接受、有国际竞争力的中药制剂（国际化），同时兼具“三效”（高效、速效、长效）、“三小”（剂量小、毒性小、不良反应小）和“三便”（便于储藏、便于携带、便于服用）等特点。在科技创新的赋能下，中医药焕发出崭新的生机与活力，中药产业不断做大做强做优，涌现出一大批中华民族优秀医药品牌。

目前，我国已基本建成以药材生产为基础、工业为主体、商业为纽带的现代中药产业体系，产业规模不断发展壮大。《2022国家中药监管蓝皮书》显示，截至2023年5月，我国有中成药生产企业约2 400家，现有9 000多个中药品种，约5.7万个有效批准文号，基本满足公众临床用药需求。2022年新批准10个（以受理号计）中药新药上市。截至2023年4月27日，在保护期内的中药保护品种共有69个。

中药产业快速发展，中药饮片、中药材与中成药构成中药产业的三大支柱，产业规模和发展水平显著提升。国家药监局发布的《药品监督管理统计年度数据（2022年）》显示，2022年，我国有中药生产企业4 569家（其中含中

药饮片企业 2 250 家)，占全国药品生产企业总数的 57.3%；已完成上市备案的中药配方颗粒生产企业 73 家。

中药与化学药、生物药呈现三足鼎立之势。据《中医药行业发展蓝皮书(2022 年)》，2021 年我国中药工业总营收达 6 919 亿元，同比增长 12.39%。中药产品贸易额保持较快增长，2022 年，我国中药外贸总额为 85.7 亿美元，同比增长 10.7%。其中，出口额达 56.9 亿美元，同比增长 13.8%，显示出巨大的海外市场发展潜力。

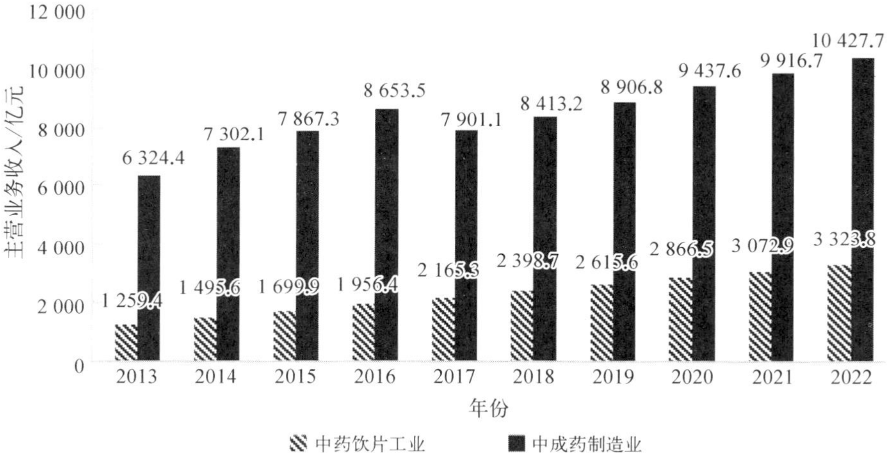

图 5－1　2013—2022 年我国中药产业规模

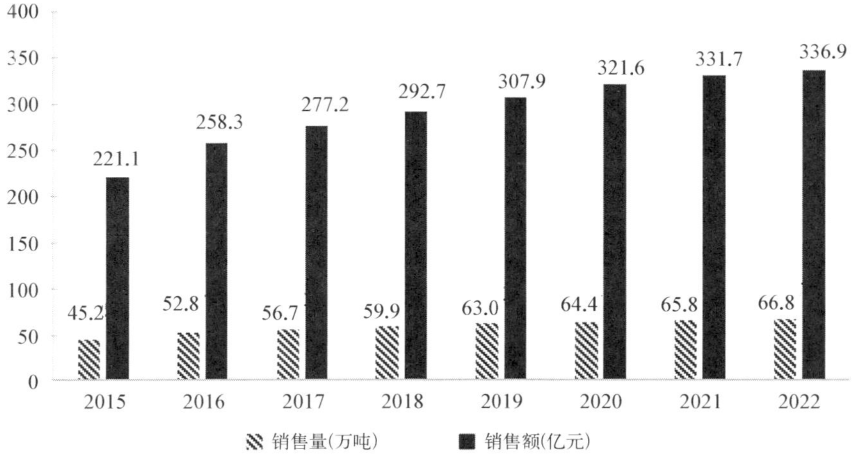

图 5－2　2015—2022 年我国城市公立医疗机构中药饮片销售情况

中医药标准体系加快建立健全,在加强中医基础通用标准、病证诊断疗效标准、治未病标准、药膳标准、中药材种子种苗等重点领域标准的制修方面有了成效。近年来,我国共发布中医药推荐性国家标准 46 项,指导性技术文件 12 项,中医药行业标准 9 项,团体标准 2 100 余项。由中国推动在国际标准化组织(ISO)成立的中医药技术委员会(ISO/TC249)目前已发布 45 个中医药国际标准。世界卫生组织首次将中医药等传统医学纳入第 11 版国际疾病分类(ICD-11)。

在中药材种植和加工环节,我国的中药材种植面积和产量均居世界首位;国内中药材产量保持平稳增长趋势,2021 年全国中药材产量约为 487.50 万吨;国内中药材市场成交额由 2016 年的 1 228.99 亿元增长至 2020 年的 1 664.83 亿元;2022 年前三季度,我国出口中药材及饮片 18.65 万吨,出口额为 10.36 亿美元,同比增长 7.87%。中药配方颗粒市场规模从 2016 年的 356.92 亿元增至 2021 年的 612.14 亿元。

(二) 推行道地药材规范化种植

药材好,药才好。中药自古就有“道地性”之说。道地药材是指经过中医临床长期应用优选出来的,产在特定地域,与其他地区所产同种中药材相比,品质和疗效更好,且质量稳定,具有较高知名度的药材。历史上道地药材多数来源于野生资源,区域特征明显,数量有限。中药材的质量受种源、环境、技术、管理、采收、加工、仓储、运输等多方面因素的影响,质量参差不齐。

随着野生中药材资源的日渐减少,大部分临床常用中药材均采用人工种植,人工栽培药材逐步取代野生药材的步伐不断加快。我国自 2003 年开始推行中药材 GAP 基地建设,中药材规范化生产逐渐为社会各界所认同。2018 年,农业农村部、药监局、中医药局印发《全国道地药材生产基地建设规划(2018—2025 年)》,从顶层规划设计层面,认定认证了一批道地药材生产基地,创建优势特色产业集群,通过政策引导中药材生产向道地优势产区集中;统一部署,规划建设东北、华北、华东、华中、华南、西南、西北等七大区域全国道地药材基地。

截至 2021 年末,我国常用中药材有 600 多种,其中,200 余种常用大宗中药材实现了规模化种植养殖，50余种濒危野生中药材实现了种植养殖或替代[8]，三七、人参、地黄、白术、川芎、红花等大宗品种已不再使用野生药材。在全国初步形成了四大怀药、浙八味、川药、关药、秦药等一批产品质量好、美誉度高的道地药材优势产区，道地药材种植已成为偏远山区的特色产业和农民增收的重要来源。我国已成为世界上规模最大、品种最多、生产体系最完整的中药材生产大国。

中药材基地共享共建联盟自2012年成立后，经过十多年的耕耘，中药材的抽检合格率从成立之初的64%提升到如今的98.4%，推动我国《中药材生产质量管理规范》发布实施。中医药农业技术的创新与进步，为中药材产业高质量带来新的机遇。

（三）建立中药全程质量溯源体系

从源头入手抓好中药质量和标准体系建设，加强全过程监管，构建起从田头到患者的全过程质量追溯体系，让患者用药更安全、更有效、更合理。因此，中药材的道地性种植、基于《中药材生产质量管理规范》（GAP）的规范化管理，以及产业链溯源体系的同时建立，三者缺一不可。

中药材质量追溯是采集记录产品生产、流通、消费等环节信息，实现来源可查、去向可追、责任可究，有效实施全过程质量安全管理与风险控制。中药质量溯源体系较为复杂，包含系统框架设计、数据库设计、功能模块设计和关键技术运用。以传感器、监控设备、物联网等进行环境因素、视频信息的自动采集，并结合人工填报，对种植所需必要信息进行采集，实现中药材从基地档案、种源、种植、田间管理、采收、加工、仓储、养护、检验、包装、赋码、销售到运输的全流程追溯所需信息的采集、汇总和展示，实现中药材基地种植全过程追溯信息的管理。

（四）人工智能在中医药领域的应用场景

随着信息化技术不断迭代，人工智能（artificial intelligence，AI）技术在中医药领域发挥着重大作用，不仅使医疗成本降低、效率提升、效果增强，而且带动整个医疗产业链发生新变化，也为中医药的发展带来了前所未有的机遇。

人工智能与中医药的有机融合，是中医药传承、发展和创新的必由之路，也是我国人工智能研究领域参与国际竞争的特色优势之一。目前，AI技术已在医学中运用，如影像诊断、辅助医生诊疗、智能穿戴设备等领域，并在提高癌症确诊率、医学辅助诊疗等方面发挥了重要作用。AI技术在中医药领域的主要应用场景还包括：挖掘中医药数据，辅助鉴别中药；辅助中医药健康管理；辅助中医诊断；辅助中医药教育等。如通过数据挖掘技术，深度学习海量的中医文献和案例，以深化、拓展临床思维与视野；利用AI技术鉴别中药材，取代之前仅依靠眼看、手摸、鼻闻、口尝等方法来鉴别中药材；应用AI技术模拟中医诊断过程，为医生提供诊疗所需的知识、经验、方法等，辅助医生诊断。

2022年，国家中医药管理局发布的《"十四五"中医药信息化发展规划》提出，加快中医药关键数字技术攻关，其中包括开展人工智能等新一代信息技术在中医药领域的集成应用研究，探索一批中医药数字化应用场景建设，并且鼓励和支持智能中医设备研发及应用。可以预见，未来人工智能在中医药领域的应用前景广阔。

三、在协同中构建中西医结合医疗模式

西医通常注重"病"的局部改变，而难以兼顾到"病人"的整体状况，同时，由于化学药物的副作用等问题，致使许多患者（尤其是慢性病）缺少理想的治疗方法和药物，越来越多的患者开始寻求中医药治疗。但单纯依靠西医或中医治疗疾病，都难以达到最佳的临床疗效。

中西医结合是中西医学的交叉领域，将传统的中医中药知识和方法与西医西药的知识和方法结合起来，在提高临床疗效的基础上，阐明机理进而获得新的医学认识。实践证明，中西医完全可以并行不悖地发展，真正的中西医结合也可能是产生新的医学理念和医学体系的有效途径。坚持古为今用、中西医药结合，探寻治疗病痛的良方，可更好地满足人民对美好生活的需求。

（一）推行中西医协同防治疾病模式

早在20世纪50年代，我国就提出要把中医中药的知识和西医西药的

知识结合起来，创造出中国统一的新医学、新药学。1950 年 8 月，召开了新中国第一次全国卫生会议，确立了“预防为主”“团结中西医”的卫生工作方针。1951 年，《中央关于加强卫生防疫和医疗工作的指示》发布，对全国防疫工作作出全面部署。数十年来，国家大力推行预防接种，持续开展爱国卫生运动，建立全国性的卫生防疫体系，健全传染病预防法律法规，积极开展鼠疫、血吸虫、疟疾、麻风、结核、艾滋病等专项防治。许多传染病发病率降到历史最低水平。进入 21 世纪后，我国改组建立国家疾病预防控制体系，进一步加强公共卫生与传染病防治工作，成功应对 SARS、新型禽流感、新布尼亚病毒、新冠疫情等新发传染病，公共卫生与预防医学事业不断发展，国民健康得到良好保障，人均预期寿命从新中国成立前的 35 岁上升到 2022 年的 78 岁，人民群众有了更多获得感、幸福感、安全感。

(二) 走“中西医结合”特色发展之路

中医药和西医药互相补充、协调发展，是国家长期实行的治疗方针，是我国医疗卫生事业的一项重要工作指南，也是我国医药卫生事业的重要特征和显著优势。将中医和西医两门医学结合在一起，给患者提供最佳诊疗方案，使患者受益。

作为以中西医结合专科为特色的综合性医院，中西医结合医院不断发展壮大，通过扩大与国内外医疗机构和专家的合作与交流，引进更多的先进技术和经验，为患者提供了更为全面的治疗。截至 2021 年，我国拥有的中西医结合医院数量从 2015 年的 446 个增长至 756 个，6 年时间增长了 310 个。

2022 年 3 月，国务院办公厅印发的《“十四五”中医药发展规划》指出，要推动综合医院中西医协同发展，制订实施“宜中则中、宜西则西”的中西医结合诊疗方案；打造一批中西医协同“旗舰”医院、“旗舰”科室，开展重大疑难疾病、传染病、慢性病等中西医联合攻关。

如今，中西医结合的治疗方法已经逐渐演变为有明确发展目标和独特方法论的医学体系。无论是在预防保健、健康教育，还是在社区医疗、理疗康复等方面，中西医结合更能发挥全科医学的优势；吸收现代科学技术方法提高疗效，用高质量科研证据阐释中医药疗效，发挥中西医协同“1＋1＞2”

的优势，中西医结合面临前所未有的良好发展机遇。

（三）中西医并重助力“健康中国”建设

随着工业化、城镇化、人口老龄化进程的加快，我国居民生产生活方式和疾病谱也在不断发生变化，由不健康的生活方式引起的疾病问题日益突出。中医药在“治未病”核心理念指导下的养生理论和技术方法，在普及健康生活方面具有显著的优势和广泛的群众基础。

2016年8月，全国卫生与健康大会对“健康中国”建设作出全面部署，确立了将“以治病为中心转变为以人民健康为中心”，“把人民健康放在优先发展的战略地位”。2022年9月，健康中国行动推进办、国家卫生健康委、国家中医药局决定开展健康中国行动中医药健康促进专项活动，3年内开展8项活动或行动，到2025年，三级和二级妇幼保健院开展中医药专科服务的比例分别达到90%和70%，儿童中医药健康管理率达到85%，65岁以上老年人中医药健康管理率达到75%，公民中医药健康文化素养水平提升到25%。中医药助力健康中国建设有了路线图。

建设健康中国，既要关注治已病，更要关注治未病，让人民群众不但要看得上病、看得好病，更要不生病、少生病。满足人民群众多层次多样化健康服务需求，中医治未病的独特优势和重要作用不可或缺。中医治未病理念可以融入健康促进全过程、重大疾病防治全过程、疾病诊疗全过程，树立大卫生、大健康的理念，倡导健康文明的生活方式。

近年来，中医药的作用在健康中国行动中日益彰显。《2021年我国卫生健康事业发展统计公报》显示，我国居民人均预期寿命由2020年的77.93岁提高到2021年的78.2岁。调查显示，2022年中国公民中医药健康文化素养水平持续提升，达到22.56%，较2021年增长了1.3%。“每个人是自己健康第一责任人”的理念更加深入人心，群众的中医药文化参与感、获得感和认同感不断增强。

四、在交流中促进中医药加快迈向国际化

张骞西行、鉴真东渡、玄奘取经、郑和远航，这些名垂青史的中外文明交往佳话，也把中医药文化传播到了世界各地，体现了和而不同、海纳百川的

大同思想，折射出兼济天下、悬壶济世的胸襟气度。

（一）中医药加快在世界范围内传播

2023 年，清肺排毒颗粒在加拿大获批非处方药并上市，成为我国首个进入发达国家市场的抗疫中药，这标志着中医药走向世界迈出重要步伐。如今，中医药已传播到世界 196 个国家和地区，成为中国与东盟、欧盟、非盟以及上合组织、金砖国家等地区和组织合作的重要领域，对世界文明进步产生了积极影响。在美国约有 8 000 家中医诊所，在欧洲的英国、法国、意大利、荷兰、瑞士等国家，中医诊所也是星罗棋布，越来越受到当地的认可和欢迎。

（二）助力构建人类卫生健康共同体

不断创新发展的中医药，为世界健康事业提供了“中国方案”。中医针灸、藏医药浴法、太极拳先后被列入联合国非物质文化遗产名录，为解决人类健康问题提供了“中国智慧”；中医典籍《黄帝内经》和《本草纲目》被列入世界记忆名录，为世界文化多样性贡献了“中国色彩”；每年大量留学生来华学习中医药知识，历届中国国际服务贸易交易会上中医药板块需求旺盛，为推动世界文明交流互鉴展示了“中国元素”。中医药未来将为构建人类命运共同体发挥更大作用。

第四节　中医药质量革命的启示

自 21 世纪初以来，中医药领域质量革命的实践，不仅促进了中医药的传承和创新，极大地提高了人民群众美好生活的品质，同时对世界传统医学的发展也具有启发意义。首先，应该尊重和保护传统文化，防止其流失或消失；其次，要将传统医学与现代科学技术相结合，创造出更好的医疗效果；最后，不同文化、不同传统医学系统应互相学习和借鉴，发挥各自的特色和优势，共同为全球人民带来更好的健康福祉。

一、屠呦呦获奖彰显中医药的重要价值和独特魅力

美国《财富》杂志在题为《2015 年诺贝尔奖对传统中医药的意义》文章

中称，青蒿素是“传统处方下的现代药物”，而屠呦呦在青蒿素上的开创性研究，可以被看作是揭开了对传统中医药药物活性进行全球范围研究的冰山一角。以屠呦呦为杰出代表的中医学科学家，坚持不懈地追求真理，通过科学的方法和现代技术对传统医学加以研究和应用，加强国际合作与团队合作，成功研究出抗疟药物青蒿素，挽救了全球数百万人生命。屠呦呦的获奖将鼓舞中医药界更多同行更加努力地投身于科学研究和人类健康事业，为社会做出更大的贡献。

二、加强中西医结合是符合中国特色医疗模式的最佳方案

西医学和中医学是两个不同的医学体系，它们对疾病的认识和诊疗方法，以及治疗疾病的用药原则都不相同。要认识中西医结合的重要性，发挥传统医药的价值和应用潜力，要坚持预防为主、综合治疗的理念，重视个体化治疗，以及中医药研究和应用的持续推广等，以更好地应对人类健康挑战。坚持中西医结合、传统医学与现代医学结合的综合医疗模式，给中国人民提供了具有本国特色的医疗保健体系，为解决世界医改难题提供了中国思路。

三、发挥中医药在健康中国建设中不可或缺的作用

实现中华民族伟大复兴，全民健康是基础。满足人民群众全方位、多层次、多样化的健康需求，把握中医药专科化、生活化、社区化、智能化、文化热等发展趋势，中医药要在“治未病”方面发挥主导作用，在重大疾病治疗方面发挥协同作用，在疾病的康复方面要发挥核心作用，以疗效取信于民，使公众真正信任并接受中医药。同时，要在普及健康生活、优化健康服务、完善健康保障、建设健康环境、发展健康产业上持续发力，推进中医药综合改革，更好地提升中医药服务的能力。

“我们中国如果说有东西贡献全世界，我看中医是一项。”“中药应当很好地保护与发展。我国的中药有几千年历史，是祖国极宝贵的财产，如果任其衰落下去，将是我们的罪过。”[9]毛泽东对中医药事业的重要论述至今仍有警示意义。

面对现代科学技术高度发展的今天，中医药如何找准定位、把握方向，

如何突破困境、振兴发展，如何阐明中药作用机理，讲好中医药故事，推动中医药现代化、国际化，这是新时代赋予中医药人的重大使命。针对当前存在的中药材质量问题、临床证据不足、标准制定滞后、中医人才培养机制不完善等突出问题，需要对症下药，开出“良方”。

振兴中医药，路虽远，行则必至。唯有坚持开放包容、兼容并蓄、海纳百川，不断汲取世界文明成果、丰富自己、创新发展，把中医药作为中国与世界各国开展人文交流及卫生健康国际合作的重要内容，不断扩大中医药获得国际认可的范围，中华民族的瑰宝一定能为人类的健康和福祉作出更大的贡献。

参考文献

[1] 国务院新闻办公室.《中国的中医药》白皮书[R/OL].(2016-12-06)[2023-09-25].http://www.xinhuanet.com//politics/2016-12/06/c_1120064848.htm?winzoom=1.

[2] 李言.治病救人 造福非洲：中非卫生合作硕果累累[EB/OL].(2017-05-15)[2023-09-30]. http://www.81.cn/zghjy/2017-05/15/content_7602718.htm.

[3] 国家卫生健康委员会.2022年我国卫生健康事业发展统计公报[EB/OL].(2023-10-12)[2024-02-28]. http://www.nhc.gov.cn/guihuaxxs/s3585u/202309/6707c48f2a2b420fbfb739c393fcca92.shtml.

[4] 罗林.2022年1—12月中国中成药行业产量规模及出口数据统计 全年中国中成药产量达到228万吨[EB/OL].(2023-03-14)[2023-08-30]. https://d.qianzhan.com/xnews/detail/541/230314-9d0f639b.html.

[5] 2022年医院中成药销售额排名前100公布，销售总额856亿[EB/OL].(2023-05-09)[2023-08-30].https://baijiahao.baidu.com/s?id=1765415168223894927&wfr=spider&for=pc.

[6] 国家中医药管理局.国家中医药局就《“十四五”中医药文化弘扬工程实施方案》及中医药文化建设工作情况举行发布会(实录全文)[EB/OL].(2023-04-20)[2023-09-30]. https://new.qq.com/rain/

a/20230420A09PG000.

[7] 孙燕明.中医药治疗多种疾病功效取得重要进展[EB/OL].(2022-09-27)[2023-09-25].https://news.hexun.com/2022-09-27/206831429.html.

[8] 薛晓娟,刘彩,王益民,等.新时代中医药发展现状与思考[J].中国工程科学,2023,25(5):11-20.

[9] 中央文献研究室.毛泽东:把中医提到对全世界有贡献的高度[EB/OL].(2023-05-23)[2023-09-30]http://szyyj.gd.gov.cn/gkmlpt/content/2/2598/mpost_2598236.html#1972.

第六章
触手可及的网购享受
——电商质量革命

不知从何时开始，网购成为中国民众生活中不可或缺的消费场景，点外卖、收快递成为人们日常生活中的一部分。能满足人们衣、食、住、行各类物质需求的消费平台，占用了无数用户的流量。人们不再为住宅周边菜市场或大型超市离得太远而抱怨；不用再为买到更便宜或者更符合心意的东奔西跑；年轻人出行只要带上手机就万事不愁，一离开手机就好像什么事也办不成了；供应商通过直播带货、网店营销实现更多的销量，消费者乐于发现和支持新奇的产品，甚至能够通过网购帮助一些偏远地区的人渡过难关……电商拉近了客户与商家之间的时空距离，使交易效率大大提高，极大地改善了人们的生活质量。

第一节　电商质量革命的背景

“电子商务”一词变成了消费行业避不开的词汇。中国如此普遍的网购行为背后，是电商质量革命带来的不容忽视的影响力。电商不仅改变了人们的购物方式，给中国老百姓带来了更多的消费选择，还为社会提供了更多创业的机会，更给中国经济带来深刻变革。

一、电子商务的产生与发展

也许很难想象，早在1979年，英国人米歇尔·奥尔德里奇(Michale Aldrich)就发明了接近现代网购的系统。这位发明家通过电话线将消费者的电视连接到零售商的计算机，以达到用电子方式让消费者与企业联系的目的。1982 年，世界上第一家电子商务公司成立，波士顿计算机交易所(BCE)是一个供人们买卖二手电脑的在线市场。1992 年，出现了世界第一个网络图书交易平台 Book Stacks Ultimited。1995 年，杰夫·贝佐斯(Jeff Bezos)推出了亚马逊(Amazon)，开始向 45 个不同的国家和地区发货。2000 年，谷歌(Google)推出了 Google AdWords，作为企业宣传其产品的在线广告工具，开启了按点击付费广告的时代。5 年后，亚马逊推出了付费 Prime 会员套餐，为会员提供免费快速送货和独家折扣等福利。2010 年，美国零售联合会造词“Cyber Monday”，即当年感恩节后第一个周一，这一天网上 24 小时内销售额首次超过 10 亿美元。2020 年，欧盟 27 国电子商务销售收入达到 4 630 亿欧元。

中国电商和网购虽然起步晚于美国和欧洲，但发展速度惊人。中国电商发展大致可分为起步萌芽、迅速扩张和走向法治三个阶段。1998 年，阿里巴巴、中国制造网等 B2B 电子商务企业成立。1999 年是我国的电商元年。2003 年，淘宝网、京东商城等 B2C 电子商务平台崛起，中国电子商务开启了超快速发展时代。近年来，电商交易总额持续增长，由 2018 年的 31.63 万亿元增长至 2022 年的 43.83 万亿元，实物商品网上零售额占社会零售总额的比重超过 1/4；自 2013 年起，我国连续 11 年成为全球最大网络零售市场；2018—2022 年，中国电子商务从业人数从 4 700 万增加至超过 7 000 万。据国家统计局官网数据，2023 年社会消费品零售总额达 471 495 亿元，比上年增长 7.2%；全国网上零售额达 154 264 亿元，比上年增长 11.0%[1]。现今，中国电子商务在网络零售市场、网购人数、数字化快递业务以及移动支付规模方面均稳居世界第一位。

中国电商快速发展的同时，仍然面临不规范、不充分、不平衡的问题，平台企业垄断和不公平竞争问题凸显，网购交易中仍存在虚假宣传、违背市场秩序、侵害消费者权益的行为，企业核心竞争力不强，低价竞争导致假货横行，高端品牌不多。2016 年 11 月全国人大通过《中华人民共和国网络安全法》；2019 年 1 月 1 日《中华人民共和国电子商务法》正式生效，为我国网络信息安全、电商市场健康发展提供了法制保障。与此相对应的就是广大网民对电子商务的深度讨论和更高要求，更多关注电商环境的优化、交易安全、经营主体责任和义务、消费者权益保障等方面。

二、中国电商质量革命的背景

电子商务作为数字经济中规模最大、表现最活跃、发展势头最好的新业态、新动能，是新发展格局中非常重要的一环。推动电商规模和质量双提升，既需要推陈出新的产业升级，更离不开革故鼎新的管理迭代。中国电商产业正面临着消费升级与品质需求、电商竞争加剧、技术创新与智能化发展以及政府监管与政策引导等多方面的质量革命，这些因素共同推动了电商平台对商品和服务质量的重视和提升，促进了中国电商产业的健康发展。近年来，电商在中国市场的业态模式日益多元化。除了传统的B2C、C2C模式外，社交电商、直播电商、跨境电商等新型业态也迅速发展。例如，直播电商在2023年保持快速增长势头，成为推动消费恢复增长的重要力量。据统计，2023年“双11”期间，直播电商平台全平台的总销售额为2 151亿元，同比大幅增长18.6%，显示出巨大的市场潜力[2]。

（一）消费升级与品质需求

随着中国经济的快速发展和居民收入水平的提高，消费者对商品和服务的质量要求也越来越高。他们不再仅仅满足于低价和基本的功能，而是更加注重产品的品质、设计等方面。这种消费升级的趋势推动了电商平台对商品和服务质量的提升，以满足消费者对高品质生活的追求。

（二）电商竞争加剧

中国电商市场竞争异常激烈，各大电商平台为了争夺市场份额，不断推出各种促销活动和服务创新。在这种竞争环境下，只有提供高质量的产品和服务，才能赢得消费者的信任和忠诚。因此，电商平台纷纷将质量作为核心竞争力，通过提升商品质量、优化用户体验等方式来吸引和留住消费者。

（三）技术创新与智能化发展

互联网、大数据、人工智能等技术的快速发展，为电商产业带来了巨大的变革和创新机遇。电商平台可以利用这些技术手段，对消费者需求进行精准分析，实现个性化推荐和定制化服务。同时，智能化技术还可以应用于供应链管理、物流配送等环节，提高运营效率，降低成本。这些技术创新为电商质量革命提供了强大的技术支撑。

（四）政府监管与政策引导

我国一直致力于推动质量提升和品牌建设，加大了对电商平台的监管力度。我国出台了一系列政策法规，规范了电商市场的秩序，打击了假冒伪劣商品和网络侵权行为。此外，还通过设立质量奖、提供质量认证等方式，鼓励企业提升产品和服务质量。这些政策举措为电商质量革命提供了有力的支持和保障。

三、电商质量革命的深远影响

电商质量革命推动了我国社会经济的多方面发展，包括消费升级、产业升级、就业创造、经济效益提升以及国际贸易发展等。这些影响既促进了当前的经济增长，也为未来的可持续发展奠定了坚实的基础。

（一）促进消费升级

电商质量革命推动了商品和服务质量的全面提升，满足了消费者对品质、品种、服务等方面的更高需求。这促进了消费升级，扩大了内需市场。各地通过直播电商助农，让优质农特产受到市场认可，促进农产品产业带高质量发展，更在一定程度上帮助地方农产品拓展销量，帮助农民丰收又增收。越来越多国货品牌和区域性特色产品，也在该平台获得发展空间。

（二）推动产业升级

电商质量革命加速了传统产业向互联网化、智能化、数字化的转型升级。通过引入先进的技术和管理模式，提高了产业的竞争力和创新能力，推动了产业结构的优化和升级。2023 年，抖音电商与福建、昆明等多地建立了产业带电商高质量发展深度合作关系。

（三）创造就业机会

电商行业的发展为物流、支付、客服等相关产业提供了大量的就业机会。同时，电商平台的崛起也为小微企业提供了更加公平的市场竞争机会，带动了创新创业的热潮。网经社电子商务研究中心发布的《2022 年度中国电子商务市场数据报告》显示，2022 年中国电子商务行业直接从业人员达 722 万人，较 2021 年的 680 万人同比增长 6.17%；间接从业人员达 6 325 万人，较 2021 年的 5 850 万人同比增长 8.11%[3]。

（四）提升经济效益

电商质量革命给传统商业模式带来颠覆性的变革，打破了地理空间和时间限制，实现商品或服务的跨地域、跨时段、跨领域交易，通过降低交易成本、减少中间环节、提高交易效率等方式，优化了资源配置，提高了社会经济效益。电商平台的规模化效应和集约化经营也为企业带来了更大的盈利能力和市场竞争力。

（五）推动国际贸易发展

跨境电商的兴起使得企业能够更便捷地开拓国际市场，促进了全球资源的优化配置和国际贸易的发展。商务部的数据显示，2023 年，中国跨境电商进出口额为 2.38 万亿元，同比增长 15.6%。其中，出口额为 1.83 万亿元，同比增长 19.6%[4]。中国电子商务企业如阿里巴巴、京东等，已在全球多个国家和地区设立了分公司或投资项目，覆盖亚洲、欧洲、北美等多个国家和地区。中国电商企业的崛起，也在全球范围内提升了“中国制造”的品牌形象和影响力。

第二节 电商质量革命的内涵

如今，电子商务已融入人们生产生活的各个领域，成为提升群众生活品质的重要方式。在中国兴起的电子商务完全称得上一场质量革命，在提升产品和服务质量、优化供应链和物流、提供便捷灵活的支付和安全信用的交易、数据驱动的决策和个性化服务以及保护消费者权益和促进消费升级等方面都取得了显著的进步。这些改进不仅推动了电商产业的快速发展，还给整个商业生态带来了积极的影响，惠及亿万百姓，让美好生活触手可及。

一、产品和服务质量的提升

电商平台为消费者提供了更广泛的选择，同时也为商家提供了更直接的反馈渠道。这使得商家能够更快速地了解消费者需求，优化产品设计和服务质量。在竞争激烈的电子商务市场中，只有提供高质量的产品和服务，才能赢得消费者的信任和忠诚。

电商平台对入驻的商家和供应商进行更严格的审核和筛选，确保他们提供的商品符合相关质量标准。许多电商平台建立了自己的质量检测体系，对上架的商品进行抽样检测，甚至要求商家提供第三方的质量认证。电商平台加强售前服务，通过提供及时、准确、专业的咨询和建议，帮助消费者解决问题，从而增强消费者的购买信心。客服团队经过专业培训，能够针对消费者的具体需求提供个性化的解决方案。

二、供应链和物流的优化

电子商务对供应链和物流管理提出了更高的要求。为了确保商品能够及时、准确地送达消费者手中，商家需要不断优化供应链和物流体系。电商平台投入大量资源优化物流配送网络，提高配送速度和准确率。通过与优秀的物流合作伙伴合作，优化配送网络，缩短配送时间，提高配送准确率，实现商品从仓库到消费者手中的高效、准确、及时的配送。同时，提供多种配送方式和物流跟踪服务，让消费者随时了解订单状态，优化购物体验。

案例

京东电商打通服务“最后一公里”[5]

近年来，在全国消费持续升级、消费者不断追求品质生活的大趋势下，西藏自治区的消费者也通过便捷的京东家电专卖店、京东物流，享受到与区外城市消费者同样的高品质商品与服务。

"过去我们要买大件家具家电,只能去线下商场或者从区外运过来,往返路上很不方便,而且价格比较高,商品质量也没有保障。"拉萨市民白玛央金感慨道,"现在我们购物省心了许多,早上买的东西,基本当日就能送达。购买的大型家电,京东送货上门后还会负责安装好,特别方便。"

2020 年,京东物流开始参与西藏自治区电子商务进农村综合示范整区推进项目建设;2021 年以来,京东与西藏自治区商务厅进一步深化合作,以零售、物流等新基础设施和数字科技支持西藏经济社会建设。

目前,京东在西藏已完成 1 个自治区级公共物流仓储配送中心(拉萨)、2 个地市级公共物流仓储配送中心(山南和昌都)、数十个物流配送站点等现代物流基础设施的建设,覆盖拉萨、昌都、林芝、日喀则等地,在促进乡村振兴、改善民生与消费方面发挥实实在在的作用。

三、便捷灵活的支付和安全信用的交易

最新数据显示,我国移动支付普及率达到 86%,位居全球第一,而这一指标在 2013 年之前尚不足 40%[6]。国内移动支付的普及,以及与手机端的紧密联系,推动电商网购革命迅猛前进。电商平台提供多种支付方式,包括电子钱包、信用卡、分期付款等,以满足不同消费者的需求。移动支付平台的"记账"系统,帮助消费者了解其消费情况,网上银行等手机软件能直观地向消费者展示其个人资产,方便对账和合理使用资产。

移动支付可以快速完成交易,带来的不只是便利的体验感,还能在一定程度上保证财产安全。移动支付以结算平台作为中转站为消费者提供资金安全保障。消费者收到商品并确认收货后平台才会扣款成功,一旦消费者收到商品并进行退货,费用将直接返还到消费者账户。更重要的是,在资金流动的过程中,没有任何额外收费,减少了消费者及商家因资金流转产生的成本。

四、数据驱动的决策和个性化的服务

大数据、人工智能、云计算等先进技术的运用,使得电商平台能够更好

地理解消费者需求，提供个性化的购物体验。电商平台通过收集和分析消费者数据，掌握消费者的习惯与喜好，为商家提供了更精准的营销策略和个性化服务。商家可以根据消费者的购买历史、浏览行为等信息，向其推荐更适合的商品和服务。电商平台的技术创新和流程优化，使得购物过程更加便捷、高效。例如，智能化的搜索和推荐功能、简洁明了的购物界面、快速的物流配送等都大大提高了购物的便利性。这种便利性的提升降低了消费者的购物成本和时间成本，不仅提高了销售额，还提升了消费者的满意度和忠诚度。

探索区块链技术在电商领域的应用，如商品溯源、防伪验证等，提高商品信息的透明度和可信度。借助大数据和人工智能等技术，电商平台能够更深入地了解消费者的需求和偏好，为他们提供个性化的商品推荐和定制服务，通过直播电商、社交电商等新模式，消费者可以在购物过程中获得更多互动和娱乐体验。这种消费趋势的个性化和消费场景的丰富化，吸引了更多消费者，并激发了他们的购买欲望，满足了消费者对自我表达和独特性的追求。

电商活动逐渐向社交电商模式迁移，现在社交 App 已成为人们的日常交流工具，微信支付、支付宝移动支付的完善，物流配送供应链等电商服务设施的完善，让社交电商具备了成熟的发展环境。通过微信、微博、快手、抖音等社交工具，来实现交易行为；通过社交工具的精准推送功能，逐渐进入从“人找货”转变为“货找人”的时代。

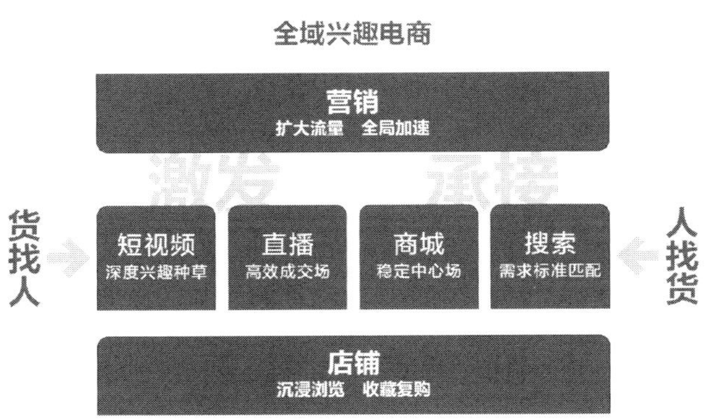

图 6－1　抖音兴趣电商打通“货找人、人找货”双向渠道

五、消费者权益的保护和消费升级的促进

电商平台通过建立完善的售后服务体系等方式，加强了消费者权益的保护。电商平台提供24小时在线客服，快速响应消费者的咨询和投诉，提升了用户体验。电商平台制定7天无理由退换货的政策，提供便捷的退换货渠道和快速的退款处理，让消费者在购物过程中获得更多的保障，降低消费者的购物风险。这增强了消费者对电子商务的信任，推动了电子商务的健康发展。

电商平台透明的信息披露、真实的用户评价和严格的商家审核等措施，建立了更加诚信、公正的电商环境。这种环境的改善增强了消费者对电商平台的信任，使他们更愿意在电商平台上消费，既满足了消费者对更高品质生活的追求，也推动了电商行业的持续发展和创新。

第三节　电商质量革命的路径和实践

一次成功网购的背后是整个产业的共同努力。充分发挥电子商务连通线上线下、城市乡村、生产消费、国内国际的各种优势，释放电商创新动力，推动商产融合和消费升级，服务乡村振兴和外贸发展，培育新型数字消费，促进数字经济高质量发展。

一、线上线下多维联动

中国电商从产生之初就是为中小企业搭建交易平台的，电子商务从市场化进程最早、市场化程度最高的商贸领域起步，具有明显的草根特色。实体经济“触电”成就了电商产业的快速发展，电商企业发展壮大后又从线上走向线下，投资实体零售，促进线下实体扩大零售影响力。电商平台利用技术优势，推进对线下零售店进行数字化改造，电商发展呈现多元化特征。打破线上线下的边界，沿着产业链深度融合线上和线下生产力，中国电商进入密集创新阶段，内生动力和创新能力日益增强，在商业模式创新、新技术开发创新、创业创新方面成效明显，形成规模化、集聚化、专业化的发展趋势。

即时零售呈爆发式增长，成为电商领域里的主流。零售商过去所关注

的流通、消费环节，现在也开始向上下游延伸。围绕生产、流通、消费等关键环节，电商平台强化供应链数智能力，以全链路柔性制造、全渠道一盘货、全域用户增长为核心，串联研产供销服全链条，助力企业数智化转型。大数据的采集和应用，使产业链各环节实现高效的信息流动和分析，从而减少资源浪费，提升产出能效。从货品运输、锁定目标客户、营销、具体业务往来到服务反馈，都做到了信息化、数字化，基本实现从信息不对称到信息公开透明、从烦琐到高效、从无从知晓到有迹可循的全过程转变。

案例

京东到家与沃尔玛合作加速线下数字化转型[7]

作为电商领域重要的平台之一，京东到家已覆盖全国约 1 400 个县区市，上线超 10 万家零售门店。京东到家将多年积累的数字化、供应链整合能力和履约配送基础设施开放给线下，帮助线下门店快速实现数字化转型，解决“最后一公里”难题。比如京东与沃尔玛合作将订单拣货做到分钟级，取货时间缩短了 23%，每小时的拣货速度提升了 18%。2022 年“6·18”活动当天，沃尔玛在京东到家的销售额突破历史峰值，其中京东小时购渠道销售额达到上年同期的 7 倍。京东到家将携手更多品牌商、零售商加速数字化创新，为实体零售商提供涵盖流量、营销、商品、用户、履约等全面灵活的数字化支持方案，推动行业迈入“万千好物，即时可得”的微距电商时代。

二、本土外域协同推进

在电商产业发展进程中，全国涌现出“遂昌模式”“通榆模式”“清河模式”等很多地域电商成功模式。千地千面，各领风骚，各地经济基础、资源禀赋、地方文化不同，重在因地制宜，突出地方特色。审视自身的区域特点，研究电商发展脉络，寻求合适的定位才是根本。坚持以科学定位为基础，瞄准国内大市场，从自身区域实际出发，找准区域经济、自身资源禀赋优势和电商的结合点，实行差异化发展之路，结合本地优势，把电商平台做大做强，产生巨大的示范引领作用，大大加快本区域电商产业整体水平的提升进程。

平台终端、移动支付、物流体系的建设和发展提高了偏远地区人民的生活水平。滞销的农作物有了出路，而城市的居民也能买到更新鲜、更实惠、更丰富的农作物和农产品。高消费地区能够有效带动高产能地区的经济，带动货物流通，帮助区域建设，实现共同富裕。根据商务部的数据，2020 年我国农村网络零售额达 1.79 万亿元，农产品网络零售额达 4 158.9 亿元。2022 年“双 11”期间，有 1 664 万网友在农民老乡的直播间下单，累计卖出 3 549 万件农产品；160 个国家乡村振兴重点帮扶县的农产品销售额同比增长 35%，4.6 万多款农产品的销售额同比增长超 100%。

案例

云南普洱打造电商直播基地　助推产业转型乡村振兴[8]

“佤味腌牛皮”是佤族同胞珍爱的一道地方美食，经过腌制的牛皮，口味麻辣酸香，是比较有特色的民族传统小吃。普洱市电商公共服务中心（直播基地）结合边疆少数民族文化特点，制订切实可行的产品开发和营销方案，从口味到品牌形象，进行全方位重新包装，挖掘市场卖点，在淘宝、拼多多、抖音等平台进行精准营销，使味道独特的“佤味腌牛皮”迅速燃爆互联网，成为普洱市为数不多的网红产品，销售量从日均几十瓶增长到日场 6 000 多瓶。2021 年，普洱市“佤味腌牛皮”销售额超过 7 000 万元，推动“佤味腌牛皮”的生产方式从传统手工制作升级为标准化加工，从而催生出了差异化明显的地方特色产业。

三、前端后端共同增长

电商发展的重心正在由前端的消费互联网向后端的产业互联网转移。消费互联网的前端应用及商业模式的创新，正沿着价值链牵引后端生产等环节进行数字化协同，在前端积累的海量消费数据以及自身开发的数字化工具应用使互联网企业更好地赋能传统产业，推动后端产业互联网的发展。新兴互联网力量在仓储物流、配送快递、软件开发、代运营、网络推广、数据分析、支付融资、信用认证、咨询培训等领域为生产企业提供专业化的电商服务，促进前端消费互联网与后端产业互联网共同增长。

传统服务有无形性、同步性、异质性、不可储存性等特征，新服务业态的供给和消费需要在功能、时间、空间和价格方面与之匹配,而数字技术可以在供给端、连接端、需求端改变服务业,催生新兴服务业态。如在需求端,数字技术释放了消费者的消费时间,激发了消费意愿;在供给端,数字技术催生出电竞酒店、无人零售等新业态;在连接端,数字技术催生了即时零售(外卖、闪购、买菜等)、共享经济以及一些长尾市场服务业态(老人助浴、医护陪诊等)。

案例

百度与世茂合作智慧酒店解决方案[9]

上海佘山世茂洲际酒店内的336间客房,全部都配备了一位智能管家——搭载百度DuerOS的小度在家(酒店版)。客人入住期间,喊一声“小度小度”,就可以一边享受柔和的音乐,一边欣赏窗外飞流直下的瀑布;或在水下套房,一边看珊瑚礁和鱼群游弋,一边听小度给你科普五彩斑斓的海底世界。走进小度智慧客房,当你说“小度小度,我要睡觉了”,房间内的灯、窗帘、电视随即关闭,再也不需要寻找遥控器;一声“小度小度,房间需要打扫”,小度就将呼叫酒店进行客房清洁;无聊时,你可以说“小度小度,播放最新一期的《奇葩说》”。可以说,“小度”几乎参与了酒店所有的关键服务,从播报信息、客房设备控制、呼叫客房服务到影音娱乐等。客人可以语音控制客房设备、询问天气、检索信息,享受有求必应和便捷舒适的智慧客房服务。

四、内外贸融合发展

更好地利用国内超大规模市场优势,构建以国内大循环为主体、国内国际双循环相互促进的新发展格局,电商发展迎来新的机遇。发挥跨境电商、海外仓、外贸综合服务企业在大数据、供应链、营销渠道等方面的优势,推动电商平台赋能国内外市场和交易各环节打通、应用场景多样化建设、品牌精细化运作管理、风险预测防范等领域业务。电商企业掌握跨境电商领域的前沿规则,选择合适的跨境电商模式,推进内外贸融合发展。

跨境电商是对外贸易进入新发展阶段的创新实践,也是我国外贸发展的有生力量。在以内循环为主导的发展理念中,跨境电商处于重要的节点位置。随着国内消费升级阶段的到来，国内消费者对海外优质商品的消费能力不断增加，是跨境电商进口业务快速发展的最主要动力来源。同时，跨境电商以其灵活、快速等优势，能够不断服务全球细分市场和细分需求。通过跨境电商提供的一系列连接服务，包括云计算、大数据及智能化工具，我们能够聚焦和应对细分市场的加速变化。

随着跨境电商的快速崛起，以制造业为首的中国企业有机会和能力建立起一个完全自主可控的全球渠道，连接全球市场、全球采购以及全球消费。从连接的逻辑上看，跨境电商是一个充满确定性的消费市场，且有着高度确定性的需求。当拥有确定性把握后，中国企业能够优化产品、优化品牌、优化供应链，从而成功走进国际市场。

案例

许昌假发产业带品牌出海[10]

假发在非裔世界有“黑黄金”之称，其作用已不只用来遮瑕，更是一种时尚，成为美妆国货出海的一个热门品类。许昌假发产业带，借助跨境电商B2C海外仓出海，让全世界重新认识头部产业带的“钞强魔力”。许昌有30多万人、5 000多家大小发制品厂活跃在产业链上下游，支撑着全球80%的假发生意，速卖通上2秒售出一套假发，亚马逊上Top100假发卖家96%来自中国。2020年许昌一半出口额来自电商，2021年许昌发制品占全市出口总值的71%。在跨境电商模式下，许昌假发卖家们可以和终端买家“面对面”沟通，知道他们介意什么设计，喜欢哪种风格，对多高价位敏感，并以出厂价开拓美国海外仓市场。许昌假发产业批发零售订单两手抓，从工厂制造走向工贸一体，从代工贴牌走向溢价品牌，从跨境电商走向品牌出海，从海外仓走向全世界。

第四节　电商质量革命的启示

过去二十年，中国电商行业高速成长，顺应了消费者对更好购物体验需求不断提升的趋势。我国电子商务发展至今，拥有发达的产业集群和量多面广的中小企业、丰富的互联网资源和快速的信息化能力，更有众多电商主体敏锐的创新意识和执着的创业精神、各级政府前瞻性的政策支持和环境打造，在市场规模、发展速度、支撑能力以及对实体经济的渗透力方面都形成了一定的领先优势，目前已经进入到总量扩张、领域扩大、密集创新阶段，电子商务与实体经济的融合加深加快，对经济的整体贡献度凸显。总结电商质量革命的发展规律，从中得到有益启示，为未来电商质量革命探索发展方向，促进电商产业长期健康发展。

一、中国电商质量革命的启示

(一) 质量是核心竞争力

电商质量革命强调了质量在电商行业中的核心地位。无论是商品还是服务，只有高质量才能赢得消费者的信任和忠诚。这提醒我们，在任何行业中，质量都是企业生存和发展的基石。

(二) 技术创新是驱动力

电商质量革命借助了大数据、人工智能等先进技术的力量，实现了商品推荐、用户体验、供应链管理等方面的优化。这表明技术创新是推动行业发展的重要驱动力，只有不断创新，才能保持竞争力。

(三) 用户体验至上

电商质量革命注重提升用户体验，从购物界面的设计到客户服务的响应速度，都力求做到最好。因此，在产品和服务的设计中，必须始终将用户的需求和体验放在首位。

(四) 诚信经营是长久之计

电商质量革命通过建立信用评价体系、打击假冒伪劣商品等措施，营造了诚信的电商环境。诚信经营是企业长期发展的基石，只有坚守诚信，才能赢得消费者的信任和支持。

(五) 国际合作与交流是重要途径

通过参与国际电商质量标准和认证体系的制定,我国电商行业的国际影响力得到进一步提升。因此,在全球化背景下,加强国际合作与交流是提升行业发展水平、拓展市场的重要途径。

二、未来电商质量革命的发展方向

(一) 智能化与个性化

随着人工智能和大数据技术的不断发展,电商平台将能够更深入地了解消费者的需求和偏好。智能化的推荐算法和个性化的定制服务,可为消费者提供更加精准的购物体验。同时,智能客服、智能物流等也将成为提升服务质量的重要手段。

(二) 绿色与可持续

环保和可持续发展将成为未来电商质量革命的重要方向。电商平台将积极推广环保包装、绿色物流等实践,降低碳排放,减少对环境的消极影响。同时,鼓励销售环保、可持续生产的产品,引导消费者进行绿色消费,共同推动社会的可持续发展。

(三) 社交化与场景化

社交电商和场景化购物将成为未来电商发展的新趋势。通过社交网络和场景化营销,电商平台能够更好地与消费者互动和交流,了解他们的需求和反馈。同时,为消费者打造更加生动、有趣的购物场景,提升用户的购物体验和黏性。

(四) 跨界融合与创新

未来电商平台将继续探索跨界融合和创新业态,通过与线下实体店、金融机构、物流企业等的合作与创新,打造更加完整、便捷的购物生态链。同时,鼓励和支持创新型企业的发展,推动电商行业的不断创新和进步。

展望未来,中国电商行业整体从高速发展阶段进入追求高质量发展的阶段。电子商务作为一个系统工程,是一个涉及政府、电商平台、服务商、供应商、网购消费者等多方利益主体的复杂生态体系，从电商基础设施建设推进，到人才、物流、信用、支付等支撑环境的打造，配合政府政策支持体系以及法律、法规体系的完善，在各个方面整体协调推进的基础上，要突出区域发展优势，实现重点突破，不断增强电商区域发展的吸引力和影响力，吸引更多的资金、技术、人才、产业、平台等各类资源向区域聚集，形成良性电商产业发展生态，共同推动电商产业实现更高质量、更有效率、更加公平、更可持续的发展。

参考文献

[1] 孙红丽.商务部：我国连续11年成为全球最大网络零售市场[EB/OL].(2024-01-12)[2024-01-15].https://cn.chinadaily.com.cn/a/202401/12/WS65a08918a310af3247ffbac9.html.

[2] 双十一视角下，国内消费恢复情况如何？[EB/OL].(2023-11-16)[2024-01-15].https://baijiahao.baidu.com/s?id=1782704710057658474&wfr=spider&for=pc.

[3] 王灿.比4年前翻了一倍！2022年电商从业人员达6 325万人[EB/OL].(2023-05-04)[2024-01-15].https://baijiahao.baidu.com/s?id=1764966898833817733&wfr=spider&for=pc.

[4] 王俊岭.跨境电商加快中国产品出海脚步[EB/OL].(2024-02-20)[2024-02-21]. https://baijiahao.baidu.com/s?id=1791382108015009321&wfr=spider&for=pc.

[5] 谭瑞华，张婷婷，张琼.西藏电子商务蓬勃发展 助力经济迈上新台阶[EB/OL].(2024-02-23)[2024-02-24].https://politics.gmw.cn/2024-02/23/content_37162699.htm.

[6] 李览青.移动支付生态开放史：从割裂到互联互通[EB/OL].(2024-02-22)[2024-02-23].https://www.21jingji.com/article/20240222/herald/524e943ce7a7d04bdadb177b8cb4ce8c.html.

[7] 沃尔玛携手京东到家深耕全渠道用户数字化运营[EB/OL].(2021-03-25)[2024-02-23].http://www.linkshop.com/news/202146523

9.shtml.

[8] 商务部流通产业促进中心.农村电子商务助推乡村振兴典型案例之十：云南普洱打造电商直播基地 助推产业转型乡村振兴[EB/OL].(2022-07-05)[2024-02-23]. http://www.ltcjzx.org.cn/article/zxyw/szjj/dxzf/202207/20220703327230.shtml.

[9] 阿里无人酒店、百度智慧酒店将颠覆传统酒店[EB/OL].(2018-12-22)[2024-02-23].https://www.sohu.com/a/283785847_118948.

[10] 许昌假发产业带品牌出海：解读跨境电商模式下的海外仓打法[EB/OL].(2023-06-01)[2024-02-23]. https://zhuanlan.zhihu.com/p/633866927.

第七章
自主品牌的异军突起
——新能源汽车质量革命

过去20余年，中国汽车品牌抓住机遇，大力发展新能源汽车。中国新能源汽车市场由政策推动向市场驱动转型，经历了萌芽期及初步探索期，进入快速成长期，在全球汽车市场竞争中异军突起。中国已成为全球最大的新能源汽车市场。中国汽车工业协会的统计显示，2023年，我国汽车产销分别完成3 016.1万辆和3 009.4万辆，同比分别增长11.6%和12%，产销量连续15年稳居全球第一。2023年，新能源汽车产销分别完成958.7万辆和949.5万辆，同比分别增长35.8%和37.9%，占全球新能源汽车市场的比例超过六成。我国汽车整车出口491万辆，同比增长57.9%。其中，新能源汽车出口120.3万辆，同比增长77.6%。中国汽车出口首次超过日本跃居世界首位。在全球动力电池装机量前十名中，中国厂商占据6席，累计市场份额达63.7%[1]。另据公安部的数据，截至2023年底，我国新能源车保有量已超过2 000万辆，占汽车总量的6.07%。

在能源革命、互联网革命和智能革命的推动下，新能源汽车电机、电控、电池三电系统以及零部件产业出现重大变革。新能源汽车的快速发展，对人们的出行、消费和生活方式也带来了深远影响。近年来，我国新能源汽车行业竞争格局初步形成，以比亚迪、吉利等传统汽车品牌以及蔚来、小鹏、理想等造车新势力为代表的中国汽车品牌快速成长，新能源汽车产业发展渐入佳境。

第一节　新能源汽车质量革命的背景

新能源汽车的质量革命，助力我国实现“双碳”目标，推动了人类社会可持续发展，极大改善了人们的生活质量，满足了人类对智能、高效、节能、绿色出行的期待。中国正在引领全球汽车革命，未来发展前景无限广阔。

一、从传统汽车到新能源汽车

汽车工业是“现代工业皇冠上的明珠”，是一个国家工业化水平的集中体现。欧美经济强国都拥有强大的汽车工业。在传统汽车行业，20 世纪 50 年代是美国车的黄金时代，80 年代是日本车的黄金时代，90 年代是德国车的黄金时代。国外汽车巨头在燃油车发动机系统上积累了上百年的经验，这些核心技术国内车企很难在短时间内追赶。

21 世纪初以来，随着人们环境意识的增强，越来越多的国家承诺在未来数年内逐步淘汰燃油汽车或制定宏大的汽车电气化目标。以内燃机为主导的全球汽车产业悄然发生重大变革。电动汽车通过减少空气污染和限制噪声污染，为汽车行业提供了一种清洁的替代品。

新能源汽车已经成为公认的战略性新兴产业。进入 21 世纪后，无论是欧美发达国家还是中国，都在积极布局新能源汽车行业。许多国家政府出台了相应的补贴和激励政策，一些定价更亲民的车型，如日产聆风、雪佛兰 Volt 等车型相继问世。TrendForce 集邦咨询的统计数据显示，2022 年，全球新能源汽车销量突破千万辆，同比增长 63.6%。其中，电动汽车销量为 780 万辆，较 2021 年增长了 68%，占全球汽车销量的 10%，这一占比高于 2021 年的 8.3%。不过，全球 95%的电动汽车销售主要出现在 10 个国家，即中国、美国、日本、加拿大、挪威、法国、英国、荷兰、瑞典和德国[2]。

纵观中国汽车工业的发展，走过了从 0 到 1，到合资合作，再到自主品牌兴起的发展历程。借由新能源汽车这百年一遇的机会窗口，中国逐步在全球汽车市场上赢得先发优势，首次主导了全球汽车产业变革。1995 年我国第一辆电动汽车“远望号”诞生，到 2022 年 2 月我国新能源汽车累计产量突破 1 000 万辆；2023 年 7 月，我国新能源汽车累计产量再次突破 2 000 万辆[3]。

我国新能源汽车产业的高速成长令人鼓舞。中国汽车工业协会的统计数据显示，2012 年，我国新能源汽车销量为 12 791 辆；2022 年，我国新能源汽车销量跃升至 688.7 万辆，占全球新能源汽车市场的比例超过 60%。

2022年，我国新能源汽车市场占有率达25.6%，高于2021年12.1个百分点。我国已经成为世界上新能源汽车最大的生产国、消费国和出口国，产销量连续8年位居世界第一。在中国广袤的大地上，新能源汽车市场正在演绎着传奇。

二、国外新能源汽车发展概况

（一）欧洲

作为传统汽车的发源地，也是电动汽车的诞生地，欧洲拥有悠久的造车历史和雄厚的造车技术。欧洲车企在汽车领域具有很大的优势。同时，欧洲民众普遍具有强烈的环保意识，欧洲各国政府的环保政策经常起到引领全球的作用。2020年是欧洲新能源汽车的重要转折点，欧盟新的汽车二氧化碳排放法规开始实行，所有车企都竭力把新能源车型推向市场。宝马、大众、奥迪、戴姆勒等车企都公布了加速汽车电动化的发展计划。欧洲一直占据全球第二大新能源汽车市场地位。

（二）美国

2008年全球金融危机以后，美国签署一系列经济刺激计划，将发展新能源汽车技术纳入国家能源战略发展规划，支持动力电池、关键零部件的研发和生产，并通过政府采购政策支持新能源汽车产业的发展。以加州为代表的清洁空气法规适用州对碳排放的监管趋严，并针对新能源汽车购置给予额外补贴，刺激需求的释放。由于在技术研发和消费两个环节投入巨资，促成了美国新能源汽车居世界领先地位。2012年，特斯拉公司发布Model S豪华电动汽车，让电动汽车一下成为公众关注的焦点，其节能和先进科技的优势，刺激了不少消费者的购买欲望。拜登政府积极推行清洁能源革命计划，密集出台相关政策，开启新能源汽车大补贴时代。2021年8月5日，拜登签署了一项行政命令：到2030年时，美国要实现新能源新车销售占比达50%。

（三）日本

日本因资源匮乏，更为重视发展新能源汽车产业。早在1965年，日本就开始启动电动车的研发，1967 年成立日本电动车协会。此后，日本政府出台了很多促进新能源汽车发展的政策，政府和企业联合研发电池核心技术。自 1971 年起，日本多次投入巨额资金用于支持新能源汽车研发，仅燃料电池方面就投入了 200 多亿日元；同时，实施绿色税制推广新能源汽车，大规模建设充电网络等。日产混合动力汽车全球热销，尤其是在美国混合动力车市场上占据主导地位。

各国政府成为推动新能源汽车发展的那只“看得见的手”，对新能源汽车革命的推进发挥了至关重要的作用。欧、美、日发达国家和地区的政策举措及成功经验，为我国提供了很好的借鉴。

三、中国汽车自主品牌异军突起

2022 年 10 月 23 日，在第 89 届巴黎车展上，中国作为新能源汽车的“种子选手”高调亮相，以比亚迪、长城为首的自主品牌，携带多款外形亮丽、智能化程度高的新能源车型，登陆欧洲市场，引起欧洲车迷朋友的极大关注。

这是中国汽车自主品牌崛起的一个缩影。据中国汽车工业协会统计，2022 年，中国汽车出口量达 311.1 万辆，同比增长 54.4%，其中新能源汽车出口量超过德国，跃升为世界新能源汽车出口第二大国，仅次于日本。2023 年前 5 个月，我国新能源汽车累计出口 45.7 万辆，同比增长 1.6 倍。令世人瞩目的是，中国出口汽车的品质已经有了质的飞跃，不再是靠低价产品或低端车型，而是非常具有竞争力的新能源汽车。

（一）中国在新能源时代抢抓机遇

面对世界汽车行业绿色革命的挑战，中国以超前意识抢占新能源汽车赛道，汲取全球先进经验，基于本国国情并顺应时代发展潮流，选准技术路线，把握电动化、网联化、智能化的方向，历经十多年的耕耘，得以实现汽车工业的跨越式发展。

我国新能源汽车产业重点围绕“三纵三横”研发布局，即以纯电动汽车、插电式混合动力（含增程式）汽车、燃料电池汽车为“三纵”，布局整车技术创新链；以动力电池与管理系统、驱动电机与电力电子、网联化与智能化技术为“三横”，构建关键零部件技术供给体系。为促进新能源汽车产业高质量发展，2001 年，我国通过了“863 计划”电动汽车重大专项研究的论证，将发展新能源电动车上升到国家战略。此后，我国相继出台一系列支持政策：2007 年，国家发展改革委制定《新能源汽车生产准入管理规则》；2012 年，国务院发布“十二五”国家战略性新兴产业发展规划；2016 年，国务院发布“十三五”国家战略性新兴产业发展规划；2020 年，国务院发布《新能源汽车产业发展规划（2021—2035 年）》等。“碳达峰、碳中和”目标的提出，新能源将会是最明显受益的行业，进一步优化了国内发展新能源汽车的内外部环境。此外，我国还推出了《乘用车企业平均燃料消耗量与新能源汽车积分并行管理办法》，即“双积分政策”，管理思路从“鼓励”转为“强制”，促使传统车企加速转型。

在政策、经济、社会、技术因素的引导和驱动下，传统车企加快转型步伐，中国新能源汽车产业发展体系渐趋完善，从基础材料、电池、电机、电控，到整车、生产装备等产业链上下游基本实现了贯通，形成了全球最全的新能源产业技术布局。目前，我国新能源汽车技术和产品，基本与国际同行处于同一水平线上。

（二）自主品牌彰显“中国智慧”

2019 年，特斯拉上海超级工厂正式投产，给中国新能源汽车产业发展带来“鲶鱼效应”，比亚迪、吉利等民族品牌异军突起，蔚来、小鹏、理想等一大批造车新势力脱颖而出，国内新能源汽车市场活力迸发。

从过去“用市场换技术”，到“用市场换整个产业链”，中国引进特斯拉不仅彻底改变了全球新能源汽车产业格局，更拉动了中国汽车零部件产业的崛起，彰显了“中国智慧”。

2021 年，我国有销量的新能源汽车企业已超过 100 家，新能源汽车的市场渗透率已经超过了 20%，发展速度远超预估。我国汽车工业形成了传统车企、造车新势力和跨界造车“三驾马车”共同发展的格局，传统豪华品牌、传统外资品牌、传统自主品牌、外资新势力品牌和自主新势力品牌“五大阵营”竞争格局。

令国人引以为豪的是，在 CleanTechnica 公布的 2022 年全球新能源品牌销量榜单 TOP20 中，中国品牌乘用车占据 10 个席位，德系品牌有 4 个，欧系、美系、韩系品牌各 2 个。这 10 个中国品牌分别为比亚迪、上汽通用五菱、广汽、上汽、长安、奇瑞、吉利、东风、哪吒、理想，其累计占 2022 年全球新能源汽车总销量的 39.84%。

2007 年，中国推出电动汽车发展计划，西方汽车业界不以为意，即使到了 2015 年也没有人看好中国电动汽车的发展。但自从特斯拉进入中国设厂之后，全球传统汽车制造大国才如梦初醒——电动汽车时代已经来临。正如通用汽车前印尼业务总裁迈克尔·邓恩（Michael Dunne）所说："全球汽车制造商凡涉及电动化计划，条条大道通北京。"一位美国教授也指出："世界向电动汽车转型，都是基于中国的技术路线图！"

继高铁、5G 之后，中国新能源汽车的兴起，已成为"中国制造"的又一张新名片。

第二节　新能源汽车质量革命的内涵

新能源汽车作为未来的发展趋势，也是我国达成"双碳"目标的重要举措之一。在能源革命、互联网革命和智能革命的推动下，无论从需求端、供给端还是从政策端来看，这场汽车产业革命所引发的变化都是全方位的，深远地影响着人们的出行、消费和生活方式。

一、汽车产品变革

新能源汽车改变了传统以燃油发动机为核心的技术构成，也使产业链组合发生变化。与传统燃油汽车相比，新能源汽车最突出的优势在于无污染和养车成本低。燃油车最重要的部件为发动机、变速箱和底盘，而新能源车最重要的部件为电池、电控和电机。新能源汽车技术看似简单，实际上电子元件非常多，生产难度不可小觑。

（一）品类多样化

新能源汽车种类较多，主要有纯电动汽车（BEV）、混合动力汽车

(HEV)、燃料电池电动汽车(FCEV)、氢发动机汽车以及其他新能源汽车五大类。它们从不同的技术路线提供节能减排方案。目前,我国推广应用的新能源汽车主要有三大类型(见表7-1)。

其一,纯电动汽车,属于主流,像特斯拉、蔚来、小鹏等车企都主打纯电动汽车。由于纯电动汽车在使用过程中碳排放量较少,对环境污染性较小,也是我国政府主要补贴的新能源车型。

其二,插电式混合动力汽车,它同时具备纯电动汽车和传统燃油车的功能,在电池电量耗尽的情况下可以使用燃油作为动力。在当前纯电动车电池技术尚不完备的情况下,插电式混合动力汽车是一种不错的替代品,但它在作为燃油车使用时依旧会对环境造成一定的影响。上海市已明确从2023年1月1日起,不再对插电式混合动力(含增程式)汽车发放专用牌照额度。

其三,燃料电池电动汽车,为目前最为环保的新能源汽车车型,利用氢气、甲烷等通过化学反应产生电流,省去了纯电动汽车在发电厂利用煤炭等能源进行发电的环节,使得汽车的碳排放量更少。但因燃料电池汽车的技术发展目前还不够成熟,很少在乘用车领域使用。

多种新能源车并存,使消费者的选择更加多样化。据国际能源署统计,2022年,全球可选择的电动汽车型号已达500种,是2018年的2倍多[4]。层出不穷的新车型也大大刺激了消费者的购买欲望。

表7-1　我国三大主流电动汽车比较分析

项　　目	混合动力汽车	纯电动汽车	燃料电池电动汽车
驱动方式	内燃机+电机驱动	电机驱动	电机驱动
能量系统	内燃机+蓄电池	蓄电池	燃料电池
能源来源与补给	加油站/充电设备	电网充电设备	液氢和液氧
排放量	降低排放	零排放	近似零排放
商业化进程	已成为发展趋势	商业化较为成熟	尚处于起步阶段

续　表

项　　目	混合动力汽车	纯电动汽车	燃料电池电动汽车
主要优点	节油效果好、技术成熟、续航能力强	重量轻、储能大、无污染、无记忆效应、使用寿命长、安全性好	零污染、能量转换效率高、无机械振动、低噪声、低热辐射
主要问题	安全性有待提升、保养费用较高	电池价格高、寿命短、充电时间长	发动机使用寿命短、制造与使用成本高、环境适应差

资料来源：汽车市场研究机构 SNE Research。

(二) 性能更优越

与传统燃油车相比，新能源汽车在性能上具有独特的优势，加上其时尚化、智能化的元素，增强了对消费者的吸引力，并受到越来越多年轻一代的喜爱。尤其是大型城市人多车多，以电动汽车作为代步工具，上班、接送孩子、买菜购物等，都是非常不错的选择。新能源汽车具有以下优点。

(1) 绿色环保。电动车基本上是零排放，在行驶过程中不会排放有害物质或温室气体。氢能汽车的尾气是水，对环境没有污染。

(2) 舒适性。电动汽车的噪声污染非常小，高速运行时，最大的噪声只是轮胎与路面的摩擦声音，其噪声和振动水平都远远小于传统内燃机。在怠速和低速情况下，电动汽车的舒适性要远高于传统汽车。

(3) 效率高。新能源汽车一般采用新技术、新结构，比燃油车效率更高。电动车启动加速很快，刚起步时就可以输出最大的启动扭矩，伴随转速的逐渐升高，扭矩反而是呈衰减的趋势，这是它的先天优势。

(4) 承载更多先进技术。新能源汽车本身就是一个巨大的移动电源，可以轻松承载更多的电子设备。

(三) 使用成本低

从经济性的角度来看，新能源车节省燃料和能源，可缓解我国缺油、少气的问题。据大部分车主反映，新能源汽车每百公里电费仅需 10 元左右，而燃油车的油耗成本则是其 6 倍之多。如果每年按行驶里程 2 万公里来计算，可节省费用 1 万元左右。此外，自 2014 年起，我国对购买新能源汽车还有免车辆购置税的优惠政策，可以节约一笔不小的开支。

为了解决电动汽车充电难的问题，新能源汽车企业以及市政、城建部门持续加大投入，加快充电基础设施建设。截至 2022 年底，全国累计建成充电桩 521 万台、换电站 1 973 座。其中，2022 年新增充电桩 259.3 万个、换电站 675 座，充换电基础设施建设速度明显加快。此外，我国累计建立动力电池回收服务网点超过 1 万个，基本实现就近回收。随着换电技术的日益成熟，通过车电分离、电池租赁，大大降低了车辆保养成本和电池维护保养成本。未来电动汽车在补能方面可媲美燃油车。

当然，新能源汽车在发展中还存在一些“硬伤”，尤其是充电慢、续航里程短、电池耐久性差，正常情况下电池寿命仅 6～8 年，维修保养不方便，电池寿命终结后的环保问题也需关注。这些问题随着技术的进步正在逐步解决。

二、零部件产业变革

没有零部件产业，就没有汽车产业；零部件产业强，则汽车产业强。在燃油车时代，中国整车产业和零部件产业严重错配。虽然中国是全球最大的汽车市场，但缺乏强有力的零部件产业作为支撑，以发动机等关键零部件为主导的供应链，基本被欧、美、日等国的企业主导。进入新能源汽车时代，中国汽车零部件产业迎头赶上，技术创新迭代速度明显加快，成为全球汽车产业变革的主导力量。

（一）“整零关系”协同重塑

过去，传统燃油汽车都是整车厂处于主导地位，零部件供应商处于从属地位，而现在双方的关系变得更加复杂。无论是软件，还是动力电池、芯片、技术平台等硬件领域，关键部件和系统成为更核心的零部件，传统的“整零关系”被彻底改写。

一方面，整零竞合升级。从制造协同到生态联盟，零部件企业与区域汽车厂商协同共生，承接其相关的零配件业务，为其提供系统解决方案，在先进技术开发的早期，就与整车厂进行非常紧密的合作，在经营发展上互相支撑。部分实力较强、产品布局较为完善、研发生产能力较强的零部件企业，积极向整车客户推行 tier 0.5 级合作模式，快速响应、共享数据、迭代升级，规模化系统集成能力进一步升级。

另一方面，整零博弈加剧。谁控制了核心技术，谁就会在产品定位和市场地位上拥有更多的话语权。从整车企业来看，有的选择全栈垂直自研的模式，有的完全依靠第三方的整体化解决方案，有的采取生态共赢的模式。而对于零部件供应商来说，或像华为等企业一样，向车企提供智能驾驶的整体解决方案；或像宁德时代、地平线、英伟达等公司那样，只专注于电池、自动驾驶芯片、操作系统、传感器等单一的通用型产品。事实上，头部零部件厂商在某些领域成了实质意义上的主导者，车企反而成了从属者。越来越多的零部件供应商开始从幕后走到台前，深度参与造车。

（二）核心零部件技术国产化

随着我国自主品牌汽车的崛起，零部件行业开启了“国产替代”的全新时代。目前，除了中高端芯片等个别领域，国内在新能源汽车整车及相关的智能化、网联化、电动化等零部件方面，已基本形成较为完整的产业链、供应链，而且具备了一定的产业规模。

中国在全球汽车供应链变革中已成为一个重要的新中心。2023 年，全球动力电池企业销售前十榜单中，中国动力电池企业占据 6 席，市场份额高达 63.5%。以宁德时代为首的中国动力电池产业链，已成为全球最具竞争力的产业集群，2023 年以 259.7 GWh 的装机量，在全球的市场占有率高达 36.8%，市场份额较上年同期增加了 0.6 个百分点，巩固了全球第一的位置。在车载显示屏方面，中国企业的占比将近 1/3。中国的车载智能产品呈曲线上升趋势，一改过去高端供应链空洞化的窘境。至少已有 180 家中国供应商、40 多家 A 股上市公司加入特斯拉的供应链体系，特斯拉供应链的本土化率已超过 95%。

表 7－2　2023 年 1—12 月全球动力电池装车量市占率

序　　号	动力电池厂商	全球装车量市占率/%
1	宁德时代	36.8
2	比亚迪	15.8

续　表

序　　号	动力电池厂商	全球装车量市占率/%
3	LG 新能源	13.6
4	松下	6.4
5	SK On	6.9
6	其他	22.5

资料来源：SNE Research。

在特斯拉的带动下，我国形成了电池、电机、电控，乃至内外饰、NVH（噪声、振动与声振粗糙度）、汽车电子、充电设备等一派繁荣的产业景象。中国企业不仅拥有了规模优势，而且在技术层面跃居领先地位。其中，车载激光雷达、人工智能芯片算力达到国际先进水平。华为、大疆、禾赛科技、地平线等众多自主品牌迅速崛起。

不可否认，芯片依然是中国新能源汽车发展最大的“掣肘”。国际厂商在车规级功率半导体领域中一直占据着绝对的领先地位。比亚迪成为中国首家自主研发、生产车用 IGBT（绝缘栅双极晶体管）芯片的企业。车芯国产化，任重道远。期待未来有更多的国产车规级芯片企业能够出现在汽车芯片的赛道上。

（三）从链式关系到网状生态

汽车产业链、价值链的加速重构，使汽车产业形成“你中有我、我中有你”的利益攸关格局，产业生态由传统的链式关系向多领域、多主体共同参与的网状生态演化，依靠产业链、供应链协同创新，不断催生新技术、新模式、新业态，推动形成互融共生、合作共赢的产业发展新格局。

汽车产业与相关产业跨界融合，其内涵和外延不断拓展。在新供应链体系中，跨界企业不可或缺，让汽车产业的边界越来越宽、越来越模糊，延伸到信息通信、化工材料、消费电子和互联网等多个领域，如百度、小米、华为等纷纷入局，成为汽车产业的参与者和主导者，由此引发市场结构出现巨大变化。

不但要整车强，零部件也要强。进入全面化市场拓展期，新能源汽车产业、零部件产业将面临更加激烈和充分的竞争,这对产业链各环节提出了更高的要求。只有产业链上下游共同进步,才能使整个产业稳健发展。

三、出行消费变革

在智能汽车时代,汽车的属性已经由一个典型的机械产品,转化为机械产品基础上的电力电子产品、互联网产品、电子信息高科技产品。汽车作为一个硬件产品,同时更是一个数据决定体验、软件定义产品的移动智能终端。它不仅满足消费者对于产品颜值、配置、续航等层面的需求,更为用户呈现了智能、好玩、有趣、优质的产品与服务体验。

(一) 科技创新演绎“新时尚”

时尚作为一种共识、一种追求,随着时代发展不断被重新定义。在新能源汽车革命中,科技赋予时尚新的内涵,新能源汽车不再是一台简单的纯电动车,而成为时尚、生活态度和智能化的代名词。年轻用户在购买汽车时,不仅关心汽车使用的便利性,更追求出行过程中智能化、娱乐化、个性化、轻松化的应用体验。新能源汽车更“个性化”“颜值更高”的设计,新奇、有趣又智能的驾乘体验,正契合年轻人的关注点。以“智感潮奢单品”宝骏 KiWi EV 为例,炫酷的车身颜色,更具质感的内饰设计,搭载语音虚拟助手,支持“多端无缝智能导航”,具有智能泊车、驾驶辅助功能,让出行更加轻松愉悦。其搭载的“场景魔方”,支持用户自定义个性化场景,满足了用户多面时尚生活需求。

作为当前主力消费群体的 90 后、00 后,成长于中国制造崛起、经济腾飞、科技高速发展的时代。国货无论从设计、质感、品质和性能上都展现出了非凡的实力,大大提升了消费者的认可度与信任感。央视的消费调查显示,千禧年出生的中国年轻一代,逐渐成为中国经济、文化与消费的主导力量。2022 年“国货”关注人数大幅增长,手机、服饰、汽车、美妆等覆盖人们衣食住行的多个品类国货搜索量全面增长。在这种高涨的“国潮”消费热情的影响下,中国自主汽车品牌迎来绝佳的机遇期。

(二) 汽车消费掀起“她力量”

随着女性经济实力越来越强,女性汽车消费群占比已超过 30%,她们对新能源汽车情有独钟。

与男性更看重驾驶体验不同，女性更看重驾乘舒适性和车辆性价比。很多女性在选车时首先关注车子的外观，其次才是性价比。与燃油车相比，更环保、更轻盈、更智能的新能源汽车，让女性驾驶起来舒适感更强。从汽车之家的调研数据可以看到，多数女性没有燃油车情结，对新能源车的接受度更高，达到了 73%。同时，女性新能源汽车用户也更年轻，具备更强的消费潜力。

越来越多的新能源车企开始关注女性用户的需求，从产品设计、营销和服务上，尽力去满足女性消费者的这些需求，尽力挖掘这个增量市场。欧拉汽车率先挺进女性汽车赛道，提出打造“更爱女人的汽车品牌”。像浪漫的比亚迪-元 Pro、灵动的北汽新能源 EC5 等车型，都深受女性消费者的青睐。

（三）无人驾驶升级“黑科技”

衡量自动驾驶能力的指标是每千英里人为干预次数。智能 AI 技术与 5G 结合，用深度学习来做决策和感知的无人驾驶，深刻改变了汽车属性，给汽车行业带来颠覆性的革命，使得一大批驾驶人员完全解放出来，改变了车与人、车与车、车与社会的关系，大大提高用户出行的安全性和舒适性。用户体验无人驾驶出租车时，可以通过车内屏幕实时看到路况信息，感受到满满的“黑科技”。

随着我国无人驾驶技术日趋成熟，加上 5G 的普及，国家关于无人驾驶的有关政策也在慢慢放开。2022 年 7 月，北京开放国内首个无人化出行服务商业化试点，在北京经济技术开发区核心区 60 平方公里范围内投入 30 辆主驾无人车辆，开展常态化收费服务。目前，全国已有 10 余个城市允许自动驾驶汽车在特定区域、特定时段从事出租汽车、城市公共汽(电)车等商业化试运营，应用规模不断扩大。

第三节　中国新能源汽车质量革命的路径

2012 年，是我国新能源汽车“十城千辆”示范推广工作的收官之年，也是我国新能源汽车跨入万辆级别的起步之年。2023 年,新能源汽车销量飙升至 949.5 万辆,连续 9 年位居全球第一。中国汽车产业依托"换道超车"的战略决策发展新能源汽车,在政府的大力引导下,通过一场艰苦卓绝的质量革命,实现从无到有、从小到大、从弱到强的华丽蜕变,成为引领全球汽车产业电动化转型的一大重要力量。

一、由政策驱动走向市场驱动

政策驱动对我国新能源汽车的发展起到了非常重要的作用。早在全球新能源汽车起步阶段,我国就推出用传统汽车燃油税收入补贴新能源汽车的制度,推动新能源汽车市场化应用向前迈进了一大步。2010 年,国家以补贴政策推动新能源汽车行业发展,新造车运动如火如荼,市场在政策红利中萌芽。

正是得益于大规模的市场应用,我国电池、电机、电控等新能源汽车核心技术得到快速发展。以电池为例,锂电池最初的成本相当高,如果没有补贴根本不可能进行应用普及。创新性的补贴形式不仅推动了我国新能源汽车过去 10 年的快速发展,也将全世界新能源汽车的发展进程提前了 5 年至 10 年。在大规模市场应用中,电池能量密度、安全性能、使用寿命等核心技术指标得到提升,成本也快速下降。

在政府强有力的推动下,在补贴、税费等优惠政策的激励下,产业链加强协同,新能源汽车市场化速度加快推进。据乘联会数据,2020 年 1 月,我国新能源汽车市场渗透率仅为 2.4%,到 2023 年,这一市场渗透率已达到 35.7%[5]。这反映出中国消费者对新能源车已经有了较高的接受度,产业发展的内生动力不断显现。我国已提前三年实现《新能源汽车产业发展规划(2021—2035 年)》设定的"2025 年新能源汽车市场渗透率达到 20%"的愿景。

经过十几年的精心培育,走过从培育示范期到商业化成长期的过程,进入规模产业化高速增长期。如今,新能源汽车产业开始从政策补贴驱动转向市场政策双驱动,正逐步进入以市场竞争驱动为主导的新阶段。国家对电动汽车补贴政策的加速退坡和双积分政策的实施,给电动汽车车企提出了新的要求,促使新能源汽车市场增长逐渐回归理性。这在一定程度上引导车企加强技术研发，倒逼行业换挡前进，扩大规模以降低生产成本，也有利于促进电动汽车行业优胜劣汰，提高汽车产品竞争力。截至 2021 年，新能源汽车成本在不依赖财政补贴的情况下，已降至可以与燃油车进行市场竞争的水平。

到 2022 年 12 月 31 日，我国新能源汽车补贴正式取消，这也意味着新能源车购买成本增加。为应对财政补贴退坡，新能源车企积极推出了限时保价政策、提升整车配置等诸多举措。反观市场端，当补贴不再继续时，新能源汽车的消费热度却依旧不减。据统计，近年来新能源汽车私人消费比例持续提升，2022 年总体占比已经达到 78%，市场化程度逐年提高。

二、由依靠技术引进转向自主创新

中国汽车工业自 20 世纪 80 年代起引进国外整车技术，走上了一条以市场换技术的道路，但当时核心技术并未真正引入中国。在新一轮科技变革的形势下，我国加强汽车强国战略顶层设计，抓住汽车电动化、智能化、网联化发展的机遇，依靠自主创新，实现整车及关键零部件核心技术的自主突破，形成技术领先优势。技术进步正促使新能源汽车续航里程更长、充换电更快、驾驶更智能、配套设施更完善，不断改善新能源汽车用户的出行体验。

（一）锚定“新三化”发展方向

新能源汽车的电动化、网联化、智能化，被公认为代表着汽车产业未来发展的趋势。电动化是基础，网联化是条件，智能化是关键。在全球汽车产业深度调整期和技术变革期，中国汽车产业坚持“三化”方向，把握主动，赢得先机，使电动汽车产业发展处于国际前沿。

（1）电动化。以动力电池作为驱动能源的发展模式。随着新能源汽车成为全球汽车产业转型升级的大趋势，传统车企、造车新势力纷纷加速电动化转型。我国坚持纯电驱动战略取向，在电动汽车产业发展中取得了巨大成就，已经成为世界汽车产业发展转型的重要力量之一。

（2）网联化。通过物联网、5G 等技术，将车与车、车与人、车与交通设施之间的信息互联（V2X），从而实现智能网联（车路协同），将“聪明”的车和“智慧”的路相结合，将单个智能转变为群体智能，让智能汽车之间的互通变得更加高效。网联化发展对交通设施设备、其他车辆等路端角色智能性的要求进一步提升，侧重于解决安全、节能、环保等问题，优化道路交通环境，完善道路交通架构，降低交通事故发生的概率。

（3）智能化。在汽车上加装毫米波雷达、超声波雷达、车载摄像头、激光雷达等感知硬件设备，搭配软件系统，通过高级辅助系统的加持，实现自动驾驶下的单车智能发展。深度学习、高精度地图等技术在越来越多智能汽车上得到了应用，让汽车越来越智能和安全。人们通常说的智能汽车主要指智能驾驶辅助系统和智能座舱系统，实现无人驾驶、人机交互、智能语音识别等，可以减少驾驶员的驾驶负担。如今，汽车的智能化也已经成为车企宣传及消费者购车过程中的重要考量因素，从“质价比”竞争向“智价比”竞争进化。

（二）抢占核心技术制高点

我国新能源汽车产业加快技术创新步伐，在“三电”等核心技术方面突飞猛进，部分领域的技术水平已位居世界前列。新型成组技术、高镍无钴电池、半固态电池等突破性的应用，新技术、新模式、新业态不断涌现，新能源汽车用户的出行体验持续改善，无不给消费者带来更大信心。我国新能源汽车产业的技术创新体现在以下四个方面。

一是新能源关键技术基本实现自主可控，电池生产成本大幅下降，促进了新能源车的进一步推广。2021 年，我国新能源汽车的平均续航里程进入 500 公里区间，2022 年又进一步提升到 600 公里甚至更高的续航能力。近十年，动力电池单体能量密度、控制器功率密度均提升了 2 倍，电机功率密度提升了 55%，而电池包的平均价格则下降了 82%。

二是新能源汽车的产品质量得到大幅提升。根据汽车之家新车质量数据，2021 年新能源车整体质量相较上一年提升了 31.4%，质量改善成效显著。

三是在智能网联领域，基于人工智能、5G 通信等新技术在汽车领域的应用，中国品牌同样占据了先机。面向落地应用场景，逐渐形成以“车路云网图”为核心的产业发展技术体系。无论是智能网联汽车的渗透、自动驾驶路测、云平台的示范、C－V2X 的应用，还是高精地图的数据采集都实现了快速的发展。

四是在新能源汽车零部件方面，我国驱动电机技术基本与国外的水平同步，大部分已经接近国际先进水平；在电机控制方面，基本掌握核心零部件的关键技术；在动力电池方面，中国企业更是走在前列。智能网联、自动驾驶领域的技术集成及演化速度也在提速，并成为新能源汽车时代中国汽车备受瞩目的亮点。

从中国汽车专利公开量来看，中国汽车技术研究中心发布的数据显示，2023 年，中国汽车专利公开量为 32.73 万件，发明专利授权量为 10.78 万件，同比增长 14.02%；新能源汽车、智能网联汽车两者占比合计为 51.65%，其中新能源汽车领域专利公开量同比增长 1.76%，占比为 25.60%，保持稳步增长态势[6]。中国已经成为智能汽车领域专利数量最多的国家，我国企业在智能网联汽车领域的专利申请数量已经超过欧美。

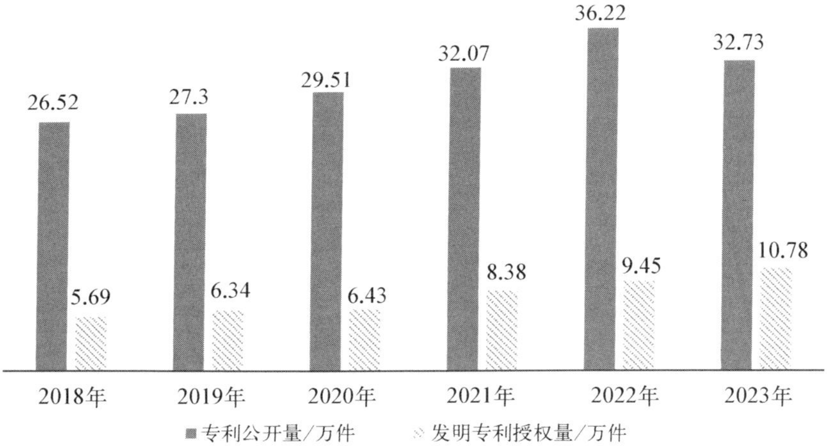

图 7-1　2018—2023 年中国汽车专利公开态势

表 7-3　2023 年中国汽车专利技术构成情况

序　号	专　利　项	专利技术构成占比/%
1	新能源汽车	25.60
2	智能网联汽车	26.05

续　表

序　号	专　利　项	专利技术构成占比/%
3	电子电器	11.62
4	车身及车身附件	8.96
5	整车制造	4.20
6	发动机	5.45
7	整车系统	5.80
8	其他	12.32

资料来源：中国汽车知识产权运用促进中心。

（三）实现全产业链自主可控

汽车行业作为我国工业的重要组成部分，连接了各行各业。我国工业门类齐全，雄厚的制造业基础是发展新能源汽车产业集群的先天优势。而新能源汽车的高景气带动了整个新能源产业链上各个环节的发展。

新能源汽车产业链较长，上游为关键原材料（矿产资源）和核心零部件（三电设备、汽车电子、车身材料等），约占整车成本的50%；中游为整车厂商（商用车、乘用车、专用车）；下游为汽车充电服务（充电、换电、电池回收）和后市场服务（汽车金融、汽车保险、汽车租赁、二手车交易、汽车维修养护及汽车拆解回收等）。

由于产业的共性技术和交叉难点还有很多不确定性，更多企业、技术跨界融合，实现产业链协同，整个行业以更开放的姿态融入新技术革命，实现合作共享和共赢。

处于产业链不同位置的企业，相互协同、分工合作、形成合力，同时，构建“车—路—网—云”一体化系统，统筹好发展和安全的关系，充分发挥了全产业链协同发展的优势。

除了在自动驾驶芯片等领域外，中国新能源汽车产业链已经能够高度自给自足。以比亚迪为例，掌握了包括动力电池、三电技术、芯片等几乎所有的核心技术自研，其产业链有上万家大大小小的公司，产业链总资产超过

3万亿元人民币,仅上市公司就达到40家以上。这些产业和技术优势,足以支撑中国新能源车占据最高生态位,扛起中国高端制造大旗,在全球直面竞争。

三、由“中国产品”迈向“中国品牌”

经过多年的沉淀,中国新能源汽车产业在技术创新、产品迭代、商业模式、产业生态上形成先发优势,发挥产业协同效应,形成品牌持续向上发展的势能。中国新能源汽车在学习中成长、在成长中壮大,正逐渐摘去“低端”的帽子。国内外消费者对“中国品牌”的认知度越来越高。

目前,中国主流乘用车市场拥有比亚迪、上汽通用五菱、深蓝、奇瑞、吉利、哈弗等大众品牌。传统车企也积极拥抱新能源汽车,实现快速转型,开启了中国品牌的崛起之路,涌现出红旗、埃安、智己、飞凡、岚图、AITO、领克、极氪、WEY、阿维塔、极狐、沙龙等中高端品牌。此外,造车新势力企业的品牌影响力不断提升,蔚来、小鹏、理想、哪吒、零跑、高合、集度、小米、华为等互联网巨头的加入,更带来了新产品、新技术、新模式、新理念,搅动产业发展“一池春水”。

中国汽车品牌加速出海,出口版图从传统的非洲、中东市场,逐步向北美、欧洲市场拓展,产品由过去的低端车型升级为中高端车,在外观质量、内在技术品质以及品牌市场营销能力等方面都能满足全球多样化市场需求。2022年11月9日,德国著名汽车杂志*AUTO BILD*(《汽车画刊》)发布2022年度“金方向盘”奖,蔚来ET7摘得年度最佳中大型车桂冠,成为首个获此大奖的中国品牌车型。这从一个侧面折射出欧洲市场对中国汽车品牌的高度认可。

第四节　中国新能源汽车质量革命的实践案例

在波澜壮阔的全球汽车革命进程中,电动化仅仅是序幕,接下来围绕智能化的竞争将更为激烈。纵观我国新能源汽车行业,在储能电池、智能驾驶、智慧座舱、智能底盘,甚至商业模式等重要方面,仍处于创新突破和迭代进步的过程之中。中国有着雄厚的制造业基础优势，拥有信息与通信技术优势，众多整车企业及科技型企业已切入智能汽车赛道，在政府加强顶层设计、战略导向及政策支持下，中国未来必将成为世界智能汽车中心。

一、比亚迪：新能源汽车技术创新领跑者

比亚迪成立于 1995 年，2003 年已成为全球第二大充电电池生产商，并于这一年开始踏入电动车的研发征程。经过近 20 年的技术沉淀，比亚迪如今已成为全球唯一能掌握电池、电机、电控及车规级半导体等新能源全产业链核心技术的车企。

1998 年，比亚迪就在荷兰建立了欧洲总部。比亚迪纯电动大巴已经覆盖欧美、日本等 50 多个国家、200 多个城市，积累了不错的品牌口碑。

在国内汽车市场，比亚迪一直保持高速增长。2023 年，比亚迪新能源汽车累计销量为 302.44 万辆[7]。比亚迪目前已达成中国新能源汽车品牌中首个年销百万和首个下线第 300 万辆新能源汽车的双里程碑，2023 年再次成为全球新能源汽车销量冠军，并连续 11 年成为中国新能源汽车销量冠军。

比亚迪能畅销全球，源于深厚的技术积累和成熟的产业链配套。

首先，比亚迪在核心技术研发方面持续投入。比亚迪的研发投入一直都是超过净利润的。比亚迪 2022 年年报数据显示，2021 年，比亚迪的研发费用就高达 79.90 亿元，而在 2022 年研发费用更是达到 186.54 亿元。截至 2022 年 11 月，比亚迪有 11 个研究院，研发技术人员达 4.9 万名，专利申请量达到 3.8 万件，授权专利 2.6 万件，更拥有五大核心技术，包括刀片电池、IGBT 芯片、DM－i 混动技术、e 平台 3.0 和 CTB 电池一体化技术。

其次，比亚迪通过全产业链布局策略，打造了一套完善的垂直供应链体系，拥有强大的抗风险能力。在整车生产制造方面，比亚迪拥有位于深圳、西安、长沙等十大整车生产基地，可实现“零部件＋整车”均可生产的模式，同时还在一些重要生产基地周边设置了电池、芯片工厂，以提供关键的原材料，免去复杂的跨区域协同流程。在零部件生产方面，比亚迪在核心的三电系统上拥有完善的大规模自动化生产线，能够自给自足，相当于把电动车的命脉掌握在自己手里。

最后,比亚迪聚焦“不自燃”的刀片电池。比亚迪瞄准最大客群,利用多产品分切销量蛋糕并树立细分市场标杆,形成虹吸效应。在中国新能源汽车销量排行榜前十名中,比亚迪就占据了6席,而且涵盖了中型轿车、小型轿车、紧凑型SUV、中型SUV等多种车型。

2022年7月,比亚迪在日本举办新品发布会,正式宣布进军日本乘用车市场,计划到2025年底在日本开设100家销售店。同年11月8日,比亚迪正式公布旗下高端汽车品牌,并定名为仰望。仰望将以颠覆性技术与前瞻性设计打造品牌与产品,致力于为用户带来前所未有的极致性能新体验。仰望将成为中国高端汽车品牌的代表和标杆,勇立潮头。

二、吉利:率先国际化的自主品牌

吉利汽车20多年的发展,经历了从1.0到4.0的产品革命和品牌革命。

1.0经济车时代(1997—2006年)的目标是造老百姓买得起的好车,打破了合资品牌的价格垄断,圆老百姓的轿车梦。

2.0安全车时代(2007—2013年)的目标是造最安全、最环保、最节能的好车,向“技术先进、品质可靠、服务满意、全面领先”转型,实施全面质量管理。

3.0精品车时代(2014—2020年)的目标是造每个人的精品车:对标沃尔沃建立新产品开发体系,在汽车安全、“新四化”、“健康车”等领域全面升级,构建“沃尔沃质量、吉利成本”的核心竞争力。

4.0智能车时代(2020年以后)的目标是创造超越期待的出行体验,迈入全面架构造车时代,联合沃尔沃共同开发云管理架构(CMA)、可持续体验平台(SEA)浩瀚架构,致力于用户的极致体验,以全面提升自动驾驶能力,实现智驾互联、天地一体化、质量互享、布局全球的战略目标。

吉利并不满足于国内市场,先后将一系列“洋品牌”收入麾下,实现国内与国际技术和品牌的协同效应,打造属于自己的全球汽车生态。2010年8月2日,吉利以18亿美元的价格从福特手中收购沃尔沃轿车业务,获得了沃尔沃轿车公司的100%股权,这给吉利带来了很多技术上的帮助。2017年,吉利收购马来西亚宝腾汽车49.9%的股权,收购英国豪华跑车品牌路特斯(Lotus)51%的股权;同年,吉利收购美国飞行汽车创业公司太力飞车

(Terrafugia)。2018 年,吉利成功收购戴姆勒公司 9.69%的股权,成为戴姆勒公司第一大股东。2019 年,吉利与戴姆勒达成战略合作协议组建合资公司,在全球范围内联合运营和推动 Smart 品牌转型,双方各占 50%的股份;同年,吉利又和戴姆勒共同出资 5 000 万欧元,投资德国飞行汽车企业 Volocopter。2022 年,吉利以 13.76 亿元认购雷诺韩国汽车 34.03%的股份。2019 年,吉利完成对英国超豪华性能品牌阿斯顿·马丁·拉共达国际控股 7.60%的股份收购。至此,吉利完成了从主流、高端再到豪华、性能等汽车品牌的全面布局。

吉利积极构建智慧立体生态出行体系,在新能源科技、共享出行、车载芯片、低轨卫星、自动驾驶、汽车工业互联网等前沿技术领域继续提升能力,积极布局天地一体化出行生态。2021 年,吉利正式发布"智能吉利 2025 战略",致力于打造科技引领型全球汽车企业,成为最具竞争力和受人尊敬的中国汽车品牌。

三、造车新势力:新能源汽车革命的生力军

乘着全球汽车产业百年未有之大变局的东风,被称为"造车新势力"的一大批新能源汽车创新企业,在新能源汽车市场崭露头角,在技术、产品、服务、商业模式等多个层面出现了诸多创新,成为新汽车变革中不可忽视的一支生力军。

自从特斯拉率先进入新能源汽车这个大市场后,吸引了众多造车新势力入局。从 2016 年开始,先是蔚来,然后是理想,再到小鹏,迅速跟进,成为电动车路线图的忠实执行者。2022—2023 年造车新势力的年度销量如表 7-4 所示。

表 7-4 2022—2023 年新势力品牌年度销量排行榜

品　　牌	2022 年销量/辆	2023 年销量/辆	同比增长/%
广汽埃安	271 156	480 003	77.02
理想汽车	133 246	376 030	182.21

续 表

品　　牌	2022 年销量/辆	2023 年销量/辆	同比增长/%
蔚来汽车	122 486	160 038	30.66
零跑汽车	111 168	144 155	29.67
小鹏汽车	120 757	141 601	17.26
哪吒汽车	152 073	127 496	−16.16

资料来源：各车企公布的数据。

新能源汽车市场的火热，还吸引了许多汽车圈之外的厂家参与竞争。IT 造车、金融造车、经销商造车……一股跨界造车风正在中国刮起。互联网企业蜂拥而至，百度、华为、小米等大家耳熟能详的互联网大厂都加入造车或参与造车的赛道，给整个汽车行业带来新的活力。

华为已全面进入造车需要的所有关键技术领域。2019 年，华为正式生成智能汽车解决方案，赋能汽车整车厂和上下游产业链，助力汽车行业的数字化转型，为自动驾驶和智慧出行产业提供更多的新动能。2020 年，华为与长安、宁德时代宣布将打造高端智能汽车品牌，而之前比亚迪新能源汽车早已接入华为生态链。2021 年底，华为和赛力斯联合推出全新高端智慧汽车品牌问界（AITO），刷新品牌单款车型交付破万最快纪录。随着鸿蒙 OS 系统的广泛应用，将有更多的汽车品牌加入华为汽车生态链中。

第五节　中国新能源汽车质量革命的启示

一个国家要强大，汽车工业务必要强大，能源生产务必要创新。新能源汽车逐步取代传统汽车，已成为全球汽车产业发展的重要趋势。我国新能源汽车产业经过 20 多年的培育与发展，在全球汽车质量革命进程中实现弯道超车，带来出行模式、能源消费结构的深刻变革。越来越多的家庭能轻松拥有一辆节能、环保、廉价、时尚的新能源汽车，这种美好生活的获得感、体验感、幸福感前所未有。

一、我国新能源汽车何以实现“换道超车”

（一）政府政策引导与支持是新能源汽车发展的重要前提

我国系统性地构建了“三纵三横”的总体研发布局，为新能源汽车产业发展搭建了强有力的技术底座，推动形成了以企业为主体、市场需求为导向、产学研相结合的产业创新体系。国家和地方政府相继出台的一系列支持新能源汽车发展的政策，推行的油耗和新能源“双积分”政策，都极大地促进了行业技术进步和新能源汽车的推广和使用，拉动了新能源汽车产销快速增长。如今，我国新能源汽车产业已从培育期进入全面市场化的拓展期。

（二）持续不断的技术创新是新能源汽车发展的核心驱动力

电池技术、充电技术、车联网技术等多角度持续加强技术创新，使得新能源汽车产业技术水平显著提升，产业体系日趋完善，企业竞争力大幅增强，顺应消费升级趋势的新产品、新服务不断被推出。如第三代半导体电机控制器和多合一集成等先进技术不断提升驱动系统的经济性；车用固态激光雷达、4D毫米波雷达、高算力自动驾驶芯片、智能座舱等技术提升了新能源汽车的安全性能；网联通信技术实现了对道路状态的超视距感知与动态更新，满足更安全、更高效的出行场景需求。可以说，科技创新在加速新能源汽车发展的同时也在重塑汽车产业的形态和格局。

（三）全产业链的协同和合作是新能源汽车发展的必由之路

我国新能源汽车行业通过整合资源、分工协作，已搭建起新能源汽车产业研发平台，推动关键系统研发，加快新能源汽车关键系统及零部件企业建设，实现整零产业的协同发展，提升了全产业链配套能力，形成完善的上中下游产业链和新能源产业集群优势。关键零部件国产化率已超过90%，真正实现自主可控，不再受制于人。

（四）加大配套基础设施建设是新能源汽车发展的支撑保障

新能源汽车的发展离不开配套基础设施建设。近年来，全国各地正在加快推动充换电基础设施建设。据中国充换电联盟发布的《2023年全国电动汽车充换电基础设施运行情况》报告，2023 年 1—12 月，充电基础设施增量为 338.6 万台，其中公共充电桩增量为 92.9 万台，随车配建私人充电桩增量为 245.8 万台，同比上升 30.6%。到 2023 年底，全国充电基础设施累计数量为 859.6 万台，同比增加 65.0%[8]，形成全球最大规模的充换电网络，大大缓解了消费者的“充电焦虑”。预计到 2025 年，全国的充电桩保有量将达 930 万台。充足的电动汽车充电桩数量，不但激发了新能源车企的创新热情和转型升级动力，还将充分激发车主的消费意愿，持续引发新能源车的消费热潮，满足用户的出行需求，建设人民满意交通，满足交通运输行业绿色低碳发展的需要。

二、新能源汽车质量革命对社会发展的影响

随着新能源汽车的发展，让汽车从过去可望而不可即，到如今成为寻常可及的普通商品，真正融入我们每个人的日常生活中，悄无声息地改变了人们生活方式、生活观念和生活质量，让出行变得更加便捷、更加智能、更加绿色。

（一）广泛而深刻的影响

新能源汽车的发展，从长远看，有利于环境保护和可持续发展，减少碳排放，改善城市空气质量，因此被各国所推崇；从短期来看，能够为消费者省油，并带来更加舒适、智能、时尚的驾乘体验；从经济学角度来看，多个新兴行业将依托新能源汽车的全面普及横空出世，从而催生出大量的相关行业从业者。

（二）更加智能的“第三生活空间”

新能源汽车在智能化程度上明显优于同级别的燃油车。在 5G、AI、自动驾驶、智能座舱技术的加持下，将深刻改变汽车的形态，重新定义出行。新的场景和功能应用，帮助人们摆脱繁重的驾驶劳动，提供更加优越的车内乘坐和交互体验。汽车正在成为继家庭、办公室之外的“第三生活空间”。

三、未来展望

如果把新能源汽车电动化看作全球汽车品牌竞争的“上半场”，智能网

联汽车则是“下半场”。纵观我国新能源汽车行业，在储能电池、智能驾驶、智慧座舱、智能底盘，甚至商业模式等重要方面，仍处于创新突破和迭代进步的过程之中。当前还需要进一步提升产业链的盈利能力、自主创新能力以及综合竞争力，加快新体系电池、汽车芯片、车用操作系统等技术突破和产业化应用，提升新能源汽车产业整体竞争力和发展质量；同时，要把汽车、能源、通信、交通出行、城市作为一个整体来设计，鼓励跨学科、跨产业、跨所有制和跨国的交流与合作至关重要。

(一) 重新定义未来汽车

未来的汽车，已不再只是简单的交通工具，而是继手机之后的入口级产品。随着智能网联汽车技术的飞速发展，汽车将从单一的地面移动工具转变为智能移动空间。它可能会是办公中心、计算中心、存储中心、个人娱乐中心，一个由安全、健康、人、车交互构成的，线上线下高度融合的智能移动共同体。通过智能技术如 AI、AR 等与传统汽车的结合，延伸汽车的使用场景，更深度地嵌入消费者的生活，汽车内部的封闭式空间更是有望成为沉浸式场景体验空间。

“软件定义汽车。”未来自动驾驶汽车 50%以上的价值将源于软件。真正意义上的“全数字化汽车”将应运而生，汽车上的每一个配件都将被电子化、数字化，整车技术与工程核心正从传统硬件层面转移到软件层面。车辆差异化将更多体现在软件和先进电子技术赋能的用户交互界面和体验层面，软件将带动汽车技术革新，引领产品差异化发展。为此，整车厂和零部件供应商必须加强软件能力的提升，软件功能将成为核心驱动力。

(二) 引领智能汽车新时代

智能化已成为未来汽车行业的战略制高点。国家已经出台相关政策和指导纲要，指引新能源汽车智能化发展，推动智能汽车、智慧能源、智能交通、智慧城市协同融合。我国在 5G 等新一代移动通信技术上具有领先优势，北斗卫星导航系统可面向全国提供高精度时空服务，为智能汽车发展提供有力保障。我国拥有规模超大、全球第一的汽车市场，日益增长的汽车多元化、个性化消费需求将为智能汽车提供广阔市场。未来 5 年至 10 年，可以期待 L4 高度自动驾驶和 L5 完全自动驾驶的实现，让每个消费者享受到科技的乐趣、全新的体验、出行的便利。

在万物互联背景下，智慧车联正为现代智能汽车打开更多想象的空间。智能驾驶将成为汽车的标准配置，强调更好的体验、丰富的使用场景，满足消费者情感化和个性化的需求。智能座舱将搭载丰富的社交功能，在购票、选座、酒店预订、线路规划、车上交友等方面实现精准服务；在办公和娱乐性方面，将满足用户的实时性要求，做到支持用户在行车途中办公。

在智能化的赛道上，需要政府做好顶层设计，把汽车、能源、通信、交通出行和城市作为一个整体，置于高技术和数字化的基础之上综合考虑。而打破壁垒、开放市场，鼓励跨学科、跨产业、跨所有制和跨国的交流与合作至关重要。

参 考 文 献

[1] 华龙网.中汽协：2023 年汽车产销双双破 3000 万辆 新能源汽车市占率达 31.6%[EB/OL].(2024-01-12)[2024-02-26].https://finance.sina.com.cn/jjxw/2024-01-12/doc-inachqhs1811217.shtml.

[2] 财联社.TrendForce：2022 年全球新能源车销售突破千万辆 同比增长 63.6%[EB/OL].(2023-02-21)[2024-02-26].https://baijiahao.baidu.com/s?id=1758415766507508152&wfr=spider&for=pc.

[3] 王政.努力在创新中实现产业高质量发展：写在我国新能源汽车生产累计突破两千万辆之际[N].人民日报，2023-7-12(18).

[4] 尚凯元，杨一，姜波.全球电动汽车产业加速发展(国际视点)[N].人民日报，2023-06-02(18).

[5] 新浪汽车.2023 年国内新能源车渗透率达到 35.7% 同比增长 8.1%[EB/OL].(2024-01-09)[2024-02-26].https://k.sina.com.cn/article_6777263639_193f4d617020012axg.html.

[6] 新汽车研究所.2023 汽车专利公开量十年来第一次下降！[EB/OL].(2024-01-23)[2024-01-25].https://new.qq.com/rain/a/20240125A09Q9900.

[7] IT 之家.比亚迪 2023 年新能源汽车销量 302.44 万辆,同比增长 62.3% [EB/OL].(2024-01-01)[2024-02-26]. https://baijiahao.baidu.com/s?id=1786884249699005692&wfr=spider&for=pc.
[8] 充换电研究院.新增 338.6w 台! 2023 年全国电动汽车充换电基础设施运行数据发布[EB/OL].(2024-01-11)[2024-02-26]. https://new.qq.com/rain/a/20240111A05MV800.

第八章

“中国速度”承载梦想驶向幸福的远方

——高铁质量革命

中国高速铁路创下领跑世界的“中国速度”，也不断刷新中国科技新高度。以2008年第一条设计时速350公里的京津城际铁路建成运营为标志，中国正式进入高铁时代。从一条线到一张网，“四纵四横”高铁网已经形成，“八纵八横”加密成网。截至2023年底，我国高铁运营里程超过4.5万公里，占世界高铁整体运营里程的60%以上，稳居世界第一[1]。中国已建成世界上规模最大、现代化水平最高的高铁网，创下多项世界之最，中国高铁已经成为一张见证中国质量革命的名片。

如今，高铁作为居民出行的首选快速交通方式，拉近了人与人之间时空距离，高铁、航空、地铁、公交一体化，服务质量不断升级，极大地改善了旅客出行体验，显著提升了人们出行的获得感、幸福感。高铁助推了城市群、都市圈、经济带的发展，带动了沿线经济社会的快速发展。同时，中国高铁凭借技术优势，加快“走出去”，造福世界人民。

第一节　高铁质量革命的背景

一、世界高铁发展历程

全球高铁产业发展至今已有近60年历史，高铁技术始于日本、兴于欧洲。1964年，世界第一条高速铁路“新干线”在日本通车。据国际铁路联盟(UIC)公布的统计报告，截至2022年，世界上有运营、在建和规划高铁的国家和地区总共有27个，已建成高铁总长度67 700公里[2]。世界高铁的发展历程大致经历了三个阶段。

（一）探索初创阶段(20世纪60年代—80年代末)

法国于20世纪70年代开始研究高铁，1983年，巴黎-里昂的TGV东南线建成通车，最高运行时速达270公里。随后，德国、意大利也加入发展高速铁路的行列，其高速线里程达3 198公里。

（二）扩大发展阶段(20世纪80年代末—90年代中期)

作为高铁先行者的日本、法国、德国，逐步建立起本国的高速铁路网络。法国后来居上，无论是在运营里程、速度、技术创新方面都居于世界领先地位。法国的高铁贯穿了各大区域和中心城市，还联系了德国、荷兰、比利时和英国等周边国家。与此同时，德国、西班牙和比利时的高速铁路建设也进入了高峰期，高铁线路的覆盖范围扩大，运营里程急剧增加，平均时速不断提高。

（三）快速发展阶段(20世纪90年代中期至今)

更多国家和地区开始高速铁路建设，铁路网络迅速蔓延至包括荷兰、英国、瑞典等在内的欧洲其他国家，贯穿整个欧洲大陆。韩国是继日本之后第二个加入“高速铁路俱乐部”的亚洲国家。2004年4月，汉城(现称首尔)到釜山之间的高铁线路投入运营。中国台湾于1998年启动高速铁路兴建计划，连接台北与高雄两市的高速铁路系统贯通台湾西海岸，共8个车站，全长345公里。2004年，中国大陆开始从法国、德国、日本等国引进高铁技术。十多年间，通过消化吸收改进逐步形成了自己的高铁技术。中国实现从“落后—赶超—领跑”的跨越式发展，迅速崛起成为高铁大国，并建成世界最大的高铁网，截至2022年年底，我国高铁运营里程超过4.2万公里，占世界高铁整体运营里程的60%以上，稳居世界第一。美国、加拿大也加入高铁规划和修建的行列中，一张遍及亚洲、北美、大洋洲及整个欧洲的世界高铁网络正在形成。

二、中国高铁突飞猛进

中国高铁建设虽然比发达国家晚40多年，但依靠党的领导和新型举国体制优势，经过长期的探索和技术积累之后，获得了从探索到突破、从制造到创造、从追赶到领跑的后发优势。高铁也由此成为人们出行最常使用的交通工具之一。随着“和谐号”“复兴号”的飞驰，“贴地飞行”的中国高铁，成为闪耀世界的亮丽名片。中国高铁发展大致可以分为以下三个阶段[3]。

（一）引进与研究阶段（2004年以前）

改革开放之初，高铁进入中国人的视野。1978年10月22日，邓小平同志访问日本，乘坐时速210公里的新干线列车时，回答记者提问说：“我就感觉到快，有催人跑的意思，我们现在正合适坐这样的车。我们现在很需要跑。”相比之下，当时中国旅客列车的平均运营时速仅为43公里。随着邓小平同志乘坐新干线的画面在电视节目里播出，高铁开始为国人所熟知。20世纪80年代，广九铁路广深段启动电气化改造工程，计划引进摆式动车组列车，提速至160公里/小时，成为中国发展准高速铁路的择优试验线路。20世纪90年代初，我国开始启动高铁研究。从1997年起，全国铁路进行多次大提速。我国把“提高列车速度”上升到铁路发展的战略高度，组织对高速铁路的设计建造技术、高速列车运营管理的基础理论和关键技术的攻关，开展了大量的科学研究。

（二）快速发展阶段（2004—2012年）

按照国家的战略部署和《中长期路网铁路规划》，拉开了铁路特别是高铁快速发展的序幕。《中长期路网铁路规划》明确“引进先进技术、联合设计生产、打造中国品牌”的总体要求，提出“四纵四横”铁路快速客运通道建设目标，确定到2020年我国铁路营业里程达到10万公里，建设客运专线1.2万公里以上。

在2004年和2007年，我国铁路先后实施了第五次、第六次大面积提速。增开直达特快列车，部分普速铁路升级为中级快速铁路。2007年4月18日，时速200公里及以上的“和谐号”动车组投入使用。货车系统改革加快，重载货车技术改造取得突破。高铁建设也大规模展开，武广、京津城际、郑西、京沪高铁等开工建设。2008年8月，中国第一条具有自主知识产权的高速铁路——京津城际铁路开通运营。这也是世界上第一条运营时速达到350公里的高铁，中国从此迈入高铁时代。

(三) 自主创新阶段(2012年至今)

党的十八大以来,在国家创新驱动发展战略的引领下,铁路企业充分发挥技术创新主体的作用,积极开展高铁基础理论研究、关键核心技术攻关和应用型技术创新,形成了比较完备的高铁技术体系,逐步巩固提升了我国高铁技术的世界领跑地位。2016年7月,修订后的《中长期铁路网规划》发布,明确了新时代“八纵八横”高速铁路网发展目标;提出到2020年,铁路网规模达15万公里,其中高铁为3万公里,覆盖80%以上的大城市;到2025年,铁路网规模达到17.5万公里左右,其中高铁为3.8万公里左右。到2018年底,具有完全自主知识产权的“复兴号”高速动车组列车入列。2020年8月,国铁集团在《交通强国建设纲要》的指导下,发布了《新时代交通强国铁路先行规划纲要》,进一步明确了中国铁路未来30年的发展蓝图。

高铁改变了中国。从“四纵四横”高速铁路主骨架全面建成,到“八纵八横”高速铁路主通道和普速干线铁路加快建设,从川藏铁路全线开工,重点区域城际铁路快速推进到老少边及脱贫地区铁路建设加力提速,我国已建成世界最大的高速铁路网,基本形成布局合理、覆盖广泛、层次分明、配置高效的铁路网络。目前,中国智能铁路技术标准基本形成,引领世界智能铁路发展。2019年12月30日,智能京张高铁成功开通运营,标志着中国高铁达到世界最先进水平。

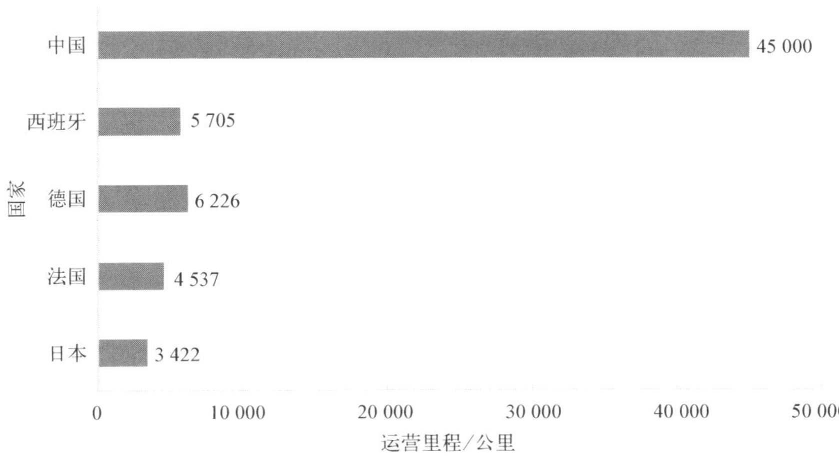

图8-1 2023年部分主要国家高铁运营建设概况

第二节 高铁质量革命的内涵与特征

高铁是中国制造业最具代表性的产业之一。中国高铁技术从无到有，从引进、消化、吸收再创新到自主创新，从学习国外技术到自主研发“复兴号”，逐步构建起独具特色的高铁产业创新生态系统，迈向全球领先地位，也成为我国自主创新的一个范例。

1978 年，我国铁路营业里程仅有 5.17 万公里，平均时速为 40 公里左右；到 2022 年底，我国铁路营业里程达 15.5 万公里，较 1978 年增长了近 2 倍；其中，高铁营业里程达 4.2 万公里，占世界高铁总里程的 2/3；在如今中国最繁忙的火车站——上海虹桥站，平均 84 秒就有一趟高铁驶过，日均运送乘客达 10 多万人次。

目前，我国铁路客运周转量、货物发送量、货运周转量以及运输密度均居世界首位。“复兴号”奔驰在祖国广袤的大地上，实现了对 31 个省区市的全覆盖。客运服务市场化、便利化、信息化加速推进，基本实现电子客票全覆盖。高铁的发展使交通运输方式发生了革命性的变化。

一、高铁质量革命的内涵

（一）推动出行方式变革

当今社会人们的生活节奏越来越快，工作、办事、旅游等对交通工具的要求越来越高。乘车时间的长短，直接影响到人们是否优先选择高铁出行。与航空和高速公路相比，高铁有着速度快、发车密度大、准时、舒适、安全等综合优势，非常适合大批人员需要在城际运输的状况，既相对节约时间，又能降低出行的成本。

短短几十年，从时速 40 公里到 350 公里，从绿皮车到“复兴号”，中国高铁不断刷新速度，跑出举世瞩目的中国速度。2016 年 7 月，两列中国标准动车组在郑徐高铁进行了交会和重联综合试验，创造了时速 420 公里的世界纪录。2017 年 6 月，中国标准动车组被命名为“复兴号”，并在京沪高铁上线运营。同年 9 月，“复兴号”动车组在京沪高铁实现时速 350 公里商业运营,树立起世界高铁建设运营新标杆。2019 年 12 月,“复兴号”智能动车组在京张高铁上线运营,首次实现时速 350 公里自动驾驶。至此,从时速 160 公里至 350 公里,不同速度等级的“复兴号”系列动车组全部投用。

如今,中国拥有世界上最快的高速铁路,京沪高铁最高运行时速达 350 公里,比日本和法国高铁的运营最高速 320 公里、西班牙的 310 公里、韩国的 305 公里、德国的 300 公里高出 30 至 50 公里,发车间隔最短只有 4 分钟。例如,2018 年广深港高铁全线通车后,从香港九龙到达深圳福田,由原来的 45 分钟缩短至 14 分钟,到广州的时间由原来的 2 小时减少至 48 分钟,大大方便了往返广深和香港的乘客。

高铁的速度效应带动了上海对周边城市的辐射,带动了周边城市产业的发展,上海市内有不少企业将生产基地挪到 2～3 个小时的高铁圈内。依托长三角高铁网络和高铁经济带建设,上海的非核心功能正在疏解,推进与苏州、无锡、南通、宁波、嘉兴、舟山等周边城市的协同发展。

不断领跑的中国高铁,以梦幻般“陆地飞行”时速,驰骋在华夏大地,成为一道亮丽的风景线,见证着中国力量、中国巨变。

(二) 促进城乡生活改善

春运作为我国最大规模的人口流动,数亿人的大迁徙,买票难、出行难、回家难,一度让铁路交通不堪重负。绿皮车曾以其廉价、低速、站站停等特点深受百姓喜爱。

自 1997 年以来,伴随我国铁路 6 次大提速,绿皮车逐渐淡出人们的视野,取而代之的是漂亮、舒适且快速的空调车。高铁如今俨然成为人们春节回家的首选,让远在异乡打拼的游子的回家之路变得更加顺畅。在经济性方面,我国高铁平均票价仅为其他国家的 1/3 至 1/4,给百姓带来稳稳的幸福感。

高铁不但极大地方便了人们出行,更拓宽了人们的生活半径,让人们的“衣、食、住、行、游”在无形中发生着变化,给城市经济注入新的活力。有了高铁,来一场“说走就走的旅行”,完全不在话下。你甚至可以早上在广东吃早茶,下午到上海逛商场,晚上去故宫看夜景。人们不再担心地理距离的限制，可以放心地到更加广阔的城市去打拼。

高铁极大地拉近了时空距离，促进了沿线城市的发展，跨区域“同城效应”显现。目前，我国通达半径 500 公里的城市群已形成 1～2 小时交通圈，实现高铁公交化出行；1 000 公里跨区域大城市间 4 小时左右到达，实现当日往返；2 000 公里跨区域大城市间 8 小时左右到达，实现朝发夕至。此外，现在乘坐高铁无须现场排队购票、取票，可以直接在手机上买票，检票时还可用手机刷电子客票，通过刷脸进站，在高铁上还能直接用手机订餐，品尝各地美食，享受超值服务。

中国高铁是世界公认最安全的高铁。据《求是》杂志报道，2008—2020 年，我国高铁每百公里平均事故率较国外高铁低 82%。截至 2021 年 6 月底，我国高铁已累计安全运行 92.8 亿公里，相当于绕地球 23.2 万圈，安全运送旅客 141.2 亿人次[4]。此外，我国还建成了世界上规模最大的 12306 铁路互联网售票系统，单日售票达 2 000 万张以上，目前互联网售票比例为 86.2%，单日最高达 90%。以京沪高铁为例，2011—2021 年，已累计安全运送旅客超 13.5 亿人次，不仅成为中国客流量最大的高铁线路，还让“千里京沪一日还”变成了现实，这在过去是不可想象的。

（三）拉动区域经济发展

交通强国，铁路先行。高铁作为一种交通工具、民生基础设施，密切了城市之间的经济联系，显著提高了地区间的可达性，提升了劳动力和资本等生产要素的流动效率，成为带动地区经济高质量发展的新动力。

1. 高铁促进地区经济文化交流

以高铁为纽带，以相对发达地区为龙头，加快建设高铁经济带，促进区域内资金、信息、人才流动，实现互利共赢，加快东部产业向西部转移，推进东部发达地区和西部贫困地区产能合作，促进区域经济协调发展。研究表明，通高铁的城市与不通高铁的城市相比，可持续竞争力高出 57%[5]。各省区市都把高铁建设作为一个重要的发展机遇，福建成为首个“市市通高铁”的省份，并因此摆脱了先前经济落后的局面。广东省的高铁运行总里程达2 400 公里，稳居全国首位，保持了经济大省的地位。牡佳高铁不仅改善了东北地区居民的出行体验，更在东北地区与京津冀地区之间搭建起“高铁经济桥梁",内通外联,为促进区域经济社会发展、推动东北振兴增添新动能。高铁串起了中国经济版图上散落的一颗颗"珍珠",为我国经济高质量发展注入活力。

长三角创造了中国近 1/4 的经济总量,四通八达的高铁网络功不可没。高铁改变了长三角地区各城市之间的时空距离,提升了长三角城市经济发展和就业活力。如今,"轨道上的长三角"正在不断延展,在长三角三省一市,20 多条高铁线路、200 多座高铁站构筑起快速客运网络,形成以上海为中心的 0.5 小时至 3 小时高铁都市圈。长三角铁路网总长超过 1.3 万公里,其中,高铁营业里程超 6 700 公里。到"十四五"末,长三角铁路网营业里程将达到 1.7 万公里,高铁营业里程将达 9 500 公里[6]。

2. "高铁+旅游"催生旅游新业态

乘着高铁去旅游,"快旅慢游"新体验,让诗和远方近在眼前。高铁让越来越多过去由于交通不便不易到达的旅游目的地得以开发,许多地方旅游业出现"井喷式"增长。"才饮珠江水,又赏洞庭月。"武广高铁的开通,拉近了鄂、湘、粤三省的时空距离,成为串起珠三角、长株潭、武汉城市圈三大城市群的"黄金旅游线"。得益于高铁的开通,陕西佛坪、湖北恩施、安徽绩溪、广西三江、云南普者黑等地接待的旅游人数快速增长,"好风景"变成"好前景"。"高铁+旅游"已经成为旅游发展新业态和人们旅游的新方式。

3. 高铁铺就"致富路"助力乡村振兴

"要致富,先修路。"高铁线带动了沿线经济发展,促进了欠发达地区的发展,让山区人民享受到了实惠,增强了人们的幸福感。在中西部地区,贵广、云桂、兰新、西成等一批高速铁路相继建成,为当地农产品销售打开销路,让招商引资更具优势。过去,广西许多乡村地区因交通不便,农产品销路不好,卖不出好价钱,当地百姓收入受到严重影响。在"高铁带货"的赋能下,这种闭塞的状况得以显著改善。如贵广高铁开通后,吸引了广东、福建、浙江等地茶商走进广西三江收购茶叶,茶叶价格也随之上涨,当地茶民在其中获益。柳州市三江侗族自治县、百色市凌云县两地已有超过 50 万的涉茶人口,以茶为生,高铁成为沿线人民的致富线、幸福线。

二、高铁质量革命的特征

(一) 安全舒适

安全是中国高铁的本色。有一段在高铁上立硬币的视频火爆全网,让人们对高铁平稳运行叹为观止,硬币能够矗立不倒与高铁轨道的精密铺设有关,钢轨间衔接处的误差不能超过0.2毫米,相当于两根头发丝的直径,轨道的铺设需经历15个步骤的反复打磨。中国高铁的稳定性由此可见一斑,让许多外国专家都为之点赞。

中国高铁拥有自主知识产权的世界先进技术体系,涵盖高铁工程建设、装备制造、运营管理三大领域,为安全运营保驾护航。高速铁路在全封闭环境中自动化运行,有一系列的安全保障系统:采用了先进技术来提高乘客舒适度,消除乘客在高速运行中的不良反应;运用先进的电子信息技术监控整个运行状态,并在异常情况下自动调整速度。相比航空和汽车运输,高铁更安全,受恶劣天气的影响更小;而且高铁站和汽车站无缝衔接,换乘更方便。可以说,高铁在中长途运输中具有无可比拟的竞争优势。

在安全防范方面,依托信息化打造高铁高效管控平台,对旅客取票、进站、候车、检票、上车、出站等流线、环节进行全面优化,全力为旅客创造平安出行环境。按照"重点关注、优先照顾、特殊保障"原则,完善特殊重点旅客服务的信息链,实现线上预约和线下服务的全流程闭环管理,解决了旅客接送站难的问题,遇有身体不适等特殊状况的旅客,还可以协助提供医疗急救等服务,让旅客出行"一路无忧"。

(二) 班次"公交化"

1. "公交化"运行引发"同城效应"

2022年,"复兴号"列车已经实现对31个省区市的全覆盖,铁路网络就像一条条血管连通东西南北。高铁的快速发展,由此衍生出"一小时生活圈""半小时经济带"等新名词。企业总部、研发和销售放在上海,生产基地放在苏浙皖,这一模式已成为许多上海企业的选择。密集的铁路网,方便了人员交流,更密切了经济往来,让长三角经济圈的联系更紧密。高铁同时带动了上海周边的卫星城市发展,住在小城市、工作在大城市的"双城生活"模式,变得习以为常，促进了长三角城市、经济、交通、旅游等全方位的一体化发展。

2.“随到随走、说走就走”常态化

为了给旅客提供更便捷的服务，近年来各地铁路部门密集推出“铁路e卡通”、30日定期票、20次计次票等新型产品，被旅客称为“铁路月票”。旅客只需在12306手机App注册核验“铁路e卡通”扫码乘车业务，进站、出站各扫码一次就可完成乘车过程，并且旅客乘车不受车次限制，不分时段、车型，不分席位、等级，候乘一体，即来即走，像乘坐公交车一样，省去了很多购票的烦琐手续，大大节约了出行时间。

（三）准点运行

高速铁路的另一大优势在于准点率极高，一般误差在1分钟内属于“准点”。由于全部采用自动化控制，受气候变化影响小，高铁以舒适的乘坐体验和极高的准点率，赢得乘客的广泛认可。铁路运行的线路图是整体调控的，任何车次的发车和行驶时间都需要绝对服从调配。无论线路上的配套措施还是车辆自身的性能，都是保证准点的核心要素，加上高铁的经停站点相对较少，从而保证行驶速度，大大降低了人们出行和货物运输的成本。

高铁物流运输的优势体现在运力大、高时效性上，相对航空运输周转量更大，相比公路运输能耗较低；可利用快速装卸设备对集装箱装卸，利用车内空置货位周转经过地区的货物，实现城际包裹快运当日直达。在长三角地区，随着产业布局调整、产业结构升级，铁路部门在货运上推出特快班列、快速班列等“定制列车”，为企业提供快捷化、准时制货运产品。在以上海为中心的0.5小时至3小时高铁都市圈，增开行多趟动车组，极大地方便了高铁覆盖区域人民群众及企业的运输需求，为当地的经济、民生平稳发展注入了无可替代的“铁元素”。为服务“双11”电商网络购物高峰期，铁路部门推出了“当日达、次日达、三日达”等时限产品和“批量达、特需达、高铁跨城当日达”等定制产品，受到电商、快递物流和生产商的热烈欢迎。

（四）魅力体验

铁路部门不断创新、升级服务，丰富售票方式，改善购票体验，优化进站流线，倾力为旅客营造一个绿色、安全的出行环境。现在，乘客可以用手机一键购票，自助取票，改签、退票都可以在线完成，越来越多的高铁站支持刷脸或刷身份证进站，真正实现无票乘车。此外，铁路部门优化列车网上订餐、移动支付、在线选座、候补购票、扫码支付等服务措施，充分利用互联网不断提升服务软实力。旅客在高铁上只需要扫码下单，即可享受地面配送的外卖服务。自2020年12月24日起，铁路部门在京沪高铁、成渝高铁的部分车次试点“静音车厢”服务，为旅客提供更加安静舒适的旅行环境。

铁路上海站持续改善服务，实施《重点旅客分类服务办法》，将重点旅客细分为老、弱、病、残、孕等15类，分别有针对性地提供精准服务，提供必要的帮助；安装清晰的引导标识，设置盲文指示标识、盲道流线、无障碍第三卫生间等，允许登记在册的盲人旅客携带导盲犬进站乘车，方便残障人士出行。提供空铁联运延伸服务，旅客在连续乘坐飞机、火车时可实现“一次购票、一笔支付、一证通行”，无缝衔接一站式购票，让旅客省心又省钱。2012年5月，东航与上海铁路局合作推出“空铁通”产品，实现长三角三省一市主要城市的高铁、动车与东航航班双向联运。10多年来，上海虹桥机场空铁联运效果广受旅客好评。这些特色化、个性化服务，大大提升了旅客出行的体验感。

第三节　高铁质量革命的路径与实践

高铁产业是改革开放以来中国技术赶超世界最为成功的产业之一，甚至已成为国家自豪感的重要标志之一。在长三角、珠三角、环渤海等城市群，高铁早已连片成网。从无到有，从追赶到领跑，中国高铁走出了一条具有中国特色的发展道路，创造了令世界惊叹的伟大奇迹。

一、高铁质量革命的路径

（一）全国铁路统一规划建设

中国高铁网越织越密，速度越来越快。高速铁路的建设是一个复杂的系统工程，工程规模大、任务重、成本高，其创新过程更是布满荆棘、充满艰难险阻。从起初一条线到一张网，中国高铁的崛起，充分体现了以人民为中心的发展思想，彰显了中国特色社会主义制度“集中力量办大事”的优越性，并创下了无数世界之最。

（1）运营里程最长。2012—2022 年，全国铁路营业里程增长了 58.6%，高铁里程增长了 351.4%，建成世界最大的高速铁路网和先进的铁路网[7]。

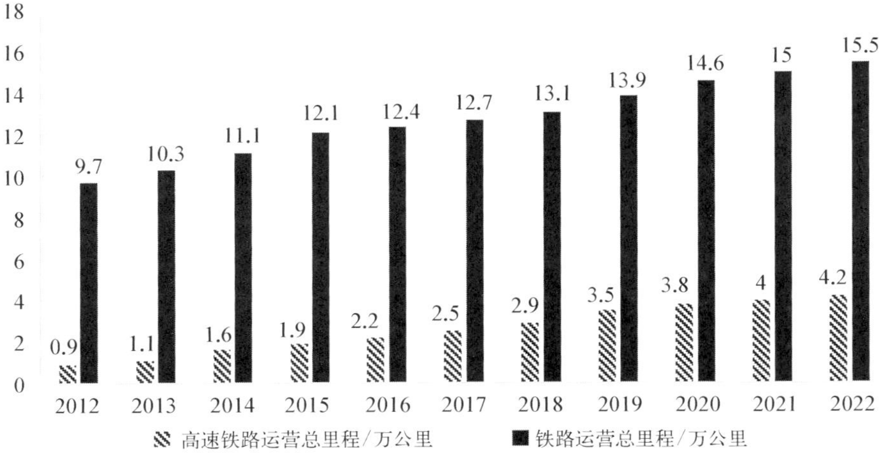

图 8-2　2012—2022 年我国铁路和高铁运营总里程

资料来源：中国国家铁路局官网。

（2）运营时速最高。2010 年 12 月 3 日，在京沪高铁枣庄至蚌埠试验段，CRH380AL 新一代高速动车组创造了时速 486.1 公里的世界铁路运营第一速。

（3）世界等级最高的高铁——京沪高铁。2011 年 6 月，京沪高铁建成运营，这是世界上一次建成线路最长、标准最高的高速铁路。它贯穿北京、天津、河北、山东、安徽、江苏、上海 7 省市，连接环渤海和长三角两大经济区，全长 1 318 公里。

（4）世界上单条运营里程最长的高铁——京广高铁。纵贯中国南北，自北京至广州，全长 2 298 公里，是世界上运营里程最长的高速铁路。京广高铁武广段于 2005 年 6 月开工建设，2009 年 12 月开通运营；京武段于 2008 年 10 月开工建设，2012 年 12 月开通运营。2022 年 6 月 20 日，京广高铁京武段常态化按时速 350 公里高标运营。京广高铁跨越长江与黄河，沿途经过高山、平原、丘陵等各类地貌，途经 4A 和 5A 级景区数量居全国高铁之首，是全国最美高铁线路之一，行车时间最快为 7 小时 38 分钟。京广高线全线贯通运营近 10 年来，共运客约 10 亿人次，带动人流、物流、生产要素快速流转，是全国最繁忙的高铁线路之一。

(5) 世界上一次性建成里程最长的高铁——兰新高铁。2014 年 12 月 26 日，兰新高铁全线贯通。全长 1 776 公里的兰新铁路是世界上一次性建成通车里程最长的高铁。除此之外，它还享有不少“第一”：一是它途经烟墩、百里、三十里等四大风区，同时沿线有塔克拉玛干、古尔班通固特等几处沙漠，是首个穿越沙漠大风区的高铁；二是横穿我国海拔最低的吐鲁番盆地和海拔最高的祁连山高铁隧道。全长 16.3 公里的祁连山隧道中的最高轨面海拔为 3 607.4 米，祁连山隧道被誉为“世界高铁第一高隧”。

(6) 世界首条新建高寒高铁——哈大高铁。2012 年 12 月 1 日，中国首条也是世界第一条新建高寒地区哈大高速铁路哈尔滨—大连高铁投入运营。哈大高铁营业里程达 921 公里，设计时速达 350 公里，纵贯辽宁、吉林、黑龙江 3 省，全线设 23 个车站。根据最近 30 年的气象记录，中国东北 3 省全年温差达到 80℃，是中国最为寒冷也是温差最大的地区，中国高铁经受住了极寒环境的考验[8]。

(二) 从技术引进到自主创新

1909 年，由“中国铁路之父”“中国近代工程之父”詹天佑主持修建的京张铁路建成通车，这是中国首条不使用外国资金及人员，由中国人自行设计和投入营运的铁路。

2019 年 12 月 30 日，智能京张高铁开通运营，自主设计修建实现了从零的突破到世界先进水平。世界上首次实现时速 350 公里自动驾驶功能、首次采用我国自主研发的北斗卫星导航系统保驾护航……百年京张，新旧两条京张线，见证了中国铁路波澜壮阔的历史跨越。

从无到有，从引进、消化、吸收再创新到自主创新，中国高铁以令人难以置信的速度迅速缩短与国际科技最高水平的差距。2004 年，我国决定通过技术引进发展高铁，从“依样画葫芦”到引领世界高铁发展，在这一征途中，无数科学家、工程师、铁路建设者开拓求索，筚路蓝缕，凭借着不屈不挠的意志和变不可能为可能的勇气，努力学习技术并积极开拓未知领域，这才有了今天的伟大成就。

中国标准动车组的研制成功，是中国高铁发展的重要里程碑。2012年，中国标准动车组研发工作启动。铁路部门强化创新主体和领军作用，充分利用巨大的市场优势，产学研用相结合，围绕转向架、牵引传动、制动、网络控制、轮轴及整车设计等开展全面攻关，结合基础理论和技术创新开展了大量科研试验工作，实现了关键技术和部件的重要突破，完成了总体技术条件制定及方案设计评审。样车正式下线后，又经过了60万公里不同条件下的试用考核。

2015年6月30日，具有完全自主知识产权的时速350公里中国标准动车组正式下线，并在中国铁道科学研究院环形试验基地正式展开试验工作。这标志着中国标准动车组的研制工作取得了重要阶段性成果，为我国动车组实现全面自主化、标准化打下了坚实的基础。

依靠自主创新，铁路技术标准的先进性、适用性和经济性持续提升。复兴号采用正向设计，在采用的254项重要标准中，中国标准占到84%，整体设计和关键技术全部自主研发，具有完全自主知识产权。截至“十三五”末，国铁集团拥有企业技术标准969项、标准性技术文件858项，适应国情路情的铁路技术标准体系更加完善[9]。

为了研发更安全、更环保、更节能、更智能的“复兴号”新产品，2021年1月，国铁集团宣布开始组织实施“复兴号”CR450科技创新工程。2022年4月21日，“复兴号”检测车在济南至郑州高铁濮阳至郑州段实现明线上单列时速435公里、相对交会时速870公里试验验证，创造了高铁动车组列车明线交会速度的世界纪录。日新月异的中国高铁，一次又一次惊艳世界。

（三）中国高铁品牌“走出去”

在构建人类命运共同体的目标下，中国铁路开始走出国门，同周边国家合作的重点项目正“全面开花”，造福世界人民，用实际行动见证中国开放的诚心和信心，见证中国为世界经济发展提供强劲动力的实力。

2022年G20峰会期间，在中国和印尼两国元首的见证下，雅万高铁试运行圆满成功。2018年6月，全长142公里的印尼雅万高铁项目全面开工建设。该项目由中方施工联合体和印尼方共同承建，全线桥梁长度占

61.5%,隧道长度占11.7%。雅万高铁所在的爪哇岛多地震和火山,沿线雨量极为丰沛,气候复杂多变,山川沟壑纵横,岩层地质复杂。中方设计团队深入开展中国高铁技术标准印尼适应性研究,为印尼量身打造高铁建设方案。

雅万高铁最高运营时速达350公里,该项目是中国首次全系统、全要素、全产业链在海外建设的高铁项目,全线采用中国技术、中国标准。项目建成后,雅加达到万隆的运行时间将由现在的3个多小时缩短至40分钟。雅万高铁给沿线地区经济发展带去新的动力。

不仅仅是雅万高铁,中老铁路、中欧班列……越来越多的"中国建造"正吸引世界的目光。2022年12月,中老铁路通车运营一周年,累计发送旅客850万人次,运输货物超千万吨,跨境运送货物超190万吨,国际货运总值突破百亿元。第五届中国国际进口博览会举办了"中老铁路沿线开发合作推介会",现场签署了价值上百亿元人民币的投资采购项目。中老铁路已经成为中国同东盟国家高质量共建"一带一路"的生动写照。

中欧班列横跨亚欧大陆,通达欧洲25个国家的208个城市。2022年,累计开行中欧班列1.6万列、发送160万标箱,同比分别增长9%和10%,充分发挥了中欧班列战略通道的作用;西部陆海新通道班列发送货物75.6万标箱,同比增长18.5%。

中国高铁从打造国家名片迈向引领国际标准。"十三五"期间,中国主持或参加了55项国际铁路标准的制定。2022年,国际铁路联盟发布实施由我国主持制定的《高速铁路设计基础设施》和《高速铁路设计供电》,这两项标准均是相关领域的首部国际铁路标准,为世界高速铁路建设运营贡献了中国智慧和中国力量。近年来,国铁集团专家主持参与了国际铁路联盟高速铁路、列车网络、制动系统等专业的60余项重要技术标准的制定,主持完成的《高速铁路实施》和《高速铁路设计》两个系列等11项高速铁路系统级标准,填补了高速铁路实施、设计等关键领域的国际标准空白,我国在国际铁路领域的影响力和话语权显著提升。

二、高铁质量革命的实践

(一) 中车集团:铸就"大国重器",为中国梦提速

中国中车是中国近代工业的先驱,伴随着晚清洋务运动,中国第一家铁

路工厂——唐山胥各庄修车厂诞生于1881年,并制造出了中国第一台蒸汽机车。到2022年,中国轨道交通工业已走过141年不平凡的发展历程。

自改革开放以来,中国轨道交通装备制造业焕发出新的活力,开始进行内燃化、电气化改造。2007年,中国铁路第六次大提速,和谐号动车组在京广、京沪、沪昆等铁路干线投入运营,中国铁路由此跨入高速列车时代,速度的飞跃见证着中国综合国力的提升。2008年,和谐号动车组在我国第一条高速铁路——京津城际铁路正式投入运营,中车唐山公司生产的国产车组首次实现时速350公里运营;铁路货车实现载重由60吨级向70～80吨级、时速由70～80公里向时速100～120公里的升级换代。同时,和谐型系列大功率机车研制成功。中国轨道交通装备开始跻身世界先进行列。

中国中车不断推进科技创新,相继研制出复兴号中国标准动车组、时速600公里高速磁浮、时速400公里跨国互联互通高速动车组、时速350公里货运动车组、中国标准地铁列车等一系列科技成果。2010年12月3日,和谐号CRH380AL型高速动车组在京沪高铁先导试验段创造了时速486.1公里的世界铁路运营试验最高速。随着以智能京张、智能京雄为代表的智能高铁项目的相继实施,复兴号动车组迈入智能化发展新阶段,在世界范围内首次实现时速350公里自动驾驶。由中车株机公司自主设计的丽江旅游观光列车轻量化磁浮列车获设计界的“奥斯卡”——2022年德国IF设计大奖。

中国中车以“连接世界 造福人类”为使命,提出“两步走”的发展战略纲要:到2025年,中车将成为以轨道交通装备为核心、具有全球竞争力的世界一流高端装备制造商和系统解决方案提供商,综合实力接近或达到国际领先水平,努力建设受人尊敬的世界一流企业,把中车打造成为全球知名品牌。到2035年,中车将成为综合竞争力强、市场吸引力大、品牌知名度优、全球影响力高、社会美誉度好的、受人尊敬的世界一流企业。

(二)京沪高铁:演绎4小时“双城记”

作为我国客流量最大、最繁忙的高铁线路,京沪高铁开通运营10余年来,累计行程超过15.8亿公里,相当于绕赤道跑了近4万圈。京沪高铁不断刷新着速度、创造着奇迹、打破着纪录,给沿线地区经济社会发展和人民群众生活带来深刻变化，也为中国高铁事业高质量发展积累了宝贵经验。

作为国家战略性重大交通工程和“八纵八横”高铁网的重要组成部分，京沪高铁联通“京津冀鲁皖苏沪”四省三市，沿线人口超过全国人口总数的27%，是中国最具发展活力的区域。京沪高铁将京津冀和长三角两大世界级城市群紧紧联系在一起，让沿线地区共享人才流、技术流、资金流、信息流快速有序流动带来的繁荣富足，构建起支撑东部率先发展的高铁经济走廊，成为经济社会高质量发展的重要引擎。京沪高铁带动了产业结构优化升级，加速了技术、产业、资本等生产要素从京津沪等大城市向沿线地区的转移扩散，实现地区专业化分工，同时带动了沿线旅游业快速发展。沿线许多城市以高铁为依托，建设“高铁经济带”“高铁新城”“高铁新区”，重构了“城市版图”。同时，京沪高铁还支撑了国家重大发展战略，服务京津冀协同发展，有力促进了北京非首都功能向沿线的天津、廊坊等地疏解；服务长三角一体化发展，助力上海、南京等中心城市引领能力不断提升，产业结构不断优化。

京沪高铁的运行精准实施“一季一图”“一日一图”，积极推行电子客票、静音车厢、刷脸进站、互联网订餐等服务，实行灵活升降的票价体系，深受广大旅客的欢迎。高铁沿线实现多种交通方式无缝衔接。在主要客站实现地铁对高铁安检的确认，开通接送站约车服务，实现高铁网与互联网的深度融合。京沪高铁极大地便利了京沪两地人民的“双城生活”，两地通行时间从原来的13个小时缩短到近4小时，大大拉近的沿线城市间的时空距离，提升了旅客的获得感、幸福感。

（三）京张高铁："又快又聪明"的智能动车组

京张高铁是我国《中长期铁路网规划》中“八纵八横”高速铁路网北京至兰州通道的重要组成部分，被业界称为“又快又聪明”的高铁，它是世界上第一条开通了自动驾驶功能的高速铁路。

2008年，中铁工程设计咨询集团有限公司对北京至张家口城际铁路进行可行性研究。2016年4月29日，京张高铁全线开工。2019年8月25日，京张高铁接触网工程实现全线正线路贯通。在2019年10月20日进行的试验中，京张高铁最高时速第一次达到385公里。

快速和智能是京张高铁的显著特点，其设计时速为350公里。此前，从北京前往张家口，乘坐最快的Z283次列车，需要3小时15分钟；如今已经压缩到56分钟，与从北京到天津所需要的时间相差无几。这意味着张家口进入了北京一个小时经济生活圈。京张高铁首次采用北斗卫星导航系统，引入了自动驾驶技术，能够实现车站自动发车、区间自动运行、车站自动停车、车门自动打开等，实现全程自动化，让动车组的能耗相较人工开行的动车组的功耗已经降低10%以上。动车组新增了智能环境感知调节技术，能够实现温度、灯光、车窗颜色等自动调节，进一步提高乘坐舒适度。京张高铁还采用刷脸识别技术，让旅客能够“刷脸进站”。车站内配备了智能机器人，为旅客提供导航、运输行李等服务。

2022年北京冬奥会期间，5G高铁“瑞雪迎春”在京张铁路上飞驰。铁路部门共安排冬奥列车40对，为冬奥会及冬残奥会提供运输服务，为各国运动员提供了全流程、全封闭、点对点的赛时交通服务，赢得广泛赞誉。

（四）坐着高铁看中国："最美高铁"的合福、杭黄高铁

“春风得意马蹄疾，一日看尽长安花。”在华夏大地，一条条高铁线纵横穿越，连接起祖国辽阔疆土的锦绣河山。坐着高铁看中国，看山水如画的美丽中国，让诗和远方不再遥远。

1. 杭黄高铁：日览百景不是梦

元代画家黄公望游历富春江，用四年时间画成《富春山居图》；如今，建设者们也用了近4年时间，用智慧和汗水建设了一条杭黄高铁黄金旅游通道。2018年12月25日，杭黄高铁正式通车。至此，从杭州西湖到安徽黄山乘坐高铁最快只需1.5小时。杭黄高铁沿途串联起十多处国家森林公园，形成一条穿行在祖国“山水画”中的旅游线。

杭黄高铁东起“人间天堂”杭州，西至“天下第一奇山”黄山，正线全长265公里，设计时速250公里，全线共设杭州东、富阳、桐庐、黄山北等10个站点。从游人如织的西子湖畔、枫叶梧桐、垂柳游船，到日出冉冉的黄山峰顶、松涛云海、怪石飞瀑。从杭州到黄山，途经西湖、富春江、千岛湖、黄山等7个5A级景区，超过50个4A级景区，列车飞驰，勾勒出一条诗意绵延的秀美弧线。

2. 合福高铁：三省景点融入一小时旅游圈

2015年，合福高铁正式开通运营，是京福高铁的重要一段，全长852公里，设计时速350公里。全线设有福州、闽清北、古田北、南平北、武夷山东、武夷山北、五府山、上饶、婺源、黄山北、歙县北、铜陵北、合肥南等22个车站。上饶火车站是中国首座垂直骑跨式高铁枢纽站，合福高铁和沪昆铁路在此呈十字交会，旅客可在站内无缝换乘。

乘着合福高铁穿越皖赣闽三省，从小桥人家的徽州古村、水墨山青、粉墙黛瓦，到碧水丹山的武夷山间、白云缥缈、山石峥嵘。合福高铁不仅将合肥到福州的距离从8.5小时缩短为3.5小时，而且中国4个“世界自然与文化双遗产地”中有一半在这条线路上。车轮滚滚，晕染出一幅茶香氤氲的水墨画卷，让三省的景点融入一小时旅游圈。

第四节　中国高铁质量革命的启示

中国高铁自2008年实现商业运营以来，其发展速度之快、规模之大、技术之先进令世界瞩目。中国高铁质量革命的成果，不仅体现在其庞大的铁路网络和高速列车的数量上，更体现在其先进的技术和高效的运营管理上。它给老百姓带来了看得见、摸得着、感受得到的获得感、幸福感和自豪感。

一、高铁成为旅客出行首选交通工具

从20世纪80年代至90年代春运期间购票难、乘车难，到21世纪初以来，高铁路网已覆盖全国95%的50万人口以上的城市，我国已建成全球规模最大及最先进的高铁网络。日益“公交化”的高铁，让人们可以随时随地出行，享受到前所未有的便利。

中国高铁飞速发展，为人们构筑起生活新时空，为社会提供了优质的公共产品。与汽车和飞机相比，中国高铁在1 200公里距离内具有竞争优势，票价只有其他国家高铁基础票价的1/4，能够吸引不同收入群体的乘客。中国强大的高铁运营管理能力，列车运行的舒适性、准点率、安全性，让乘客可以享受到宽敞舒适的车厢、快捷方便的购票和检票流程、便利的互联网服

务等,满足了人们的出行需求,赢得广大乘客的信任和支持。

二、顶层统筹设计和自主创新助力中国高铁快速发展

高铁在中国的快速发展,首先得益于国家的顶层设计和统筹布局。

国家统筹布局机场、高速公路、高速铁路、轨道交通等交通方式,对高铁建设做出长远的规划,选择了正确的技术路线,确保了项目的科学性和可行性。中国强大的经济实力和雄厚的工业基础,足够的设计能力、建设能力、组织能力、运营能力,举国体制优势的发挥,使得中国仅用十几年时间就建成了世界上规模最大的高铁网络。从"四纵四横"到"八纵八横",高铁路网加密形成。

与此同时,高铁网的"公交化""同城化",有力促进了我国区域经济协调发展,全面激发了中国经济活力。京津冀、长三角、珠三角等城市群已连片成网,东、中、西部各个经济板块实现高铁互联互通,促进了边远地区的发展,高铁真正成为沿线人民的致富线和幸福线。

其次,中国始终坚持走自主创新的发展道路。

我国高铁的发展尽管比发达国家晚 50 余年,但坚持我为主、开放合作、自立自强,充分发挥后发优势,对世界高铁先进技术进行引进、消化、吸收、再创新,加快技术创新赶超步伐,逐步掌握了全产业链核心技术,形成了以复兴号动车组为代表的一大批创新成果,建成了世界上最发达的高铁网,开创了从跟跑到领跑的技术创新实践。

中国高铁在速度、安全性和舒适性上已达到世界领先水平。中国的高速、高原、高寒、重载铁路技术在世界处于领先地位。中国成为世界上高铁运营里程最长、在建规模最大、高速列车数量最多、商业运营速度最高、高铁技术体系最全、运营场景和管理经验最丰富的国家。中国高铁还积极推动高铁技术的国际标准化工作。

三、中国高铁发展经验世界共享

从雅万高铁,到正在积极推动的中老、中巴、中东欧、中吉乌及美国西部快线高铁等铁路合作项目,我国与有关国家加快推进基础设施互联互通合作。中欧班列作为"一带一路"重要项目,已成为世界运输体系的重要组成

部分，为外贸进出口企业进一步开拓市场，构建起更加便捷、高效的国际物流大通道，为推进经济发展，不断满足沿线各国人民的生产、生活需求，作出了积极贡献。开往世界的中国高铁，路越走越广，让世界更多人民共享中国高铁发展成果。在高铁建设中，政府的强有力支持、采用先进的技术和管理模式、建设完备的高铁路网、提高高铁普及率等都是取得成功的关键。中国高铁的成功经验，也为其他国家和地区提供了重要的启示。

四、驶向未来的中国高铁

高铁作为国民经济的大动脉，承载着中华民族伟大复兴的中国梦。展望未来，新一代更快速度、更加安全、更加环保、更加节能、更加智能、系统更优的复兴号动车组正向我们加速驶来。

据国家铁路集团发布的《新时代交通强国铁路先行规划纲要》，到 2035 年，我国高铁总里程将达到 7 万公里，智能高铁率先建成，智慧铁路加快实现。新的征程上，中国高铁仍需加强自主创新和技术突破，以更好地满足人民对美好生活的向往，让中国高铁技术继续领跑世界。

参考文献

[1] 关拥军，胡志刚.速度升级 温情不变：铁路提升装备质量保障旅客便捷出行综述[EB/OL].(2024-02-26)[2024-02-28].https://www.peoplerail.com/rail/show-2020-532690-1.html.

[2] 好汉科普.2022 年世界上高铁里程长度最长的国家排行榜[EB/OL].(2022-09-21)[2024-02-28]. https://www.108hei.com/archives/7086.

[3] 谢娟娟.党领导中国高铁发展的奋斗历程与基本经验[J].理论学习与探索，2022(1)：22-25.

[4] 陆东福.打造中国高铁亮丽名片[J].铁道知识，2021(5)：6-15.

[5] 中商网."流量"变"留量"，高铁打造城市品牌新竞争力[EB/OL].(2023-06-08)[2024-02-28]. https://finance.ifeng.com/c/8QS0MCS5wxH.

[6] 宋薇萍."轨道上的长三角"加速跑 长三角区域内"半小时至3小时高铁交通圈"已形成[N].上海证券报.2021-09-13(1).

[7] 孙宏阳.全国高铁营业里程达4.2万公里！复兴号再创世界纪录[EB/OL].(2023-01-03)[2024-02-28].https://baijiahao.baidu.com/s?id=1753984849565929380&wfr=spider&for=pc.

[8][9] 樊曦,齐中熙,刘诗平.中国高铁十宗"最":盘点中国高铁创造了哪些"世界第一"? [EB/OL].(2015-06-24)[2024-02-28].http://wolong.01ny.cn/2015/gykj_0624/18872.html.

第九章

让老年人都有一个幸福美满的晚年

——养老服务质量革命

老龄化是人类面临的前所未有的一场重大挑战。2000 年，我国 65 岁及以上人口占比超过 7%，2020 年达到 13.5%，我国已成为世界上老龄化规模最大、发展速度最快的国家之一。与此同时，我们还面临着“未富先老”“未备先老”等短板，也面临着“有尊严地老去”“有价值地老去”等新需求、新期盼。

近年来，一场为满足老年人日益增长的美好生活需求的“养老革命”悄然兴起。立足中国养老模式演变的生动实践，从“养老”向“享老”转变，单一养老化向综合服务体系转变，“点对点”服务向“包对点”服务转变。

从数智赋能、享受追求、服务升级、产业融合和机构协同五个层面解析养老革命的实现路径和举措，我们看到智能养老产品不断创新，智能赋“养”成为现实；养老理念推动老年生活丰富化，悦享颐“养”触手可及；服务质量标准体系日益完善，服务适“养”持续升级；医、康、养多元融合，产业助“养”蓬勃发展。

第一节　养老服务质量革命的背景

我国自 2000 年进入老龄化社会以来，人口老龄化进程正在以全世界最大规模、最快速度加深。党的十九大报告提出“要在幼有所育、学有所教、劳有所得、病有所医、老有所养、住有所居、弱有所扶上不断取得新进展”。党的二十大报告进一步提出“实施积极应对人口老龄化国家战略，发展养老事业和养老产业，优化孤寡老人服务，推动实现全体老年人享有基本养老服务”。“老有所养”是民生关注的焦点，是百姓关注的热点，是全体人民在共建共享中有更多获得感、实现美好生活的重点。在深度老龄化快速演变、子女养老力不从心、老年人追求美好生活的“品质养老”需求提升等多因素的影响下，开拓创新，通过智能赋“养”、悦享颐“养”、服务适“养”、产业助“养”、融合共“养”等积极实践，成为中国新时代质量革命的课题。

一、我国人口老龄化的趋势

（一）中国是老龄化规模最大的国家

从 1964 年到 2020 年，中国 65 岁及以上人口占全球老人的比重从 14.8%升至 25.6%。全球每 4 个老年人中就有一个中国人，而且这一趋势在不断延续。截至 2020 年，我国 65 岁及以上人口的总数达到 1.69 亿，是印度的 1.86 倍、美国的 3.06 倍、日本的 4.73 倍[1]。

（二）中国是老龄化速度最快的国家

按照联合国的标准，我国 65 岁及以上人口在 2000 年的占比超过 7%，即进入“老龄化社会”。据国家统计局数据，截至 2021 年年末，我国 65 岁及以上人口占全国人口的比重达 14.2%[2]。从“老龄化社会”到“深度老龄社会”，中国只用了近 21 年时间，与法国的 126 年、英国的 46 年、德国的 40 年以及日本的 24 年相比，速度快了很多。

（三）我们面临“未富先老”问题

我国在 2000 年进入老龄化社会时，人均 GDP 仅为 854 美元，这意味着我国在工业化并不充分的追赶阶段就已进入老龄化社会。2021 年，中国人均 GDP 达到 1.27 万美元，接近高收入国家下限水平，但中国 65 岁及以上老年人口占比达 13.5%，高于中高收入经济体 11%的平均水平。而发达经济体，如瑞典、日本、英国、德国、法国等发达经济体在进入老龄化社会时，人均 GDP 大约在 5 万美元，即在物质财富积累到一定程度后才开始进入人口老龄化阶段。相比之下，中国在经济发展水平相对较低的阶段就迎来了人口老龄化，面临经济增长和养老负担双重压力。

（四）我们也面临“未备先老”问题

在我国，“421”结构的家庭数量占比越来越高，这预示着社会生产劳动力不断减少，而消费力却不断增加。在我国刚进入老龄化社会时，基本养老保险金支出为2 321亿元，2020年增长到54 656亿元，意味着全社会用于供养老年人的社会福利性支出快速增加的问题已经逐步显现。而在应对老龄化问题上，务必解决制度供给不足、服务供给不足、保障结构失衡等硬性现实问题。

二、子女养老的困境

“养儿防老”是中国的传统文化观念，“多子”就意味着多一份“生产力”，多一份保障。然而，在独生子女家庭占比高、家庭规模小型化的趋势下，子女养老面临新困境。

（一）从“421”到“8421”

当我国首批独生子女的父母迈入老年行列，2个年轻人负担4个老人的养老和至少1个孩子的抚养，即“421家庭”模式成为多数家庭的事实。我国独生子女的数量在2000年约为0.9亿，2010年约为1.5亿，2023年已超过2亿。尽管近年来我国采取多项措施放宽生育政策，但2021年人口出生率仅为7.52‰，创历史新低，“421”式家庭人口结构短期内难以得到根本缓解。同时，随着医疗科技的发展，我国人口的平均寿命也在逐渐提高。根据“七普”的数据，2020年我国80岁及以上人口高达3 580万人，占比为2.54%，短短十年内增加了1 485万人，比重提高了0.98个百分点。这意味着“8421”的时代将加快到来。

（二）不容忽视的空巢家庭占比扩大

随着老龄化程度的加深，空巢老人的数量也在不断增加。北京大学一项人口学研究显示，2020年我国失能老龄人达到5 271万人，空巢和独居老年人已达到1.18亿人，占我国人口总量的8.4%。未来，随着深度老龄化社会的到来，人口迁移的普遍，这一趋势会更加显著。空巢老人面临的不仅是基本生活困难，还有孤独感、怕生病的焦虑感、与社会发展脱节等问题都较为严峻。而对于失能空巢老人而言，生活照护、便捷服务的需求居于首位，也成为影响他们生活质量的重要方面。

（三）家庭养老经济压力加大

截至2020年末，我国全社会养老金资产规模约为9.6万亿元人民币，仅为美国的1/4[3]，我国养老资产总量不高。虽然我国的社会养老保障已有较高的覆盖率，但是大部分老年人所领受的养老金数额较低。2020年，我国人均养老金是2 900元左右，虽能覆盖基本日常生活开销，但有效满足多元化养老需求的支付能力明显不足。2020年，平均每户家庭为2.62人，比2010年减少0.48人[4]，中国家庭呈现出小型化、流动化、分离化等多种特征。这意味着中国家庭养老能力继续降低，对传统家庭养老方式产生了严重的冲击。对于独生子女来说，养老资金的缺口将由他们独自承担，必将为其增加不小的经济负担。

三、养老方式的期望

家家都有老，人人都会老。在经济快速发展、人民生活逐步富裕的情况下，老年人对其晚年生活的需求和期盼在不断升级。老年群体开始更多关注物质生活以外的精神文化方面的需求，期望获得更高质量、更多层次、更多样化的养老服务。

（一）基本生活服务是养老的根本需求

随着年龄的增长，老人的各项生理机能出现衰退，在衣、食、住、行等方面更依赖于他人的帮助。“421”模式的压力、空巢化扩大的困境使得家庭提供照料的能力在减弱，老年人渴望在满足基本生活需求的基础上能得到更全面、更优质的服务。

（二）有尊严地老去是老年生活的新需求

尊重老人，是认可他们对国家、社会、家庭作出的贡献，是让他们共享社会、家庭的发展成果，是在任何情况下都给予他们应有的尊重。对于辛苦了大半辈子的老人而言，如何在晚年活出体面也是他们的期盼之一。现实中，人到了老年，其社会地位、社会生活会相应地被边缘化，老年人的尊严被弱化；对于身患重疾尤其是长期卧床的老人而言，“有尊严”地活着成为奢望，也是其精神需求的核心。

（三）有价值地老去是老年生活的新向往

在家庭结构日趋小型化的情况下，老年人一方面希望通过参与家庭外的社交活动来发展自己的兴趣爱好，增加与同龄人的互动交流，结交更多志同道合的朋友，不断丰富自己精神生活；另一方面，他们也希望能通过自己多年积累的工作经验、专业能力继续奉献社会，让自己的老年生活更丰富且更有价值。

（四）亲情环绕是老年生活的不变诉求

对于中国人来说，年轻时为家庭打拼，步入老年后“家”的意义更为深远。老人们希望能够生活在自己熟悉的地方，能够经常看到儿孙，享受天伦之乐。因此，中国大部分老人更愿意选择安心的居家养老。

四、国家政策的推动

新中国成立后，我国围绕养老责任和养老服务两个方面不断推进养老服务体系建设[5]。早期的社会养老有较强的“救济”属性，进养老院也被认为是“没人管”的结果，是“没面子”的。这几十年来，随着养老观念的逐步改变，在政策助力下，社会养老服务真正发展起来。

近年来，我国发布了一系列相关政策来应对老龄化问题（见图 9－1）。“十三五”时期，我国养老事业强调健全养老体系以及全面协调可持续发展，确保全体老年人共享全面建成小康社会新成果。“十四五”规划则更侧重于实施积极应对人口老龄化的国家战略，推动老龄事业和产业协同发展，在老有所养、老有所医、老有所为、老有所学、老有所乐上不断取得新进展，不断满足老年人日益增长的多层次、高品质健康养老需求，让老年人共享改革发展成果、安享幸福晚年。

- 2016
  - 国务院办公厅《关于进一步扩大旅游文化体育健康养老教育培训等领域消费的意见》
    - 落实全面放开养老服务市场、提升养老服务质量、进一步降低养老服务机构准入门槛
  - 国务院办公厅《关于全面放开养老服务市场提升养老服务质量的若干意见》
    - 培育健康养老意识、加快推进养老服务业供给侧结构性改革，保障基本需求，繁荣养老市场，提升服务质量
- 2017
  - 国务院办公厅《关于加快发展商业养老保险的若干意见》
    - 完善养老风险保障机制、提升养老资金运用效率、优化养老金融服务体系，依托商业保险机构专业优势和市场机制作用，扩大商业养老保险产品供给，拓宽服务领域，提升保障能力，充分发挥商业养老保险在健全养老保障体系
  - 国务院《关于印发"十三五"国家老龄事业发展和养老体系建设规划的通知》
    - 着力完善老龄政策制度，着力加强老年人民生保障和服务供给，着力发挥老年人积极作用，着力改善老龄事业发展和养老体系建设支撑条件
- 2018
  - 国务院《关于建立企业职工基本养老保险基金中央调剂制度的通知》
    - 建立养老保险基金中央调剂制度，加快统一养老保险政策、明确各级政府责任、理顺基金管理体制、健全激励约束机制，不断加大调剂力度，尽快实现养老保险全国统筹
- 2019
  - 国务院办公厅《关于推进养老服务发展的意见》
    - 健全市场机制、持续完善居家为基础、社区为依托、机构为补充、医养相结合的养老服务体系，建立健全高龄、失能老年人长期照护服务体系，强化信用为核心、质量为保障、放权与监管并重的服务管理体系、大力推动养老服务供给结构不断优化、社会有效投资明显扩大、养老服务质量持续改善、养老服务消费潜力充分释放
  - 发改委印发《普惠养老城企联动专项行动实施方案(2019年修订版)》
    - 提供土地、规划、融资、财税、医养结合、人才等全方位的政策支持包，企业提供普惠性养老服务包
- 2020
  - 国务院办公厅《关于建立健全养老服务综合监管制度促进养老服务高质量发展的意见》
    - 引导和激励养老服务机构诚信守法经营、积极转型升级、持续优化服务
  - 国务院办公厅《关于促进养老托育服务健康发展的意见》
    - 通过健全老有所养、幼有所育政策体系；扩大多方参与、多种方式的服务供给；打造创新融合、包容开放的发展环境；依法从严、便利高效的监督服务
  - 住房和城乡建设部等部门《关于推动物业服务企业发展居家社区养老服务的意见》
    - 推动和支持物业服务企业积极探索"物业服务+养老服务"模式，切实增加居家社区养老服务有效供给，着力破解高龄、空巢、独居、失能老年人生活照料和长期照护难题
- 2021
  - 国务院《关于印发"十四五"国家老龄事业发展和养老服务体系规划的通知》
    - 以加快完善社会保障、养老服务、健康支撑体系为重点，把积极老龄观、健康老龄化理念融入经济社会发展全过程，加大制度创新、政策供给、财政投入力度，推动老龄事业和产业协同发展
  - 工业和信息化部、民政部、国家卫生健康委关于印发《智慧健康养老产业发展行动计划(2021—2025年)》的通知
    - 强化科技支撑，优化产业生态，协同推进技术融合、产业融合、数据融合、标准融合，推动产业数字化发展，打造智慧健康养老新产品、新业态、新模式
- 2022
  - 国务院办公厅印发《"十四五"国家老龄事业发展和养老服务体系规划》
    - 打造老年健康支撑体系，重点提出推动养老服务体系高质量发展以及推动老龄事业和产业协同发展
  - 国家卫健委等11部门印发《关于进一步推进医养结合发展的指导意见》
    - 进一步完善我国医养结合政策体系和服务体系，更加明确了我国医养结合未来发展方向、定位及具体的实施路径，为我国医养结合稳步发展创造了良好的制度环境

图 9-1　2016 年以来我国的主要养老政策

第二节　养老服务质量革命的内涵

养老服务质量革命的内涵主要涉及养老观念和服务方式的变革，倡导一种积极、主动、多元的养老方式，让老年人在晚年生活中保持活力、健康，收获幸福。这需要对传统的养老观念和方式进行深刻的反思和变革，同时也需要全社会的共同努力和支持。

一、从“养老”向“享老”转变

“养老”一般认为是离开工作岗位以后开始的老年生活，即进入人生的养老阶段。所谓“养”，即被赡养、被安排，老人处于一种被动的从属地位，甚至没有主动权和决定权。如今，“享老”正逐渐成为新时代老年人的新风尚。所谓“享”，是指老人不放弃自己喜欢的人和事，对世界充满热爱甚至依然保持好奇心，以积极健康的生活态度享受美好的晚年生活。从“养老”到“享老”，体现了老年人对养老生活的新追求，也体现了养老服务提供者的新理念。这是国家富强、社会进步的结果，也是对中国传统孝道文化的完善，符合“明礼知耻”的社会主义核心价值观。

二、从单一化向多元化转变

随着经济社会的发展，传统的家庭养老和简单的养老院模式均已无法满足老年人的养老需求。我国政府不断加大政策产出和理念创新，在社会、企业的共同参与下，让越来越多的老年人能够享受到多元化、层级化的服务。其一，服务主体多元化。家庭、企业、社区、政府等多种力量成为发展养老服务的提供者，市场不断发挥作用，服务供给方式持续迭代创新。其二，服务内容多样化。养老服务从简单的生活起居照料，发展到文化、娱乐、旅游、学习、医康养一体化等，养老服务不断精细化，满足老年人的多维度需求。其三，服务提供个性化。结合老人的不同需求，匹配不同的服务内容，提供分层分类、精准的个性化服务，让老年群体从容地拥抱“夕阳红”。

三、从“点对点”服务向“包对点”服务转变

在信息技术发展的推动下，“智慧养老”应运而生。其通过互联网、移动通信网以及物联网等新一代信息技术，通过数字化智能服务平台融合各类养老资源，进一步扩大养老服务供给，提升服务质量。“智慧养老”这一理念的提出，打破了固有的养老模式，实现了养老服务从“点对点”“包对包”向“包对点”服务的转变。通俗来讲，“包对点”的模式是将服务整体打包提供给顾客，而“智慧养老”正是这一模式的体现。通过网络技术和信息技术，将养老资源集成到芯片上，两端分别连接老人与相关机构，实时反馈老人的生活情况以及切实提供各类服务，对提高养老服务的效率和质量有着显著的效果。

四、变中之不变：居家养老是主体

早在先秦时期，家庭养老就已成为最主要的养老方式。在中华上下五千年的历史长河中，养老观念的思想内核未曾改变。我国进入小康社会，当代老人的精神需求不断提升，养老方式的选择日趋多元化，家庭养老的趋势虽不断被弱化，但仍然是基本养老方式。根据国家卫健委发布的调查数据，约 90%的老年人更愿意选择居家养老；从老人的意愿层面来看，居家养老能让老年人不脱离习以为常的生活环境，不离开“老窝”（宁愿独居也不愿意离家）符合老年人的心理需求。目前，居家养老与社区服务相结合，依靠社区的帮助解决许多实际性的问题，一定程度上减少了子女的养老压力，是当前破解养老难题的良策。居家养老仍然是我国未来较长时期养老服务建设的主阵地。

第三节　养老服务质量革命的路径

随着社会经济的发展，技术进步的加速，生活水平的提升，养老服务需求越来越多样化，养老革命的路径也在不断拓展，包括技术驱动的智慧养老、需求驱动的悦享颐养、政策驱动的产业助养、社会驱动的融合共养等多

个方面、多种形式的养老服务，这些路径相互交织、相互促进，共同推动着养老革命的深入发展。

一、智能赋“养”

“智慧养老”这一概念由英国生命信托基金会提出[6]，通过先进的管理和信息技术将老人与政府、社区、医疗等机构联系起来，旨在甄别、满足老年需求，识别、化解老年生活风险。我国互联网智能技术的快速发展，数字化的智能软硬件产品逐渐运用到养老服务领域。

（一）创新智能养老产品改变养老场景

随着老年人口基数以及老年人的购买消费能力逐渐增长，对于养老设备的需求量也在不断增加。在一些养老机构中，普遍存在“一对多”的护理模式，而智能设备的使用则是解决这一问题的“好帮手”。对于相关产业的企业来说，扩大智慧养老设备的生产以满足市场的需求是其一个发展契机。同时，在面对老人的多元化需求时，养老设备不能仅仅局限于服务老年人的起居层面，更要丰富和创新智慧健康养老产品的种类。智能养老产品拥有可观的市场潜力，企业应加大在养老创新方面的投入，根据老年人不同的需求研发多样化的产品（见表 9-1），让老年群体在日常生活的各个场景都能享受到科技发展带来的便捷。

表 9-1　智能养老产品

类　别	产　品
智能防护类	呼叫类设备、智能穿戴设备、无感监测报警、跌倒报警装置、无接触消毒、震动感应器、烟雾探测器、漏液传感器、燃气报警器、门磁报警器、温湿度传感器、声控门铃、人体感应器、智能摄像探头、紧急按钮
健康医疗类	智能康复辅具、慢病管理、智能健康检测终端
智慧照护类	助行机器人、智能照护床位、智能坐垫、智慧助餐、大小便智能护理机、便携式智能洗浴机、智能药盒、睡眠监测设备
智慧陪伴类	信息搜索、互动服务

智能穿戴设备通常指老年智能手表、智能手环等。以上设备通过自带的健康监测功能，对老年人各项生命特征如血压、心率、体温等进行监测与预警；当老人遇到危险时，可以一键SOS报警。另外，穿戴设备还能提供计步、睡眠质量监测、远程提醒、天气预报等相关助老功能，为老人提供安全情况和日常活动的有效监控。

为确保老年人的居家安全，其居住场所需要进行相应的适老化改造，包括安装智能SOS报警器、智能烟雾感应器、智能可燃气体感应器、智能门磁、智能人体感应器和智能水浸感应器等智能家居设备和智能安防设备。这些设备利用物联网技术、互联网大数据、人工智能等智能化系统进行全天候监测，为老人提供安全放心的生活环境。

案例

广州市“3+X”健康养老试点中的智能化创新[7]

广州“3+X”改革，“3”是指助餐配餐、医养结合、家政服务3个基本服务项目，“X”为各区、街镇根据辖区实际情况选择若干项目开展试点。例如越秀区建设了多个示范社区街道，以社区卫生服务中心、养老机构以及养老企业为基础，利用数字化设备和智能服务平台，整合各类服务资源为老人提供X种智慧健康服务，在整个区域内推广智慧健康养老产品和服务，打造15分钟健康养老服务生活圈。广州市还建设了大批“长者饭堂”，全市长者饭堂100%实现刷社保卡或“刷脸”就餐，越来越多的高校、企事业单位饭堂参与服务，群众满意率达90%以上。

(二) 创新智慧康复器具改变老人生活品质

健康医疗中的康复辅助器具，可以帮助老、弱、病、残人士改善生活质量，加速康复进程。如智能轮椅将智能机器人技术应用于电动轮椅，配备了多类传感器，通过计算机控制系统融合了视觉、导航、定位、模式识别以及人际交互等先进技术，使得轮椅成为高度自动化智能轮椅式移动机器人。

（三）智能护理改善失能老人生活

失能卧床等老人群体大部分的时间都是在床上度过的，这给老人正常生活起居造成了很大的困扰，尤其是排泄、洗漱、吃药等需要家属辅助，使得老人产生了较大的心理负担。

大小便智能护理机器人为穿戴式设计，患者躺在床上穿戴好后，机器可以随时感应到患者的排便，并将污物集中收集到污物桶内，并对私处进行冲洗、烘干，可以快速解决老人此类生活问题。

便携式智能洗浴机能让失能人群在床上洗头洗澡，无须下床，避免洗浴过程中引起的二次受伤，降低洗浴摔倒风。一人操作只需 20 分钟即可给老人全身洗浴，5 分钟即可洗完头发。

对于需要服药但记性较差的老年人来说，“智能药盒”让吃药这件苦差事都变得甜蜜起来。在到老人该服药的时间时，药盒会自动响铃或者震动，直至老人打开药盒，响铃或者震动才会停止。此外，还可以将家庭成员的语音录入设为提示音，让老人不再抗拒吃药。

信息技术与养老服务的融合，是“智慧养老”的最大发展潜力。在相关技术持续创新的背景下，“智慧养老”服务能够覆盖老人的各类需求，而且能提供更加及时、高效的服务。科技并非年轻人才能享有的红利，老人也应该与时俱进，积极拥抱新事物，享受人工智能带来的便利。

二、悦享颐“养”

伴随着养老产业的发展，养老服务需求的提升，“悦享年华”成为描绘老人晚年生活需求的确切词汇。从保障温饱的传统养老，到受到专业照护、学习知识、开阔眼界，老龄群体正在经历“医食住护娱”五个核心层面的需求提升[8]，他们不再满足于“老有所养”，更追求“老有所学”“老有所乐”“老有所为”“老有所护”[9]。

（一）老有所学

“活到老，学到老”，已经成为新时代老年人的自我要求，是老年生活价值感的重要源泉。不少老年人不仅通过学习让自己过得充实，甚至学出了名堂、创造了价值。老年大学以及各种培训班为满足“新老人”更精细化的学习和更高质量的教育的需求，推出了一系列丰富的课程，比如舞蹈、书法、太极拳、中医按摩、心理健康等比较贴近生活实际的课程，并按照难易程度进行分级分类，为老年人创造良好的学习条件。同时，趣味野外学习项目的开展，既能丰富老年人相关的知识与技能，又能让他们体验大自然带来的乐趣，陶冶性情。

（二）老有所乐

将老年生活过得充实又出彩，是提升老年生活品质的重要内容，是老年人精神力量的来源之一。如今，越来越多的老年社会团体涌现出来，通过组织老年人积极参加唱歌、朗诵、书法、摄影、绘画、运动、旅游等活动，丰富老人的生活，让其享受更高级的乐趣，增进老年人之间的交流，结交众多志同道合的好友，分享生活中的趣事，互相关心帮助，以得到更多的精神慰藉。

（三）老有所为

“老有所为，精彩夕阳。”在经历了大半生命历程之后，老年人将面临自己对社会是否还有价值，如何利用自己的特长发挥余热等问题。老有所为是指鼓励老年人发挥社会作用，使其积极参与社会事业，尽其所能地为家庭与社会做一些有益的事情。为稳定社会、教育后辈以及促进经济发展贡献自己的力量[10]。老有所为不仅可以增加老年人生命的长度，而且可以拓展其广度。引导和组织老年人参与一些有益的社会活动，无论对老年人自身还是社会来说都是有利的。

（四）老有所护

老人求知欲旺盛，通过学习而不被移动互联网时代淘汰的意愿普遍强烈，因此，学习智能设备的使用成了许多老人的新选择。随之而来的则是诈骗手段不断升级，社会上一些不法分子通过各种虚假宣传，推销欺诈性质的理财产品、保健产品和旅游产品，不少老年人为此付出了惨重代价。为进一步增强老年人的防诈反诈意识，提升老年群体对各类诈骗的识别能力，全社会都应关注老年人防范诈骗宣传教育，为老年人普及网络安全知识，保住他们的“救命钱”。

三、服务适“养”

在城乡发展不平衡、社会关系错综复杂的背景下，多样化、多层次的养老需求与简单粗犷的供给模式之间的矛盾使养老服务高质量发展成为迫切需要。养老服务升级，不仅是简单地依靠供需匹配就能解决老人的难题，而是要根据不同的实际情况、具体需求进行充分调研与分析，推动养老事业朝专业化、标准化方向发展。

（一）制定实施一批服务标准

针对养老服务内容逐渐朝精细化方向发展，需要通过一系列标准保障老人享受养老服务的权益。加强标准化工作是促进养老服务高质量发展的重要举措。民政部发布了 8 项养老机构服务行业标准，就养老服务的各个领域做出了明确的要求。养老服务是关系亿万群众福祉的民生事业，也是现代服务业的重要组成部分。

北京市于 2022 年发布了《养老机构老年人生活照料操作规范》，浙江省于 2021 年发布了《社会养老服务促进条例》，上海市于 2021 年发布了《养老服务条例》。各地企业也根据自身定位、经营目标制定企业标准，促进养老服务工作走向精细化、标准化。

（二）培养专业化队伍

专业养老服务工作人员缺口大，一直是我国养老服务领域长期存在的问题，逐步成为养老业健康发展的一大掣肘。养老服务的提供者包括医生、护士、康复师、营养师、心理治疗师、社区工作者等。目前，这些职业已经纳入国家职业资格目录中，从业人员需获得准入类资格证书以及水平评价类资格证书。其中，养老护理员资格证书由国家统一认证。北京市地方标准《养老机构老年人生活照料操作规范》，规定了养老机构老年人生活照料操作的基本要求与操作方法。在老人生活的吃、喝、住、行各个方面明确规定了每一项操作流程及要点。

除养老机构、社区服务网点之外，更多养老服务企业也加入了相关专业人才的培养任务中，通过培养层次、结构合理的人才团队，进一步提高服务的质量和效率。根据民政部发布的数据，2020 年我国拥有 30 万名养老护理从业人员，2022 年发展到 50 多万人。虽然专业从业人员的规模在不断扩大，但是与人民群众不断增长的养老服务需求对比，养老护理人员仍然存在数量不足、专业性较低等问题。

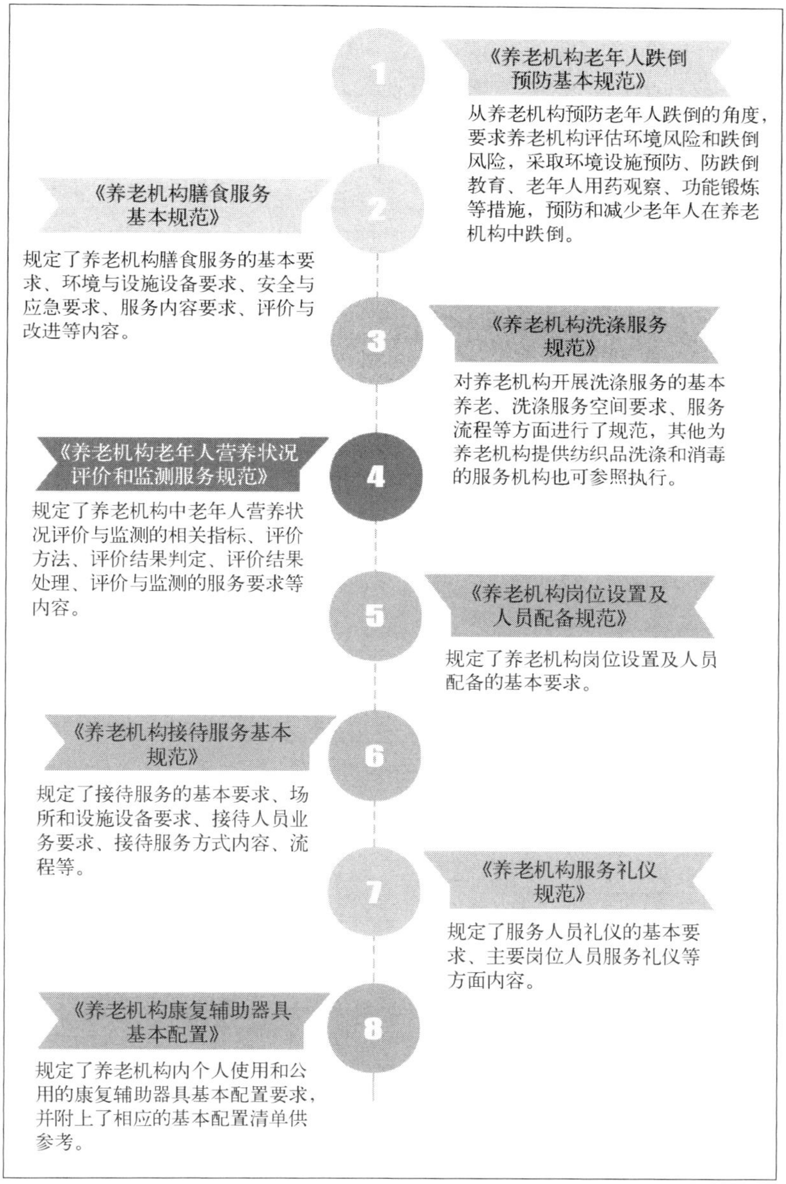

图 9-2 养老服务行业标准

（三）提升农村养老服务均等化

老人是社会的弱势群体，尤其是在农村经济相对落后的地区，这一问题十分明显。在许多农村，老人的基本物质生活条件都得不到保障，空巢现象非常严重，在种种困难的夹击下，农村老人的生活现状十分窘迫。针对农村地区存在的养老困难，国家采取了一系列措施，创建了养老院、福利院等养老机构，利用行政管理体系，方便农村养老；尽最大努力解决农村老人的经济问题，给予弱势群体适当的经济补贴；为空巢老人提供特殊的养老服务，派遣相关工作者时刻关注其身心健康。通过一系列的政策和举措，创新性地解决农村老人面临的养老困境，帮助他们改善自身的生活质量，让其共享改革发展成果。

四、产业助“养”

近年来，围绕养老产业的新技术、新模式和新业态逐渐涌现出来，越来越多的企业主动投身养老产业，康养经济遍地开花，同时也有越来越多的行业助力“养老＋”产业链。

（一）医养结合

在政策的推动下，一些机构进行医养结合模式的实践，通过医疗卫生和养老机构的互补合作，为患病老人提供更好的养老服务。医养结合就是将专业的医疗技术检查和先进设备与康复训练、日常学习、日常饮食、生活养老等相融合，以医疗为保障，以康复为支撑，边医边养、综合治疗。这种模式全面重视老人的医疗保障和养老保障，适合各类老年人群。

（二）康养结合

康养从本质上说不是养老，也不是旅游，而是康养旅居，即找一个山清水秀之地，住下来颐养。这种颐养包含身心两方面，不同于医院，也不同于养老院，是在心情愉悦中调理身心，享受健康状态。从行为的角度来看，“康”是目的，“养”是手段。从生命的角度来看，康养要兼顾生命的三个维度，包括生命长度、精神层面的丰富度和生命的自由度[11]。

案例

华北医疗健康产业集团加速医康养一体化融合发展[12]

华北医疗健康产业集团在做大做强医疗服务的基础上，打造“医养融合，专业管理，精准服务，智能养老”的养老护理中心，通过建设旗舰工程，创建运营体系，培养锻炼队伍，为失能、半失能、失智及高龄等老人提供生活、医疗、精神等方面的综合性专业服务，逐渐形成特色养老服务品牌。未来，集团还将瞄准“建设国内领先的综合型医疗健康产业集团”的发展愿景，加速整合资源，实施融合发展，健全医康养一体化大健康生态系统。

（三）医康养结合

随着人均寿命的不断延长，老年人、慢性病患者、残疾人等康复服务对象所占的比例也在逐年增加，人们对康复治疗的需求越来越大，传统养老服务中的医护需求也越来越大。“医康养”结合的新型养老模式由此发展起来。“十三五”时期，我国就提出要完善“医康养”结合机制，支持养老机构开展医疗服务，推动“医康养”养老模式的发展。所谓“医康养”，就是集医疗、康复、养老为一体的养老服务体系[13]。这一模式拥有广阔的发展潜力。

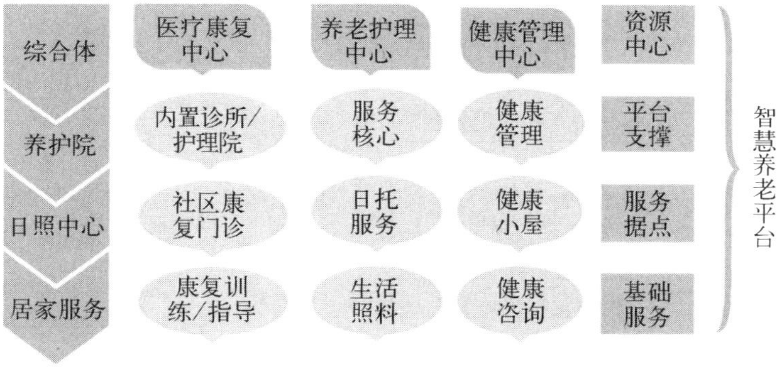

图 9－3　“医康养”结合智慧养老平台

（四）基层卫生服务体系助力养老

近年来，基层卫生服务体系已介入社区居家养老服务。基层医疗卫生体系为居民提供系统连续的预防、治疗、康复、健康促进一体化服务，充分发挥家庭医生在老人健康管理和健康促进中的“守门人”作用。基层政府在增加基层医务康复人员的同时，优化结构，形成了“专科医生＋全科医生＋康复师＋护士＋护理员”跨专业养老服务团队，并且以社区卫生服务中心为依托，不断向街道、农村延伸，推动社会各层面的养老互助与联动。

（五）“养老＋”模式创新

各种“养老＋”的新型养老模式快速发展，助推养老体系建设逐步完善和多元化，一个包括老年护理、老年医疗、老年消费和老年金融等在内的养老生态圈正在逐渐形成，不断满足人民日益增长的美好生活需要，同步提升人民的获得感、幸福感、安全感。

五、融合共“养”

机构养老、社区养老、居家养老是我国养老服务体系中的三大组成部分，代表着三种养老需求和养老方式。从我国养老服务的实际需要和多国社会服务发展的经验来看，三者各有侧重，缺一不可，三者应融合、协调发展。我国提出一系列政策措施推动三者深度融合（见图 9－4），有效服务于积极老龄化和健康老龄化。

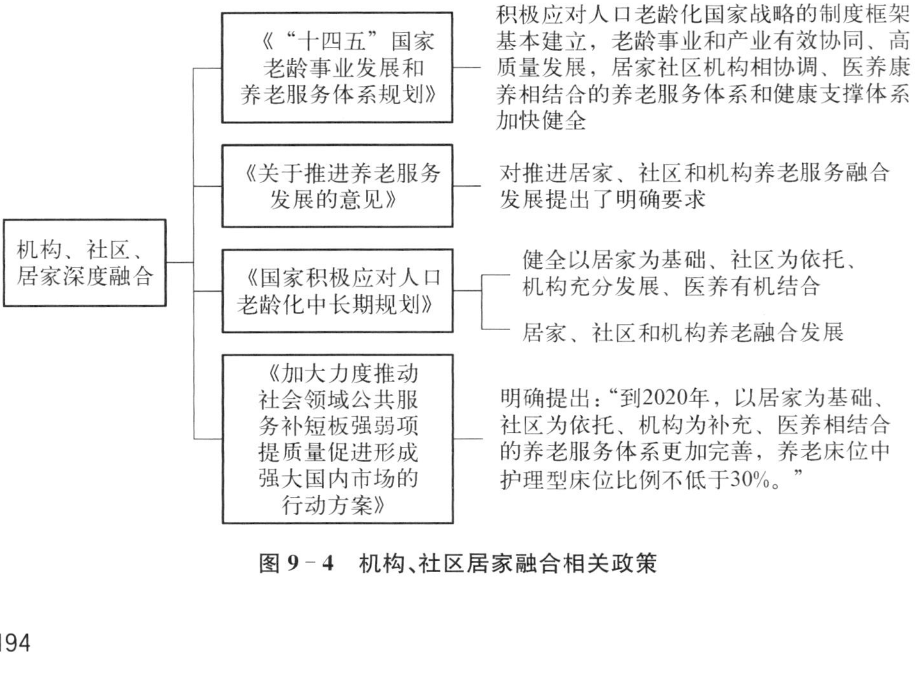

图 9－4　机构、社区居家融合相关政策

居家、社区养老是低成本应对人口老龄化的根本出路;机构养老的专业优势和规模优势是失能老人和高端养老的优选。上述三者间最大的区别是服务地点不同:居家养老是在家庭,社区养老是在邻近的社区,机构养老是在养老院。在服务内容上,三者虽有不同,但互有重叠。社区养老作为居家养老的重要支撑,是绝大多数人的基本养老保障手段之一。因此,养老侧重点从机构养老转向社区养老、三者之间深入融合发展,将是“十四五”时期养老服务体系发展的重要特点之一。

案例

南通市“链式养老”服务模式[14]

江苏省南通市积极构建机构、社区、居家三者协同的“链式养老”服务模式,着重发挥专业人员、设施、技术等优势,通过照料中心和服务站为老人提供相关养老服务。“链式养老”打破了三者之间的边界,解决了养老的一系列难题,让老人能在家幸福养老。同时,通过养老服务供给侧结构性改革,走出了一条“机构+社区+居家”的“链式养老”特色道路。目前其服务体系已实现市区的全面覆盖,受益家庭超过 23 万户。

企业作为重要的养老服务提供方之一,也在不断将机构、社区以及家庭的相关资源进行整合,探索新的一体化养老服务模式,提高养老服务效率和质量。

案例

万宏社区嵌入式智慧养老服务体系[15]

上海市长宁区万宏养老集团以机构为中心,以社区为服务半径,以居家为服务点,从三个层面深度嵌入社区养老服务体系,其依托智能化设备形成点线面的服务链接,在社区有机提供功能性设施以及多元化、专业化、便捷化服务。目前,万宏集团拥有的各类服务设施基本覆盖长宁区。

20 世纪 80 年代以后，人口老龄化成为全人类共同面对的难题。许多国家通过一系列举措缓解这一社会矛盾，例如鼓励生育、延迟退休年龄、促进老年人再就业等；建立多层次、多支柱的养老金保障体系；完善医疗保障制度，推进医养结合；构建多样化的养老服务模式，发挥各市场主体的作用；开拓老人市场，发展福利性事业；鼓励老年人社会参与；等等。其中，一些发达国家老龄化进程普遍较快，更早面对社会养老问题，解决问题的手段也更加多样，其许多养老服务模式和理念很值得我们借鉴。虽然各国政府所采取的行动各有差异，但其养老模式基本都遵循从家庭养老到机构养老再到社会养老这一发展历程。

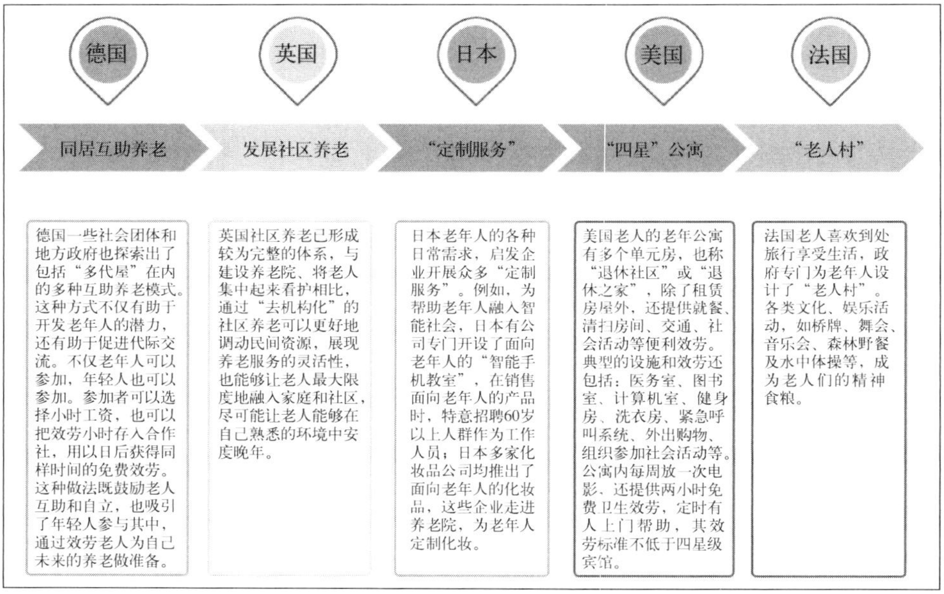

图 9－5　国外养老服务经验

养老问题关乎国计民生、社会和谐，同时也反映了国家经济发展、人们收入水平和社会观念的发展与变迁。随着社会的进步，养老已从家庭的事演变为社会的事。养老事业未来可期。

（1）更人性。我们哭着来到这个世界，应该笑着离开，幸福而终是所有人的期待。我国养老事业应当全面体现以人为本的经济社会发展宗旨，设备设施的设计、布局体现以老人为中心，安全、舒适、无障碍；“尊老”要更深入人心，体现于细微之处，尤其要关注失能老人，分级提供流程规范化、功能差异化、队伍专业化的“小灶”补贴及服务；服务应更有温度，无论是日常服务还是文化娱乐、颐养康复，服务流程设计、服务标准制定应基于老人的需求，尤其要关注临终关怀。

（2）更智慧。人工智能的发展必然给养老服务带来更多助力，养老服务的内容、形式都会迎来新景象。“在一个老人家庭，房间里每一个设备都是智能设备，可以照顾老人的起居、监测其体征、辅助简单医疗，与老人交流，成为最了解老人喜好的存在……”这样的描述在未来会成为现实。

（3）更精准。2000 年，我国人均寿命仅为 71.4 岁，2022 年人均预期寿命提高到 77.93 岁[16]。按照这一趋势，百岁人生不再是遥远的梦想。随着寿命的延长，老年群体的需求必然是分层、分类和多元化的。要加大对涉老领域的创新投入，开发更多、更先进的护理技术，为养老服务提供更强的技术基础；要推广先进养老服务标准，通过流程再造、精益服务实现养老品质均等化；要鼓励企业广泛参与，通过市场机制形成多层次、差异化的服务体系，满足老人的个性化需求。

（4）更融合。养老是全社会的共同事业，未来期待越来越多的社会力量的参与，有更多跨界合作。真正实现“老有所学、老有所乐、老有所为”，需要更多平台为养老服务提供支撑；要加强规划，引导不同产业参与，推进养老服务资源的整合；要开展养老服务评价，推动“享老”不断走向高级化。

第四节　养老服务质量革命的启示

老龄化是人类面临的一场前所未有的“无声革命”，对任何国家来说都是一项重大挑战。我国已是世界上老龄化规模最大、发展速度最快的国家，老龄化趋势不可阻挡且呈加速发展态势。从社会整体看，我国人均 GDP 的增幅与老龄化的速度及水平尚不匹配，“未富先老”问题已经呈现；自 20 世纪 80 年代实施独生子女政策以来，“421”家庭的占比高，“未备先老”问题较为突出。养老革命，不仅已经启动，也将持续迭代。

一、如何看待我国已经启动的养老革命

当前的养老革命，逐步打破了传统的养老思维模式。中华文化崇尚“孝道”。《尔雅》定义的孝是“善事父母为孝”。孟子提出“孝”为五伦之首，是伦理道德的中心。儒家思想不仅重孝，而且将孝与仁、悌、忠等紧密关联。百善孝为先，“孝”是中国传统道德文化中排在首位的要素。因此，传统观念认为赡养老人是儿女的职责所在，养儿防老也就成为中国延续几千年的养老模式。然而，这种传统如今在各种因素的冲击下不断被打破，对于已经进入老龄阶段的60后，即将进入老龄阶段的70后，几乎不再仅仅依赖儿孙养老，而是主动提早策划自己未来的养老方式。养老思想变了，养老革命具备了认知上的条件。

已经启动的养老革命，逐步呈现出多元化养老需求。20世纪四五十年代出生的人，不仅成长于物资极其匮乏的环境，甚至经历过战争、颠沛流离，他们只要具备充分的物质条件和看护基础，就心满意足了。而现在，他们不仅有子孙常来看看的精神需求、生活保障的物质需求，而且要有尊严地老去、有价值地老去，不仅要“老有所依，老有所养”，而且要老有所乐、老有所为、老有所享。养老需求变了，养老革命具备了市场内驱力。

二、如何看待正在进行的中国养老革命

政策持续优化，为推进养老革命提供了重要机制。“十三五”以来，不断推出促进养老模式改革创新的政策，涉及养老保险、城企联动、服务监管、社区养老、居家养老、智慧养老、医养结合等诸多领域，为养老产业的发展在资源配置、有效治理、促进创新等方面都提供了有力的支撑。这些政策的出台，扶持了一批养老服务机构，搭建了一批养老资源平台，养老革命具备了更扎实的条件。

养老模式推陈出新，为推进养老革命提供了丰富经验。近年来，各地围绕如何养老纷纷谋篇布局，政府、机构、企业协同进行各类模式创新和实践探索，如智慧养老、医养结合、康养结合、医康养结合、“养老＋”模式、链式养老等。各地的探索和实践中的智能康复器具及养老设备的开发及应用，数字化、平台化管理模式，“居家＋社区＋机构”的联动等非常有价值。

在高质量发展的大背景下，在全社会不断增长的养老需求的趋势下，中国的养老革命还将进一步延续、升级。

三、如何看待未来继续发生的中国养老革命

第一，未来的养老，将更坚持“人性化”，充分考虑老年人的真正诉求，聚焦社区，尊重老年人的意愿，按照老年人熟悉的环境、生活方式，完善养老机构的布点，培养优秀护理人员，开发护理技术，为老年人提供全方位的服务，包括未来社区建设、养老机构建设、老年公寓建设、护理咨询服务、居家养老服务、配餐服务、养老设备服务等，让服务与老人走得更近、更快，真正体现贴心陪伴服务。

第二，未来的养老，将更强调“尊严感”。养老服务仅仅让儿女放心是远远不够的。未来，养老全过程的有尊严感将成为老人的普遍需求。有尊严感意味着被尊重、有价值，意味着关注隐私、体现人性化，意味着在还能贡献价值时有机会继续发光发热，意味着失能不便时依然体面。

第三，未来的养老，将更关注“智慧化”。人工智能的迅猛发展，不仅体现于智能呼叫、智慧管理、可穿戴设备、智慧康复工具和装备，更将全面应用在安全监控、生活照护、情感慰藉、移动助行和康复照护等领域。技术不断进步，产品不断创新，场景不断拓展，人工智能在养老领域的深度应用，也呼唤对监管方法方式的升级、人工智能伦理等问题的及早关注。

第四，未来的养老，将更体现“多层化”。养老需求越来越旺盛，养老市场越来越庞大，需求必将分层分类。例如城市老人普遍会早安排、早规划，希望养老问题自己说了算，大幅延长“主动养老”的时间，养老需求链将被拉长；有人喜欢旅行养老，有人喜欢医养结合，有人喜欢回归乡村，有人喜欢闹市群居……未来的养老需求将更加多层、多样、个性化、显性化，更精准地挖掘需求，更高质量地满足需求是必然选择。

参考文献

[1] 世界银行.65 岁和 65 岁以上的人口总数[EB/OL].[2024-02-29]. https://data.worldbank.org.cn/indicator/SP.POP.65UP.TO.

[2] 国家统计局.中华人民共和国2021年国民经济和社会发展统计公报[EB/OL].(2022-02-28)[2023-09-17].https://www.gov.cn/xinwen/2022-02/28/content_5676015.htm.
[3] 中美个人养老金资产规模对比,美国14.7万亿美元,中国呢?[EB/OL].(2022-04-22)[2024-02-09].https://baijiahao.baidu.com/s?id=1730767314366167612&wfr=spider&for=pc.
[4] 林宝.中国家庭变迁与养老社会化[J].人民论坛,2021(36):62-65.
[5] 陆杰华,林嘉琪.共同富裕目标下推动养老服务高质量发展的理论思考[J].江苏行政学院学报,2022(2):54-60.
[6] 翁东东,翁曼萍,杨雅婷.基于终身教育理念下的福建社区智能养老服务体系构建:以厦门市为例[J].办公自动化,2021,26(10):9-11.
[7] 中国社会报.既要养得了更要养得好:广州市构建基本养老服务体系见闻[EB/OL].(2021-11-23)[2023-05-19].https://m.thepaper.cn/baijiahao_15515369.
[8] 黄明朗.老年群体渴望"老有颐养"[J].宁波通讯,2021(19):74.
[9] 林增荣.关于"活力养老"对老年健康的积极意义探讨:基于中国哲学视域下中医"治未病"理论[J].中国集体经济,2017(22):124-126.
[10] 陶琳.促进社会和谐发展的"老有所为"模式研究[J].文化创新比较研究,2020,4(13):183-184.
[11] 侯汉坡,位鹤,王颖超,等.我国老年智慧康养平台建设路径研究[J].中国工程科学,2022,24(2):170-178.
[12] 华北健康产业集团企业简介[EB/OL].(2018)[2023-05-19].http://www.nchealth.com.cn/gongsigaikuang/qiyejianjie/.
[13] 吴晓燕,陈权科.空间再造:治理融合发展的社区平台构建实践:以成都市清源社区为例[J].湖北民族大学学报(哲学社会科学版),2022,40(2):58-69.
[14] 新华社.实现老有所养!南通探索"链式养老"服务[EB/OL].(2023-09-08)[2023-11-19].http://mzt.jiangsu.gov.cn/art/2023/9/8/art_55087_11008642.html.
[15] 赵立.万宏养老:带给老人从身到心的温暖[EB/OL].(2021-11-14)

[2023-11-19].https://mp.weixin.qq.com/s/J1iX9ddCDqPB_HZc5kPK2g.

[16] 新华社.我国人均预期寿命提高到 77.93 岁[EB/OL].(2022-07-05)[2023-12-19].https://www.gov.cn/xinwen/2022-07/05/content_5699402.htm.

第十章
“最多跑一次”更有温度的医疗服务
——就医流程质量革命

随着我国医疗卫生体制改革的深入推进，公立医院改革与高质量发展成为全面深化改革的重点任务，各级医疗机构聚焦群众看病就医过程中的急难愁盼问题，积极探索就医流程革命，着力改善患者的就医体验。以数字化技术为主导的就医流程变革，将驱动未来医疗行业变革，推动形成流程更科学、模式更连续、服务更高效、环境更舒适、态度更体贴的中国式现代化医疗服务模式，让人民群众就医的获得感、幸福感、安全感进一步增强。

第一节　就医流程质量革命的背景

流程管理是一种以系统化方法来组织、分析、控制和改进业务流程的管理方法。它关注如何通过优化流程、减少浪费和提高效率，以及确保产品和服务的质量，从而实现组织的战略目标。

一、就医流程管理的概念

医院作为特殊的服务型行业，医疗服务的流程管理以价值传递为导向，既要符合自身战略，实现其目标，更要面向患者，满足其根本需求，是以提升医疗服务质量、业务效率，最大限度满足患者，以及提高社会认可度、满意度为目标的管理范式。其主要流程包括业务流程、行政流程和支持性流程（基础设施、人资管理、物资采购等）。医疗业务流程主要包括输入（需要进行诊疗的人，即患者）、输出（接受医疗服务后的结果，即患者）、在转化过程中需要医院投入人力、物力等资源，以及医院对医疗服务的支持与管理等。

目前就医流程优化工具主要采用 ESIA 法，即分为消除(eliminate)、简化(simply)、整合(integrate)和自动化(automate)四个步骤，称为医疗流程再造“四部曲”。

第一步，清除现有流程中不必要的非增值活动。如通过数字孪生进行节点实时全景呈现，让急诊室、手术医生、排台医生、麻醉医生、巡回护士等每个角色了解整体进度和介入时机，消除大量重复沟通工作，等等，实现业务的有序高效进行。

第二步，在清除流程后，对剩余活动进行进一步简化。在药品管理方面，通过集成药品 GPS 系统，取药时可快速定位药品位置。对库中药品的质量和数量进行系统监管，确保药品安全和及时补给，保持药品供需平衡。

第三步，把原先分散或分解的流程进行重新组合，对于重点疾病，有专科疾病紧急救治小组的介入承接；对于急危重病人，有 RRT 的紧急应急小组的介入承接；将同类型疾病患者收住到相应专科甚至亚专科进行治疗。随着技术的发展，越来越多的疾病可以通过新一代信息技术，突破器官层面的疾病认知上升到分子层面的病情分析，构建患者数字孪生体，进入“以数据为基础”的精准医学阶段，从而大大丰富了医生对疾病的诊疗方式。

第四步，在消除、简化和集成的基础上实现工作流程的自动化。在患者就诊过程中，通过数字孪生平台获取患者就诊节点和下一步处理节点，自动化导航帮助患者快速获得医疗资源，减少询问和院内滞留时间，缓解医院拥挤状态，给更多患者带来舒适的心情。

二、国内外就医流程变革的典型做法

为改善患者的就医体验，国内外医疗机构通过简化就诊流程，创新服务模式，优化就医环境，破解群众就医难题，大多采取了“互联网+医疗健康”，通过构建住院“一站式”服务模式，探索日间手术模式等，让普通百姓看病就医更加便捷。

(一) 构建住院“一站式”服务模式

住院“一站式”服务理念于 20 世纪 70 年代起源于欧美等发达国家。我国从2009年开始探索住院“一站式”服务，北京、武汉、上海、成都、温州等地较早开始实行，提供的服务与国外的医院大同小异，集预入院/预住院、入院手术办理、术前检查、床位协调、床旁结算、院后随访、病史打印等功能于一体。

（二）发展“互联网＋医疗健康”

相比传统医院就医方式，互联网医院有利于优化患者的就医流程，满足患者的诊疗需求，并且能提高偏远地区患者的就医可及性。通过远程医疗服务，促进分级诊疗，实现医疗信息互联互通，解决边远地区患者的就医问题。

（三）探索新的医疗服务模式

“日间手术”是一种新的手术方式，即医生根据患者的基本情况，选择适宜的患者进行日间手术，让患者在同一工作日内完成入院、手术、出院，更准确地预约手术时间、优化住院流程、简化相关检查。日间手术因其优点很快赢得了患者和保险机构的青睐，美国、加拿大、英国等国家相继实施日间手术，随后在欧美其他国家迅猛发展。自2015年以来，我国发布了一系列推动日间手术发展的文件，从顶层设计到试点城市实践，逐步拉开了日间手术在国内广泛探索和积极发展的序幕。

三、就医流程革命势在必行

随着我国社会主要矛盾已经转化为人民日益增长的美好生活需要和不平衡不充分的发展之间的矛盾，群众对于健康有了更高需求，不仅要看得上病、看得好病，还要看病更舒心、服务更体贴，改善医疗服务迈入新的发展阶段。

传统的医疗行业往往是“以医疗为中心”，无论是门诊还是住院通常都是“患者围着医生转，检查围绕设备转，一切围着收费转”。门诊就诊普遍存在“三长一短”现象（排队、挂号、交费时间长，看病时间短），排队次数多，检查检验过程烦琐，医患之间信息沟通不畅等问题。患者对优质医疗服务的需求在推动着就医流程的变革。

医院具有业务复杂性和系统性的特点。但目前医院各科室、各专业仅有各项相对独立的业务标准，缺乏密切协同机制，导致不同环节沟通不畅、协同不足，会造成由于某一环节的错误而导致医疗质量与医疗服务满意度的下降，同时增加医院人、财、物等的运行成本。在流程化管理过程中，以患者的就医过程作为一个主体的流程进行管理，打破科室间的界限，突出了全程化的观念。

（一）有利于提高患者的满意度

医疗流程管理是以患者为中心，以医疗业务流程为主线，通过规范化地构造端到端、点到点的层层相连、环环相扣的服务流程，高效配置医疗资源，提高医疗服务效率，提升患者满意度、社会认同度的医院管理模式[1]。规范化、持续化和系统化是医疗流程管理的核心。

患者对于提高诊疗效率质量、提升就诊体验有诉求，因此就医流程的变革也成为必然要求。随着新理念、新政策的不断引入，新技术、新服务的不断涌现，业务流程管理越来越注重患者的感受，改进再造的重点也就落实在简单、快捷、方便的就医流程上，让患者少跑、不跑，大幅缩短患者就医等待的时间，创造患者满意、家属高兴、社会认同的高质量医疗服务。

（二）有利于提高医院的运行效率

医院高质量发展下的医疗服务，取决于医院各个流程是否规范、是否能够有效运转。通过进行合理的医院流程管理和持续优化，对流程中各环节进行精细管理和管控，既能够有效保证医疗机构的服务质量，实现患者以及社会的高度预期，也能整合并高效利用医院的有限资源，大幅降低医院的业务运营成本，提高经济效益，符合国家关于公立医院高质量发展、精细管理提质增效的要求。

（三）有利于促进健康中国建设

患者“就医难”问题引起就医流程的变革，就医流程的变革激发了医疗领域优化患者就医流程的动力，各医疗机构陆续开展流程管理，简化患者的就医流程，拓宽患者的就医渠道，实现人人享有均等化的基本医疗卫生服务。优化就医流程促使信息技术与医疗服务的高度融合，不仅简化了流程并且使流程有迹可循，对流程点进行监控，发现问题并改进，形成流程优化的闭环。医疗机构的服务质量与服务水平大幅提升，患者的健康保障与健康水平持续提升，符合健康中国建设的目标。

第二节 就医流程质量革命的特征

坚持以人民为中心，以切实改善人民群众看病就医的感受为目标，以提升医疗服务全过程中的舒适化、智慧化、数字化水平为举措，增强人民群众就医的获得感、幸福感、安全感，推进“就医流程革命”是医疗领域广泛而深刻的变革。可以说，这是一场逆转传统医院管理思维的革命；是一场切实落实国家政策，促进健康中国建设的革命；是一场加速实施远程医疗，促进优质医疗资源共享的革命；是一场探索新的服务模式，派生一站式服务平台的革命。就医流程革命的特征主要体现在以下五个转变上。

一、从“以医院为中心”到“以患者为中心”

医院管理的最终目的是服务于患者利益，一切为了患者，为了患者的一切。患者的满意和获得感才是医院管理的最终目标。而流程是医院运作的基础，医院所有业务都需要流程加以驱动。医院管理就是要确保流程规范得到明确和正确执行，标准化就是其主要途径。

从个体层面来看，在传统医疗模式下，患者只能通过医生或医院提供的渠道了解相关信息，信息不对称严重，无法满足患者个性化、多样化的需求。而借助数字技术，通过建立患者信息平台、移动医疗应用等方式，医疗机构可为患者提供更全面、更及时、更准确的医疗信息。患者还可以根据自身需要选择适合自己的医疗服务，而不是只能接受医生的安排。此外，医疗机构也可以利用大数据技术分析患者的医疗数据，挖掘患者潜在的疾病风险，提供个性化的预防措施。例如，利用机器学习技术分析患者的基因、生理指标、生活方式等数据，为患者提供个性化的健康指导和预防方案，从而帮助患者更好地管理自己的健康。当然，医疗机构也可以通过数字技术更好地了解每个患者的个体差异和需求，为患者提供个性化的医疗服务。

从整体层面来看，数字技术可以帮助医疗机构更好地协调各个环节，优化整个医疗服务流程，提高患者满意度和医疗质量。具体来说，医疗机构可以通过数据分析和预测算法，提前预判患者的就诊需求，优化医疗资源的分配，提高医疗服务的效率和质量。医疗机构还可以通过建立医疗智能机器人，为患者提供24小时的在线医疗服务，解决患者就医难的问题。

医院不能仅仅为了组织自身的利益设置流程，更需要“以患者和服务对象为中心”，站在患者的立场设置流程。医院的流程主要分为两大类、六个子流程：一是服务流程，包括门诊流程、急诊流程、住院流程；二是管理流程，包括物流、人流、信息流。数字技术可以大大优化流程以及程序，最大限度地减少流程中的浪费，对患者就医流程的获得感、满意度的贡献是前所未有的。从网上预约挂号，到自助机上各种自助操作、诊间结算、日间手术、入出院“一站式”服务等，缩短了患者的等待时间，给患者带来了极大的方便。

二、从单个就医环节到系统性就医流程

对患者而言，就医过程是一个连续的过程，某个过程的体验不佳会影响整体的就医体验。流程革命要解决的是系统性问题，保证每一个过程的价值传递，以此确保整个就医流程的价值。因此，在设计或对流程进行调整时，就要考虑整体流程中单个过程或环节的价值创造关联性，以及与整个就医流程衔接的完整性。

流程革命即从单个流程到系统性流程的改变，从单个流程效率提升到整个流程效率的提升，从单个流程的价值创造到整体的价值流创造。通常局部的流程改造并不能解决患者的根本性问题，也就不能提升患者在全流程中的获得感。为此，既要优化局部流程，更要优化全部流程，让每一个环节的交付都能使患者满意。

流程革命还要解决的重大核心问题是跨部门、跨学科合作，需要全面盘点业务流程，盘点流程的时间成本、人力成本、技术成本、设备设施成本等各种成本；界定业务流程的始点和终点，以及在时间轴上会发生或可能发生的缺陷、差错、事故；盘点业务环节的特性，医护人员、管理人员的行为规范，每一个程序执行得正确与否，是否增值。

数字技术的出现为解决这一问题带来了新的契机，通过互联网技术，可

以实现不同医疗机构之间，医疗机构和政府卫生部门以及第三方供应商之间的条件信息共享和协同工作，基于患者的就医需求和医疗资源供给情况，利用人工智能算法进行资源分配和调度，大大提高医疗资源的利用率和效益。

随着智慧医疗的兴起，可通过数字技术精准控制流程，为全过程无差错就医服务提供了技术保障，真正高效实现从单个就医环节的价值创造到系统性就医流程的价值创造，使得患者全过程就医体验更加完善，组织的服务过程更有效率。

三、从IT技术与医疗业务分割到深度融合

数字技术只是一个工具，这个工具要依附在流程之上才可能实现预期，更快速地解决流程的堵点、冗余点。

就医流程革命坚持问题导向，以解决问题作为业务改进的出发点，数字技术的应用使得各个业务场景可视化，让业务流程中存在的问题一览无余。比如，使用数字孪生技术将医疗设备、药品、人员等数字化，并在数字孪生系统中模拟业务流程，以直观的方式展示业务流程中存在的问题。数字技术可以通过仿真技术验证解决方案的可行性，从而避免在实际应用中出现问题。使用虚拟现实技术模拟手术操作，可验证手术流程的合理性和安全性。通过数字技术还可以将业务流程中的数据进行集成，帮助医疗机构实现各个业务之间的融合。此外，还可以将电子病历系统与药品管理系统、医疗设备管理系统等进行集成，以便医疗机构实现全面的数据共享和业务流程的协同管理。

数字技术在业务全场景到微场景的运用程度，是完成与业务高度融合的关键，需要设计者对业务场景和需求有充分的理解才能实现。

四、从信息孤岛到互联互通

信息孤岛是指在组织或系统内部，由于各种原因导致数据或信息无法在不同的部门、系统或个体之间自由流动和共享的现象。

网络化数字医疗的核心是突破信息孤岛，在信息化导入初期，由于部门、科室之间缺乏有效的沟通机制，各自为政，信息得不到共享，导致流程之

间不顺畅，这既影响了组织的管理效率，也给患者带来不便。

流程革命就是要破除部门间的壁垒，建立基于数字化技术主导的标准化体系，强化风险防范，明确岗位职责，充分调动医护以及管理人员的积极性，强化部门、科室之间的协同，确保信息共享，提升医疗服务的连贯性和时点性。

互联互通使得信息传递更快，流程的节点更加容易得到优化，细节的管理更加全面，流程更流畅，从而实现全局的最优化。

案例

上海申康医院发展中心：区域医疗信息共享系统[2]

上海申康医院发展中心以问题为导向，统筹组织全市三级医院创立包括就诊前、就诊中、就诊后的全流程优化“一站式”自助就医模式，陆续搭建了三个服务应用平台，包括集约式预约诊疗服务平台、医联跨院一站式付费平台和互联网网上查询检验检查报告服务平台。通过集约式预约诊疗服务平台，实现专家预约服务、公益性预约挂号服务、综合预约方式服务及分时段预约服务等。通过互联网网上查询检验检查报告服务平台，实现了全市三级医院检查检验报告的网上查询以及市民邮箱预约推送报告服务。

五、从模糊定性到清晰定量

患者的获得感、满意度是重要的结果指标，这是服务交付的结果，也是医院就医流程革命的宗旨。

无法衡量管理对象，也就无法实现有效管理。从管理的难易度来说，选择模糊定性相对省力，但并不能解决根本问题，从效率效益的角度来看，清晰定量更见成效。在医疗服务方面，过去习惯于模糊定性，而轻视清晰定量。只有让患者的满意度、获得感可测量，全流程和局部流程可测量，确定关键指标并实施考核，既要确定结果性指标，也要确定过程性指标，才能获得改进的机会。与此同时，还要通过建立检查清单等管理工具，通过既定方式定时、定点、定人、定岗实施检查，使管理者和实际操作人员都能清晰地知道流程的进展程度以及执行的结果。

2023 年 5 月，国家卫生健康委、国家中医药管理局印发了《关于开展改善就医感受提升患者体验主题活动的通知》，于 2023—2025 年在全国实施改善就医感受、提升患者体验主题活动，发布了 27 项“改善就医感受提升患者体验评估指标”(试行)，其中，18 项为量化指标(见表 10 - 1)[3]。

表 10 - 1　改善就医感受提升患者体验评估指标(试行)

维　　度	指　　标
诊前	① 门诊患者预约诊疗率
	② 门诊号源下放比例▲
	③ 是否提供预就诊服务
	④ 择期手术患者术前等待时间
门诊	⑤ 门诊患者预约到院后平均等待时间
	⑥ 门诊提供 MDT 服务的病种数▲
	⑦ 是否设置新型门诊(麻醉、疼痛、药学等)服务▲
	⑧ 是否开展“先诊疗、后付费”
急诊就诊	⑨ 120 呼叫反应时间
	⑩ 院前医疗急救 3 分钟出车率
	⑪ 是否设置急诊急救五大中心▲
	⑫ 急诊留观患者平均滞留时间
住院	⑬ 日间手术占择期手术的比例
	⑭ 临床路径入径率和出径率
	⑮ 中医医院以中医为主治疗的出院患者比例
	⑯ 分娩镇痛率＃
	⑰ 是否建立“一站式”入出院服务中心
	⑱ 开展责任制整体护理的病区占比
	⑲ 出院患者当日结算率

续 表

维　　度	指　　　　标
诊后	⑳ 下转患者人次数(门急诊、住院)▲
	㉑ 出院患者随访比例
	㉒ 提供延续性护理服务的病区占比
全程	㉓ 是否提供“互联网＋”护理服务
	㉔ 是否提供加速康复外科服务▲
	㉕ 智慧医院建设分级
	㉖ 是否建成老年友善医疗机构
	㉗ 是否建成残疾人友好医疗机构

注：① 标注▲的指标适用于三级医院和医联体的牵头医院。
② 标注♯的指标适用于有产科的医疗机构。

运用数字化技术实现流程管理可视化，可迅速发现流程的堵点，并限制人为的调整，让过程和结果更加可信。同时，加强异常监测，通过数据的变化及时发现流程的异常并迅速排除，以减少损失，也能及时发现并解决流程之间的接口过程产生或可能产生的阻碍，发现流程的冗余点，减少非必要流程造成的资源浪费。通过持续不断的数据积累，进行大数据分析，找到业务过程的规律，发现潜在的问题；借助模拟仿真来预测流程变化，提前发现瓶颈问题，通过模拟不同的改进方案，选择最优的解决方案，实现最佳的业务流程，降低医疗风险。在面对各种不确定因素的发展过程中，建立更加稳定高效的质量秩序。数字化技术的应用可以帮助医院实现流程的精细化管理，提高流程效率和质量，增强抵御应急和风险的鲁棒性，提升医疗服务的水平和效果。

第三节　就医流程的场景变革

长期以来，由于医疗资源分布不充分、不均衡，优质医疗偏向经济发达的大城市，并由此带来三甲医院医疗挤兑，地方医院医疗空洞化，造成患者看不了病、看不好病，与人民群众日益增长的医疗健康需求相距甚远。近年来，各地通过大力推进“效率医疗”改革，充分利用医疗资源，优化就医流程，让患者看病时间越来越短、医疗服务质量越来越好、就医成本越来越低、就医体验越来越佳。

一、“最多跑一次”的医疗服务流程

自 2016 年开始，浙江省提出“最多跑一次”改革举措。2018 年初，浙江省把“最多跑一次”的理念和方法延伸到医疗卫生服务领域。医疗卫生服务“最多跑一次”工作改革的十大内容包括解决排队长、付费烦、检查多、住院难的问题，以及让医疗便民惠民服务更贴心、医疗急救更快速、配药更便捷、母子健康服务更温馨、患者转诊更顺畅、“互联网＋医疗健康服务”更普及。

为破解患者“挂号难”“住院难”的难题，2010 年，浙江大学医学院附属第二医院（以下简称浙大二院）优化就医流程、深化便民服务、整合医疗资源，不断拓展改革的广度和深度，大力推行“机器跑、数据跑”代替“患者跑”，优化“院内＋院外”就医闭环，建立便捷的预约、结算模式。以“流程与资源”整合为基础，实现集成服务，建立门诊综合服务中心、检查预约中心、院前准备中心等一站式服务模式（见图 10－1）。2017 年 6 月，浙大二院成为在杭省级医院中首家试点医疗收费票据电子化管理的单位，率先实现了发票的自助打印，打通了就医流程中长期未得到解决的“最后一公里”，形成了患者全流程无须排队的就医模式。

二、“一网双模”的互联网远程医疗

互联网医院依托实体医疗机构而设立，是互联网与医疗健康产业的结合，目前服务内容主要分为四类：远程诊疗、远程诊断、院后管理及健康管理。

为推进实施健康中国战略，提升医疗卫生现代化管理水平，近年来我国出台了诸多互联网医院的相关政策，如《国务院办公厅关于促进“互联网＋医疗健康”发展的意见》《互联网诊疗管理办法（试行）》《互联网医院管理办法（试行）》《远程医疗服务管理规范（试行）》《医院智慧服务分级评估标准体

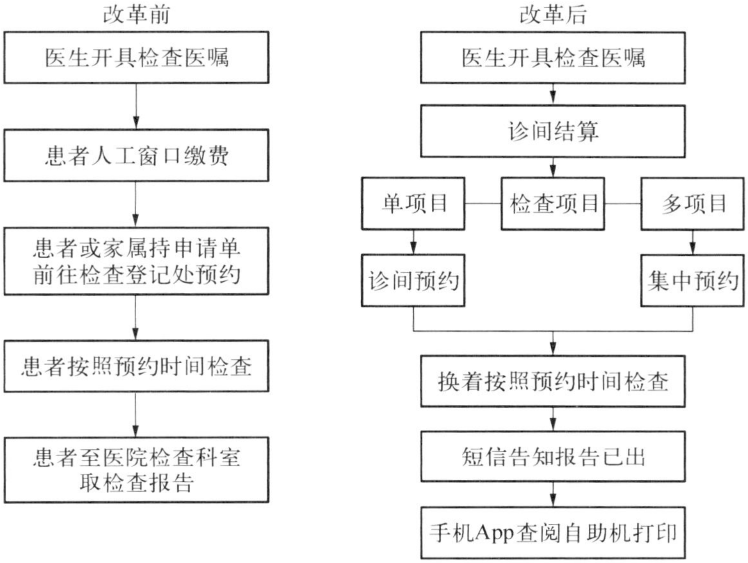

图 10-1 浙大二院门诊检查流程改革前后对比

系(试行)》等一系列配套文件,从服务内涵、准入、执业规则、监督管理等方面,明确医师、护士执业,电子处方开具、流转等管理要求,保证医疗质量安全底线,规范互联网医院的发展。

为了让省域优质医疗资源向薄弱地区延伸,各省医疗机构依托远程医疗技术和信息化设备实现省级医院和基层医疗卫生机构的联通,落实分级诊疗与双向转诊,实现患者在“家门口就医”的目标。远程医疗应用广泛,包括医疗保健、远程会诊、远程急救、远程护理干预、远程超声、远程手术、疫情防控等。远程医疗为偏远、不发达地区的患者提供了可及性医疗服务。“互联网+”、大数据、5G、数字孪生等新技术的运用和普及,使“让信息多跑路,让患者少走路”成为可能,人民群众看病更便捷、体验更美好[4]。

三、医疗付费“一件事”的就医新体验

2018 年 11 月,浙江省出台全国首个“放管服”改革领域首部综合性地方法规《浙江省保障“最多跑一次”改革规定》,将“一件事”定义为一个办

事事项或者可以一次性提交申请材料的相关联的多个办事事项，“一件事、一次办”是用户需求导向的。

2020年，为贯彻落实国务院“互联网＋医疗健康”战略，进一步满足医保患者的一次性移动支付需求，上海市委、市政府以“一网通办”改革和医疗付费“一件事”为抓手，由市卫生健康委等六部门联合制定了《上海市医疗付费“一件事”业务流程再造工作方案》，对标“一件事、一次办”的工作目标，推进医疗付费、出生、医疗费报销“一网通办”，实现业务流程革命性再造；打造信用就医“一次都不排”的上海模式，拓展门诊、急诊、住院“全环节”的脱卡支付范围，旨在满足医保患者的一次性移动支付需求，解决医疗付费业务流程办事不够集约高效等问题，着力破解人民群众就医“三长一短”难题，是“落实人民城市人民建”理念的重要举措。

这场以流程为主的革命，通过减少滞留、取消人际传递等措施，有效降低交叉感染的概率，防范重大公共卫生风险，成为标准助力城市数字化转型、便捷服务市民生活的生动实践。

四、数字孪生技术实现就医流程最优化

数字孪生是基于客观世界的一个物理对象或系统对其进行整个生命周期的虚拟表示，并通过数据还原来解释客观世界规律、推理和动态重校，以改进决策和减少对人的伤害。通过应用数字孪生技术，可以从诊疗、监管、协同三个方面的孪生数据、孪生模型、智能决策，做到全时空对低年资医生的工作指导、对临床医疗质量的控制以及对医护人员业务操作的改进，并有望在诊断、治疗、康复、教育、监测等就医环节解决目前流程上存在的痛点。

（一）诊断流程

诊断流程指的是患者进行各种检查检验后，根据其结果对疾病进行推测。通过将疾病诊疗共识或指南融入数字虚拟医疗专家，结合全息构建技术进行疾病的全面感知，虚实联动、初评研判，对疾病进程和疾病亚型进行判断，识别疾病早期状态，并能全天24小时连续对医学图像（包括X线、CT和超声）进行分析和解释（见图10－2）。

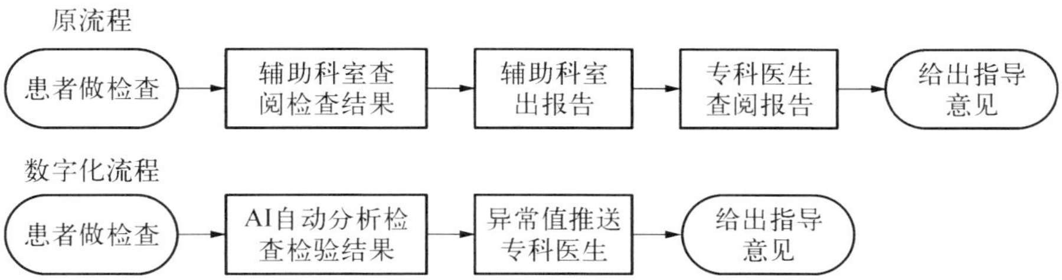

图 10-2 数字孪生技术优化诊断流程

(二) 治疗流程

治疗流程指的是患者在完成诊断后,医生根据患者的适应证选择合适的治疗方案。通过数字孪生对患者的基因构成、生理特征和生活方式进行计算机建模和模拟,试验治疗方法、改进手术准备等,打造个性化的医疗(见图 10-3)。

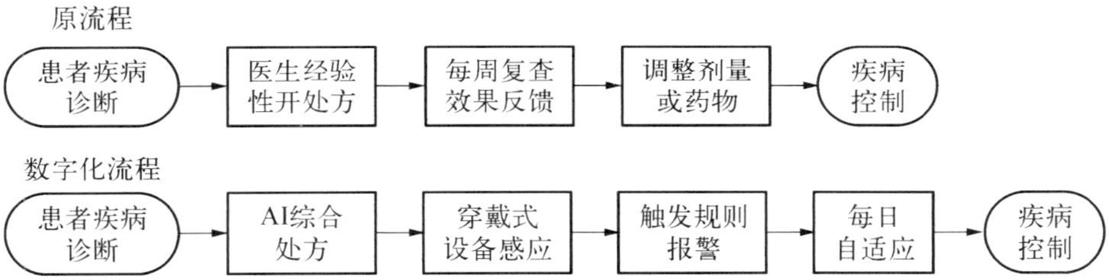

图 10-3 数字孪生技术优化治疗流程

(三) 康复流程

康复流程指的是患者在完成治疗,达到出院标准后,继续在院外通过一些运动处方的形式进行康复锻炼的过程。通过 VR 技术,患者可以进行趣味性的康复锻炼,增强坚持康复锻炼的意志力(见图 10-3)。

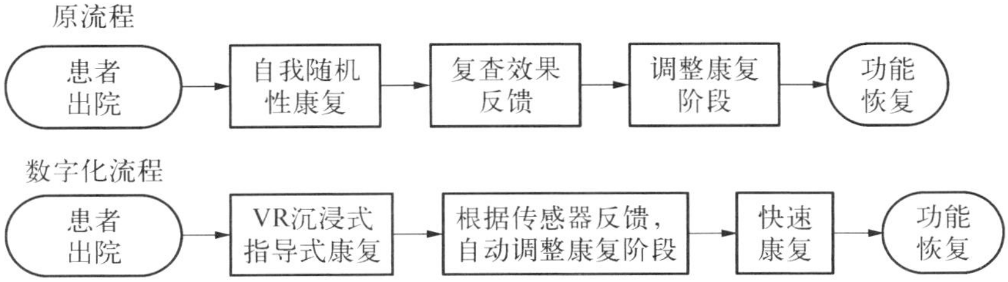

图 10-4 数字孪生技术优化康复流程

第四节　就医流程质量革命的启示与展望

群众利益无小事，一枝一叶总关情。中国式的就医流程革命，聚焦群众看病就医过程中的急难愁盼问题，全方位创新服务模式，全链条实施流程再造，有力提升医疗服务便利化、优质化水平，使广大人民群众切身享受到更加高效、便捷和贴心的医疗服务，看病就医的满意度、获得感持续增强。

一、就医流程革命的启示

首先，始终坚持以患者为中心，不断优化就医流程，改善患者体验，应成为医疗机构的首要任务。医疗服务不仅仅是治疗疾病，更是关怀和尊重患者的过程。医疗机构应定期对就医流程进行评估和反思，及时发现并解决问题。同时，也应积极收集患者的反馈和建议，以便更好地满足患者的需求，增强患者对医疗机构的信任和忠诚度。

其次，现代化的医疗流程可以促进信息共享和协作，提高工作效率和治疗质量，使患者能够更快地获得治疗，减少医疗错误的发生。医疗服务涉及多个部门和多个环节，如挂号、诊断、治疗、取药等，优化就医流程需要各部门紧密协作和配合，建立良好的内部沟通机制，确保信息流通和资源共享，让患者能够获得全面的护理。

最后，医疗流程革命将促进医疗领域的创新和技术应用，为医疗行业带来更多的机会，推动医疗服务不断进步。医疗机构应积极探索和应用人工智能、大数据分析、远程医疗等新技术，以改善就医流程。要进一步加强对互联网医院的监管，更好地保证线上诊疗质量。

二、未来展望

（一）医患照护数字化

为患者提供了更加全面、精准和及时的医疗服务。居家患者或住院患者可通过可穿戴设备采集的客观生理数据，并同步连接进入元宇宙虚拟病房，将客观的生理数据进行实时反馈，使得主管医生可以对患者的健康状况实现所见即所得,从而打破了传统医院的时空限制,让患者可以更加方便地获得医疗照护。此外,在虚拟病房中,医疗团队可以身临其境地监测患者康复执行的量化过程,定制个性化康复方案,监督其完成质量和康复效果。这种医务监督闭环管理模式,有助于提高患者的康复效果和质量。

(二)资源流动协同化

5G 通信支持下的远程信息传输,使得基层医院可以在元宇宙中进行复杂病例的多学科联合会诊,突破传统远程会诊的视频中心化限制,医患、设备和场景都可以在同一虚拟空间中进行协作,医患通过面对面交流和互动,可让医生真切理解患者的诉求,甚至不同国家和地区的医疗专家可以共同研究和解决各自面临的医疗难题,促进全球医疗合作和知识共享,推进医疗技术的进步和创新,提高偏远地区的医疗水平和服务质量,使全人类的医疗资源得以更高效地流动。

(三)"一人一方"精准化

在元宇宙中,个性化服务得到了极大的拓展,使得医疗更加精准。在传统医疗模式下,医生通常只能在患者来就诊时进行检查,对于患者日常的生活习惯和健康状况了解不够充分。而在元宇宙中,医生可以根据患者的基因、生理状态、生活方式等数据制定更加个性化的诊断和治疗建议,以及对患者的饮食、运动、心理等方面进行健康管理。基于生理病理状态与发生发展情况等进行分类和回归分析,实现治疗方案的精准匹配,并在治疗过程中不断与患者互动,通过大数据、大模型、大算力,对患者的病情进行复盘和预测,不断对治疗细节进行迭代,逼近个体最优服务,提升治疗效果和患者体验,使得医疗领域的发展越来越趋向于精准化的"一人一方",患者可以更好地获得治疗和康复效果,提高生活质量和健康水平。

(四)患方感知标准化

元宇宙的标准化患方感知将为解决患者与医生信息不对称问题提供一种全新的解决方案。一方面,在元宇宙中,数字人可以通过 3D(三维)全息技术结合患者影像 3D 重建,与患者进行交互,详尽地解释术前、术中、术后的治疗方案和注意事项，让患者能够真切感知和理解整个治疗过程，真正参与自己的治疗中。另一方面，通过元宇宙的数字化技术，患者也可以更主动地表达自己的不同想法，通过语音、文字、图像等多种方式进行交流，实时了解治疗方案的详细信息，为患者提供更加便捷、高效、人性化的医疗服务。

参考文献

[1] 汪爱勤.综合性医院内涵管理模式的探索与实践[J].医院院长论坛-首都医科大学学报(社会科学版)，2014，11(1)：26－29.

[2] 杨佳泓，何萍，高解春，等.上海市级医院一站式自助就医流程优化探讨[J].中华医院管理杂志，2015，31(8)：598－601.

[3] 国家卫生健康委、国家中医药局《关于开展改善就医感受提升患者体验主题活动的通知》[EB/OL].(2023－05－23)[2023－09－30].https://www.gov.cn/zhengce/zhengceku/202305/content_6883385.htm.

[4] 钱丹丹.样板|远程医疗高效落地，这两家三甲医院是如何做到的?[EB/OL].(2018－09－16)[2023－11－24].https://www.sohu.com/a/254217199_100213317.

第十一章
造就最具幸福产业之一
——旅游质量革命

旅游是展示文明的窗口，体现了一个国家物质文明和精神文明协调发展的水平。旅游在拉动经济增长、丰富人民群众精神文化生活方面发挥着重要作用。在供给侧，旅游业的服务商、从业者千方百计加快旅游公共服务建设、创新旅游产品内容，从自然、历史、科技、视觉等宏微观不同视角，打造山水田园、冰天雪地、音乐影视、商场街巷、人文科技等丰富多样的旅游载体，创造新颖奇特、令人惊叹的旅游体验。

第一节　旅游质量革命的背景

旅游发展涉及经济、社会、文化、生态和科技等诸多产业，以及吃、住、行、游、娱、购等方方面面，是一个综合性的社会经济产业。现代旅游已与交通、科技、文化、医疗、教育、商业、农业等深度融合，从重点地区发展到全域，从旅游行业发展到旅游产业以及“旅游＋”“文旅＋”产业集群，成为集大成的综合性战略性支柱产业。随着全面建成小康社会目标的持续推进，旅游消费需求加速释放，旅游产业蓬勃发展，在传承文化、乡村振兴、“一带一路”人文合作与交流等方面发挥着重要作用，在国家经济社会发展中扮演着重要的角色。中国旅游质量革命的背景及动力是多方面的，包括经济快速发展、社会文化变迁、市场需求驱动、政策扶持与引导、技术创新引领、资本投入以及国际合作与交流推动等，这些因素共同推动了中国旅游业的蓬勃发展。

一、经济快速发展与社会文化变迁

随着中国经济的快速增长，人们的生活水平不断提高，对旅游的需求也日益旺盛，这为旅游业的快速发展提供了广阔的市场空间。随着社会的进步和文化的多元化发展，人们的旅游观念也在不断发生变化，从传统的观光旅游向休闲度假、文化体验等多元化方向发展，这为旅游业的创新和发展提供了新的机遇。改革开放 40 多年来，我国居民收入较快增长，收入结构不断改善，消费水平持续提高，生活质量稳步提升，伴随着旅游消费能力与意愿不断增强。“十三五”期间，我国年人均出游超过 4 次[1]，2021 年人均旅游消费为 899.28 元，城镇居民达到 1 009.57 元[2]。关注体验、关注细节，成为推动旅游产业提质转型、向质量要效益的最大动力。追求美好生活必然期待旅游业高质量发展。

二、市场需求驱动与政策扶持引导

旅游市场的不断扩大和游客需求的多样化是推动旅游质量革命的重要动力。为了满足游客的不同需求，旅游业需要不断进行产品创新和服务升级。我国一直将旅游业作为重要的经济产业加以扶持和引导，通过出台一系列优惠政策和专项规划，为旅游业的发展创造了良好的政策环境。我国正在建设的“八纵八横”高速铁路网，包括高速、国道、省道在内的公路网等交通基础设施，极大地推动了自由行、自驾游等旅游市场的发展。收入的增长、人们需求的升级引领旅游消费向高品质和多样化方向转变[3]，呈现大众化、多元化、个性化和场景化的特点。

三、技术创新引领与资本投入支持

随着旅游业市场潜力的不断释放，越来越多的资本开始涌入这个行业。资本的注入为旅游业的发展提供了强大的资金支持，推动了旅游产业链的不断完善和升级。以大数据、互联网、物联网、人工智能等为代表的新一轮信息技术不断突破，正在深刻地改变着旅游产业提质升级的方向。新需求、新技术也在不断促进旅游行业加快推进实现旅游产业经营模式和产品服务模式的转变，加强游客与旅游产品之间的深度互动，突出旅游体验。移动互联网高效地解决了旅游信息不对称问题，类似交通拥堵、停车难、欺骗宰客、服务态度差等旅游软硬件短板将得到妥善解决。旅游业在当下反映出来的供需差距，更是推动旅游质量革命的必然方向，不断督促着旅游业持续改进、补齐短板，增强行业高质量发展潜力。

四、国际合作与交流推动

中国积极参与国际旅游组织的活动，与世界各国开展广泛的旅游合作与交流，这既推动了中国旅游业的国际化进程，也为学习借鉴国际先进经验和技术提供了机会。例如，与共建"一带一路"国家的旅游合作，促进了旅游资源的共享和旅游市场的互补。通过签署旅游合作协议、开展旅游推广活动等方式，我国加强了与世界各国在旅游领域的合作与联系，这种国际合作为中国旅游业的发展带来了新的机遇和广阔的市场空间。中国旅游业的快速发展也吸引了越来越多的外国游客前来中国旅游，外国游客通过旅游可以更直观地了解和感受中国的历史文化和现代发展成果，这有助于增进中外之间的了解和友谊。同时，中国也通过旅游业向世界展示了自己的文化魅力和国家形象，提升了国际影响力。

第二节　旅游质量革命的特征

旅游业的变革创新与经济社会高质量发展、与人们的美好生活追求联系在一起，带给游客舒适、愉悦的体验，是我国旅游业发展到稳定阶段、融合阶段的必然要求[4]，也是实现人们美好生活追求的直接体现。中国的旅游质量革命是一场由基础设施、技术、旅游业态、政策与制度等多个方面共同推动的综合性变革，涉及交通、投资、国际合作、智慧旅游、环境保护等多个方面。旅游质量革命是一个全方位、多层次的变革过程，不仅为旅游业的发展提供了新的机遇，还对中国经济社会的发展产生了深远的影响。

一、基础设施变革

中国基础设施的发展极大地提高了旅游的便利性，特别是高速公路、高速铁路、机场等交通设施的不断完善，以及酒店、景区等旅游接待设施的快速升级，为旅游业的发展提供了坚实的基础。例如，高速铁路的发展使得城市之间的旅行时间大大缩短，人们可以在更短的时间内到达更远的地方，促进了区域旅游的发展。酒店、景区、游客服务中心等设施的建设和改造，提升了旅游目的地的接待能力和服务质量。

二、技术手段变革

互联网、大数据、人工智能等技术的应用，对旅游业产生了深远的影响。这些技术不仅改变了旅游产品的形态和营销方式，还提高了旅游服务的效率和质量。例如，通过大数据分析，旅游企业可以更准确地了解游客的需求和行为，从而为游客提供更个性化的服务。旅游数字化可让游客参与旅游服务供给与创新的全过程。

随着互联网、大数据等技术的广泛应用，智慧旅游成为中国旅游业发展的新趋势。如通过建设智慧景区、推广电子导览、实现在线预订等方式，提升了旅游服务的智能化水平，为游客提供了更加舒适、便捷的旅游体验。技术变革在推动旅游行业从静态二维向动态三维甚至多维度的协同生态发展的同时，它本身成为旅游的一种产品形态、游客体验的一种服务形式，增强了旅游产品的体验性和互动性。

三、旅游业态变革

在新的市场环境下，中国的旅游业态也在不断创新和发展。例如，乡村旅游、生态旅游、红色旅游等新兴业态的兴起，为旅游业注入了新的活力。这些新业态不仅丰富了旅游产品的种类，还带动了相关产业的发展，促进了区域经济的繁荣。旅游业态革命呈现多元化的趋势，多元化的需求拉动着多元化旅游产品、服务的供给，引领旅游供给端从粗放管理转向精细化、品质化方向发展。

随着人们生活水平的提高和旅游观念的转变，中国的旅游方式也在发生革命性的变化。从传统的团队游向自由行、定制游等多元化方向发展，游客更加注重体验感和参与感，这种变化对旅游企业的产品创新和服务质量提出了更高的要求。比起按部就班的“旅游”，更能激发个人兴趣或灵感的体验式旅游更适合年轻人，如包含演出、玩乐、电竞、餐饮等体验元素在内的酒店游，包含汉服、旅拍、展览等体验元素在内的乐园游受到追捧，出境短线游产品、自由行、小包团精品游等更多方式同样成为高热度的选项。

中国拥有悠久的历史和丰富的文化遗产，旅游业在发展过程中注重文化资源的深度挖掘和利用，通过打造文化旅游产品、举办文化节庆活动等方式，将传统文化与现代旅游相结合，为游客提供丰富的文化体验。以文塑旅、以旅彰文，旅游成为传承弘扬中华文化的重要载体，文化和旅游在更广范围、更深层次、更高水平上不断融合发展，同时也与其他领域融合互促，旅游演艺、文化遗产旅游等业态蓬勃发展。

四、政策与制度变革

政府在旅游业发展中扮演着重要角色，通过统筹规划、投资引导和政策扶持等手段，积极推动旅游资源的开发、管理、保护和利用。我国在旅游业发展上采取了积极的政策导向，推动了一系列旅游相关的法规和制度的出台与修订，为旅游业的健康、有序发展提供了法律保障。例如旅游法的实施，加强了对旅游市场的监管，保护了游客的合法权益。这种政府主导的模式有助于快速整合资源、形成发展合力，确保旅游业的健康有序发展。

旅游业成为吸引国内外投资的重要领域，各类旅游投资项目和金融产品层出不穷。这不仅为旅游业的发展注入了资金，更推动了旅游产业链的完善和升级。在旅游业快速发展的同时，中国也注重旅游资源的保护和环境的可持续发展，通过实施生态旅游、绿色旅游等战略，推动旅游业与环境保护的协调发展。

第三节　旅游质量革命的路径

随着旅游消费规模的扩大及个性化特征的彰显，旅游业发展从低层次向高品质和多样化转变，由注重观光向兼顾观光与休闲体验转变。聚焦高品质、高标准、高水平的发展期待，持续推进旅游产业的质量革命，推动旅游业整合开拓旅游资源，创新优质旅游产品，发展提升智慧旅游，优化旅游消费环境，不断满足人们的旅游需求，为美好生活添彩。

一、开拓整合旅游资源

一般来看，旅游资源主要包括自然风景资源和人文景观资源，比如山岳、河流以及历史古迹、民俗风情等。随着社会的发展及科技的进步，能够被开发利用，吸引游客参观体验并产生社会、经济、生态效益的资源，都可以称为旅游资源。部分社会资源、数字资源也被融入旅游产品的开发创新中，比如基于特色体育场所（如鸟巢）、数字技术打造的景观景点（如苏州湾数字艺术馆）等。

旅游质量革命的着力点就是充分挖掘旅游资源优势，形成地域特色的旅游精品。如井冈山依托深厚而独特的红色资源，围绕“红色最红、绿色最绿、脱贫最好”目标，以旅游业为主导，注重将挖掘红色旅游资源与保护绿色生态环境紧密结合，延伸红色旅游产业链，推出了一系列集体验式、参与式、互动式为一体的红色旅游产品。浙江安吉县是“绿水青山就是金山银山”理念诞生地，以绿色发展为引领、以美丽乡村为依托，每年举办“过个安吉年”“畲村三月三”等乡村文化场景，形成农活体验、民宿、节庆等特色旅游产品，以“一乡一节”推动本地特色文化活动进入旅游市场。

区域合作是旅游资源整合的发展方向。长三角区域建立长三角旅游推广联盟，发挥地域相近、人缘相亲、经济相融、文化相通的优势，合力推出长三角区域“名城、名镇、名村、名山、名湖、名园、名馆”国际精品旅游线路等一体化产品。东北地区结合冰雪文化、东北民俗等形成特色的旅游服务，包括以冰雪奇缘欧陆风情为主题的北国印象游，以少数民族风情与东北民俗为主题的深度体验游，以中俄蒙“万里茶道”国际黄金旅游线为主题的中俄蒙跨境自驾游等。

全域旅游是旅游资源开拓的新模式。自 2015 年 8 月在全国旅游工作会议上提出以来，全域旅游已经成为旅游规划、旅游开发、旅游一体化服务的新模式，从传统的观光旅游向一体化、主题式的体验旅游转变，从景点观景到餐饮、酒店、交通、网络、空气、信息，以及服务人员、服务流程、服务可获得性，都成为旅游质量提升的重要因素。

境外游则是境外旅游资源合作利用的重要途径。随着中国国际地位的提升和对外开放的深化，中国旅游业将更加积极地参与国际旅游市场的合作与竞争。加强与国际旅游组织、其他国家和地区的合作与交流，推动中国旅游业的国际化发展。合作与交流也有助于拓展旅游市场，通过推动旅游签证便利化等措施，吸引更多外国游客来华旅游，同时鼓励中国游客走出去，促进国际旅游市场的繁荣发展。

二、创新优质旅游产品

旅游质量革命的一个重要标志是市场上涌现出大量优质、有特色的旅游产品。这些产品不仅满足游客的基本需求，而且在文化体验、生态环境、服务质量等方面具有明显优势，能够给游客带来难忘的旅游体验。旅游质量革命推动了旅游服务向个性化和定制化方向发展。旅游企业根据游客的需求和偏好，提供量身定制的旅游线路、住宿、餐饮等服务，满足游客的个性化需求，提升旅游体验的独特性和丰富性。

面对多元、深度的旅游需求，传统旅游产品及服务供给较为单一且处于较低水平，必然要求开拓新产品、新服务，优化供需匹配机制。观光游、生态游、亲子游、古镇游、体育游、工业游、研学游等旅游产品，自驾、野营、海岛等各类旅游载体及服务设施正在蓬勃发展。同时，知识和技术的应用，极大增强了旅游产品的吸引力，改进了旅游服务的质量（工业旅游、体育旅游等）。

2023 年五一“淄博烧烤”火遍全国，与“人间烟火气”“春天的约定”“撸串美食”等个性化元素密不可分。2024 年初哈尔滨冰雪旅游又成为全国的“新宠”。用“新意、真诚”与广大游客建立“双向奔赴”的桥梁，打造融贯历史、现实与未来的高质量旅游体验。旅游目的地、旅游企业、旅游产品的品牌，成为旅游业的核心竞争力。强化品牌建设，打造知名品牌，提升旅游目的地的知名度和美誉度，提升旅游业的整体形象和服务水平，才能吸引更多游客。

三、发展升级智慧旅游

智慧旅游是旅游质量革命的重要手段。信息科技帮助旅游业积累、分析、应用海量信息，在大数据技术的加持下构建形成智慧旅游的系统工程，形成面向游客的具备智能推荐、智能决策、智能支付等综合功能的旅游平台和系统工具，基于互联网的行程及酒店预订，在线旅游社区等新服务、新企业、新平台，极大地提升了产品供给的多样性、可及性，减少了信息的不对称，在便捷、安全的基础上拉近游客与旅游供给主体的距离。

携程、飞猪、同程等OTA(online travel agency，在线旅行社)平台极大地推动了在线旅游的发展，旅游消费更加便捷；而抖音等视频平台的加入，则进一步丰富了在线旅游市场功能。

智慧旅游通过运用先进的信息技术手段，可以极大地提升游客的旅行体验：① 提供全面的信息服务。游客可以通过手机App或网站等渠道随时随地获取景点介绍、门票价格、交通路线、天气预报等全方位信息，从而更加便捷地规划行程。② 个性化推荐与服务。平台可以根据游客的兴趣和偏好，推荐适合的旅游线路、景点和活动，提供个性化的餐饮、住宿、购物等服务建议，让游客在旅行中享受到更加贴心和个性化的服务。③ 智能导览与解说。游客可以在景区内获得实时的导览和解说服务，利用AR、VR等技术手段为游客呈现更加丰富和生动的视觉体验，帮助游客更好地了解景点的历史和文化背景。④ 智能安防与应急响应。实时监测景区的安全状况，及时发现和处理各类安全隐患，在紧急情况下迅速启动应急响应机制，为游客提供及时的救援和帮助，确保游客安全。⑤ 优化旅游消费环境。平台可以提供便捷的在线支付、电子票务等服务，简化游客的消费流程，同时对商家的经营行为进行监管和评价，维护良好的市场秩序，为游客创造更加公平、透明的消费环境。⑥ 促进游客交流与分享。为游客提供社交功能，让游客分享旅行经验、评价景点和服务等，增加旅行的乐趣，获取更多的旅行建议和灵感。

随着技术的不断进步和应用场景的不断拓展，智慧旅游在提升游客体验、加强旅游管理和促进旅游业发展方面发挥着巨大潜力。如故宫博物院通过引入先进的数字化技术和智能化设备“智慧开放”，实现了对文物藏品的数字化展示和智能化管理。游客可以通过手机或平板电脑了解文物的详细信息、参观路线和互动体验等，提升了游客的体验感。

四、优化旅游消费环境

旅游质量革命致力于优化旅游消费环境，提升旅游服务质量，推广与落实旅游标准化，加强旅游市场监管，提升旅游从业人员素质，促进旅游业的可持续发展，通过提供多样化、高品质的消费选择，满足游客的多元化需求，提升旅游消费的满意度和愉悦度。

服务质量是评价旅游业发展水平的重要指标之一。在旅游质量革命中，旅游企业和从业人员注重提升服务意识和服务技能，为游客提供更加专业、周到、个性化的服务。这体现在酒店住宿、导游讲解、客户服务等各个环节的显著改善上。游客满意度是衡量旅游质量革命成效的重要标准。通过持续的质量提升和创新发展，旅游业在满足游客需求、提升游客体验方面取得了显著成效。游客对旅游目的地的整体评价、对旅游产品和服务的满意度大幅提升，成为旅游质量革命的直观体现。细节决定成败。在旅游质量革命中，注重细节是提升旅游产品和服务质量的关键。从餐饮、住宿、交通到景区游览等各个环节，都需要关注细节，做到精益求精，为游客提供完美的旅游体验。

旅游标准化是提升旅游产品和服务质量的重要手段。在旅游质量革命中，政府和旅游企业积极推动旅游业标准的制定和实施，通过建立完善的标准体系，规范旅游市场秩序，提高旅游产品和服务的标准化水平。建立和完善旅游标准体系，包括旅游基础设施标准、服务质量标准、安全管理标准等。通过实施标准，提升旅游产品和服务的规范性和一致性。如黄山市先后牵头起草或合作完成了《风景名胜区管理技术规范》《旅游景区服务管理准则》《研学旅行基地建设服务规范》《山岳型旅游景区清洁服务规范》等国家和行业标准，参与起草中国旅游景区协会发布的《旅游景区预约游览服务规范》团体标准，充分发挥标准对提升旅游服务质量的基础性作用。

旅游质量革命要求政府加强对旅游市场的监管，打击非法经营、价格欺诈等违法行为，维护良好的市场秩序。通过建立健全监管机制，保障游客的合法权益，提升旅游业的整体形象和信誉度。制定和实施一系列有利于旅游业质量提升的政策和法规。加强对旅游市场监管，维护良好的旅游市场秩序。如三亚市建立了我国首支旅游警察支队，担负维护旅游市场秩序和治安环境、办理涉旅人员人身和财产安全遭侵害的违法案件、联合各部门旅游执法等职能。秦皇岛为保护发展长城及其文化，先后成立旅游巡回法庭、长城文化保护法庭，探索通过司法经验治理和保护旅游资源。

旅游质量革命要注重提升旅游从业人员的专业素质和服务意识。通过加强培训、引进高素质人才等措施，提高旅游从业人员的服务水平和专业素养，为游客提供更加专业、优质的服务。同时，引进高层次旅游人才，为旅游业的发展提供智力支持。

旅游质量革命不仅要关注当前旅游市场的需求和游客体验，还要注重旅游业的可持续发展。在发展过程中，强调对生态环境的保护、对当地文化的尊重与传承，推动旅游业与自然、社会、文化的和谐发展。这种发展模式符合全球旅游业的发展趋势，也是旅游质量革命的重要标志之一。在开发旅游资源的过程中，强化科学规划与保护，在保护中实现创新发展，走生态旅游、绿色旅游之路，实现人文、生态、自然的和谐统一，从而实现旅游可持续发展，在满足游客需求的同时为全社会带来广泛价值。

第四节　旅游质量革命的启示

中国旅游质量革命是在旅游产业向高质量发展阶段推进过程中逐渐发生的，是围绕有关旅游规划、政策等制定与实施的过程展开的，是在旅游基础设施建设、旅游公共服务体系构建、互联网科技创新、物质文明与精神文明提升等要素相辅相成、相互融合中实现的，经历了从基础设施建设、产品服务多样化、全面质量提升到高质量发展的过程。围绕打造“最幸福的产业”的目标，中国旅游质量革命的启示主要体现在以下四个方面。

一、游客至上

旅游质量革命的核心是以游客的需求和体验为中心，不断提升旅游产品和服务的质量。这要求旅游业从业者深入了解游客的需求，关注游客的旅游体验；从游客的角度出发，提供更加贴心、个性化的服务。旅游质量革命也推动了社会文明程度的提升。在旅游过程中，游客需要遵守公共秩序、保护环境、尊重当地文化习俗等，这有助于培养人们的文明习惯和公共意识，推动社会文明程度的进步。

二、持续创新

在激烈的市场竞争中，只有不断创新，才能在旅游业中立于不败之地。旅游质量革命鼓励旅游业在产品开发、服务方式、营销策略等方面进行持续创新，以满足游客日益多样化的需求，提升旅游业的整体竞争力。在旅游质量革命的背景下，各地纷纷挖掘和整合旅游资源，推出具有地方特色的旅游产品，将传统旅游资源与现代科技相结合，打造出具有独特魅力的旅游项目，吸引了大量游客前来体验。

三、文旅融合

中国丰富的文化资源为旅游业提供了无限的创意空间。旅游作为一种文化现象，促进了不同地区、不同民族之间的文化交流。通过旅游，人们可以更直观地了解和体验不同地区的文化特色。这有助于文化的传承和发展，特别是对于一些少数民族和边远地区的文化，旅游为其提供了展示和传播的平台，提高了这些文化的知名度和影响力。旅游质量革命推动了人们对中国传统文化和地方文化的重新认识和评价。通过旅游，人们更加深入地了解了中国的历史、传统和价值观，这有助于增强民族自豪感和文化自信。

四、绿色发展

随着环保意识的提高，绿色发展已成为旅游业的重要趋势。旅游质量革命要求旅游业在发展过程中注重环境保护，推动绿色旅游的发展。通过采用环保材料、节能技术等方式，降低旅游活动对环境的影响，实现旅游业的可持续发展。人们环保意识的提高和可持续发展理念的深入人心，将推动旅游业向绿色、低碳方向发展，注重资源的节约利用、环境的保护和生态的平衡，推动旅游业与自然和谐共生。

未来，中国旅游质量革命将会围绕以下方面展开：一是高端化、品牌化。随着中国经济结构的优化升级，旅游业也将从追求数量和速度的扩张转向追求质量和效益的提升，这意味着未来旅游业将更加注重产品的品质、服务的细节以及游客的体验，推动旅游业向高端化、品牌化方向发展。二是个性化、定制化。随着消费者对旅游体验需求的不断升级，个性化和定制化的旅游产品将更受欢迎。旅游业将更加注重游客个性化需求的满足，提供量身定制的旅游线路和服务，打造独一无二的旅游体验。三是数字化、智能化。互联网、大数据、人工智能等技术的持续进步，将为旅游业带来更大的创新空间。智慧旅游将成为未来发展的重要趋势，包括智能导览、虚拟现实(VR)体验、在线预订与支付等智能化服务将更加普及，提升旅游的便捷性和体验性。

参考文献

[1] “十四五”旅游业发展规划[EB/OL].(2022-01-20)[2022-12-22]. https://zwgk.mct.gov.cn/zfxxgkml/ghjh/202201/t20220121_930613.html.

[2] 国家文旅部财务司.2021年度国内旅游数据情况[EB/OL].(2022-01-24)[2022-12-22]. https://zwgk.mct.gov.cn/zfxxgkml/tjxx/202201/t20220124_930626.html.

[3] 杜一力.中国旅游业经历的四个主要发展阶段[N].中国青年报，2018-08-02.

[4] “十四五”旅游业发展规划[EB/OL].(2022-01-20)[2022-12-22]. https://zwgk.mct.gov.cn/zfxxgkml/ghjh/202201/t20220121_930613.html.

第十二章
更好的技能—更好的工作—更好的生活
——职业教育质量革命

职业教育与经济社会发展的联系最紧密、最直接。推进职业教育质量革命走向深入，实现从普教向相对独立的教育类型转变，提质培优、增值赋能，持续深化职普融通、产教融合、科教融汇，突出市场化、专业化、前沿化、本土化导向，不断提升职业教育的契合度、贡献度、融合度、认可度。职业教育致力于提供更优质的教育服务，赋予受教育者更强的职业能力，促进劳动者更好地就业，助力中国速度向中国质量转变、制造大国向制造强国跨越。

第一节　国内外职业教育质量革命的现状

发达国家职业教育的办学历史悠久、办学质量较为成熟稳定，大多已经建立了较为完备的法律制度，将职业教育纳入法治轨道。其中，德国的双元制、日本的企业内培训制以及英国的国家资历框架等均注重职业教育发展的质量。

一、德国职业教育

第二次世界大战后，德国职业教育得到快速发展，形成了一批具有特色的双元制职业学校，并成为德国制造走向世界的重要推动力量。传统的德国职业教育，通常只对学习环境、资源供给、课程设计、教师教学等方面施加影响，较少关注学生的学习成果。2000 年，德国学生在国际学生评价项目中较差的表现引起德国政府对职业教育质量的关注，德国由此逐步建立起从关注输入质量转向关注输出质量的多维统筹职业教育质量体系[1]。

其一，以法律政策保障职业教育高质量发展。德国推动职业教育立法，确保职业教育健康发展。1969年，德国颁布《职业教育法》，明确双元制职业教育制度，学校和企业分别作为“双元制”中的“一元”共同培养职业技能人才。德国于1986年颁布的《联邦职业教育促进法》，1997年颁布的《职业教育改革计划》，2005年颁布的《职业教育改革法》，2019年颁布的《职业教育现代化及加强职业教育工作法》，均对职业教育质量治理各方的权责予以明确规定。

其二，政府、企业以及行业协会携手促进职业教育高质量发展。来自政府、企业以及行业协会的大力支持是促进职业教育取得高质量发展的一个重要原因。在这一过程中，企业参与职业教育，一方面可以获得政府拨款和税收优惠；另一方面，企业作为职业教育经费的主要承担方，不仅可以获得大量的职业工人，还能免去再培养的成本，为自身带来经济和社会效益。

其三，职业教育师资的高质量培养和教学模式的工作导向。就职业教育师资而言，德国职业教育师资主要由职业院校师资和企业师资构成。不同类型的师资都有专门的培养途径：职业院校师资具备企业经验，有严格的培养方式和两次教师资格考试，合格后才有机会成为职业教育教师；企业师资也必须经过严格的职业教育教法、教育学、心理学培训，考试合格后才能上岗。教学模式主要采用基于工作过程的行动导向教学模式，即将实际工作中的一系列行动设计为学习过程中的教学内容，让学生在基本真实或完全真实的工作情境中，以具体行动来满足企业生产产品的要求或服务[2]。

其四，多元参与的职业教育质量评价。德国现行职业教育质量评价由政府主导，企业、协会组织、学校多方参与。学校负责日常教学的常规考核，政府考核由各州组织，培训与考核分离，协会组织则负责培训。其中，考试分为结业考试和职业资格考试。考试内容分为理论和实践操作两部分，考试合格后，学生可以获得课程结业证书和职业资格证书。

二、日本职业教育

发达的日本职业教育，与日本经济发展模式和企业人力资源管理模式相适应，以“企业内培训”为典型代表，为日本经济高速发展培养了大批技术型人才。日本不断探索职业教育质量建设模式，逐步形成了由学校设置准入审核、内部质量保障、外部质量保障组成的职教质量管理体系[3]。

其一，准入审核制度。早在 1956 年，日本文部科学省便设立了办学认可制度，指出凡新设立的学校、专业等，在设置前需要由文部科学省获得认证批准后方可办学。此后，《高等专门学校设置标准》从组织编制、教师资格、教育课程、毕业认证、设施设备等方面对高等专门学校的办学条件进行了明确规定，以确保学校建校时达到一定的质量水平。

其二，内部质量保障。日本自 1986 年开展学校自我评价。2002 年，日本颁布的《学校教育法》规定学校自我评价是法定义务；2013 年发布的《教育内部质量体系构建指南》提供了学校完善内部质量保证体系的基本框架指导；2016 年发布的《毕业认定学位授予方针、教育课程编制实施方针和招生制度制订及实施方案》，指导学校配合外部质量评价自主构建内部质量保障体系，同时，学校基于国家质量保障的指导性文件，每年开展自我评价，自我评价结果运用于第三方评价，形成内部质量接受外部监督机制。

其三，外部质量保障。日本外部质量保障采用认证评估制度。日本高等专门学校评价由独立行政法人大学改革支援与学位授予机构实行，具体评价标准由 8 个规定项目和 2 个自选评估项目组成。其中，规定项目包括学校内部质量保障体系、教育组织与教师和教辅人员、学习环境与学生支援、财务基础与管理运营、准学士教育课程与教学方法、准学士学生招生、准学士学生学习教育成果、专攻课程教育活动情况[4]。

三、英国职业教育

在由精英教育向大众教育转型中，英国职业教育质量受到政府的重视，经历了漫长的改革实践，逐步建立起内部质量保障与外部质量保障相结合的职业教育质量保障体系。

英国职业教育外部质量保障主要由英国教育标准局实施。教育标准局是国家教育、儿童服务和技能培训机构的官方监管和评价机构。除高等教育机构以外的教育机构都是教育标准局评估和监管的对象，职业教育在其监管范围内，旨在通过负责任和专注的评估和监管，发挥英国教育标准局在改善英国教育中的重要作用。2015 年公布的最新评估重点主要聚焦于以下四个方面：一是领导和管理有效性，确立学校发展愿景并确保其得到落实，师生权益得到保障；二是教学质量、学习质量和考核质量；三是学生的自信心，团队合作、自我意识和抗挫能力，以及对下阶段教育、就业和生涯的指导；四是学习者的成绩[5]。2019年，英国教育标准局颁布的《教育检查框架》进一步明确了评估原则、评估标准及总体工作安排，是内外部评估的依据。

四、中国职业教育

中国职业教育肇始于19世纪60年代的洋务运动，发端于第一所现代职业学校——福州船政学堂的创办。我国职业教育从学习借鉴西方到探索中国本土发展模式，实现从普教向相对独立的教育类型转变，而后进入提质培优、增值赋能新阶段，发挥着服务经济发展、促进民生改善、优化教育体系的作用。

其一，多层面、立体化的发展方式推动职业教育质量革命。一是法律层面。2022年5月1日，新修订实施的《中华人民共和国职业教育法》将职业教育的类型定位、各级政府发展职业教育的责任、企业参与职业教育的义务、职业教育质量保障等关键事项，以法律的形式加以明确，推动职业教育的法治化进程。二是制度层面。我国相继出台了一系列促进职业教育高质量发展制度，以确保职业教育依法依规办学，培养符合国家人才培养规格的高素质技术人才。比如，“1+X证书制度”以及“职业教育高考制度”在某种程度引导着职业教育向高质量发展。三是专项政策层面。近年来，我国已制定多项具体政策，旨在推动职业教育质量的改革创新和高质量发展，确保职业教育质量沿着正确的方向和轨道前行（见表12-1）。

表12-1　我国主要的职业教育政策

制度名称	颁布部门	具体内容
《中华人民共和国职业教育法》	全国人大	明确政府对职业教育的投入和对职业教育质量的监督责任
《关于推动现代职业教育高质量发展的实施意见》	中共中央办公厅、国务院办公厅	明确职业教育高质量发展的方向、目标、原则和任务

续 表

制度名称	颁布部门	具体内容
《国家职业教育改革实施方案》	国务院	明确职业教育的类型定位
《职业教育提质培优行动计划（2020—2023年）》	教育部等九部门	提出职业教育质量提升的具体措施和任务

其二，多层次落实职业教育高质量发展。在产业结构转型升级和追求更高职业教育的双重目标的推动下，我国职业教育在不同层次获得稳步发展，具体表现为中等职业教育逐步向高等职业教育转移，并逐步延伸至职业本科教育。2018—2022年全国教育事业发展统计公报显示，中等职业教育院校数量和招生人数呈下降趋势，高职（专科）院校数量和招生人数呈逐年上涨趋势，且本科层次职业教育的招生人数在2022年达到7.7万人[6]。由此可见，我国职业教育呈现多层次共同发展的特点，适应技术变革、满足人民需求、结构基本协调的类型职业教育发展态势基本形成。

第二节 职业教育质量革命的内涵

随着经济由资源拉动到创新驱动的转型升级，职业教育发展跨入注重质量建设、突出质量效能的质量革命时代。职业教育质量革命把握服务发展、促进就业的办学方向，健全德技并修、工学结合的育人机制，为全社会提供个性化、多元化、终身化的高质量职业教育与培训，确保人民群众在职业生涯发展的不同阶段都有机会获得必要的技术技能。

一、面向市场的就业教育

黄炎培先生指出，职业教育的目的是“使无业者有业、使有业者乐业”。服务发展、促进就业的办学方向，决定了职业教育需以市场需求为导向，紧盯企业需求和市场信号，随时调整职业教育的专业设置和教学方式。

其一，技术技能人才成为优化人才供给结构、满足各行各业实用人才需要的关键。与普通高校毕业生大体相当，全国职业院校每年为社会输送1 000多万技术技能人才，这意味着职业院校应紧贴市场和就业形势，基于产业规划和人才需求制定人才培养规划，通过差异化投入、政策项目引导等方式，更多开设紧缺的、符合市场需求的专业，帮助学生实现更高质量的就业。

其二，职业教育肩负着培养多样化人才、传承技术技能、促进就业创业的重任，为实现高质量就业搭建阶梯。从就业率来看，职业院校毕业生的就业率连续保持高位，中职、高职毕业生就业率分别超过95%和90%，专业对口就业率稳定在70%以上。就从事行业来看，职业学校毕业生就业岗位遍布各行各业，高职毕业生毕业半年后的年收入显著高于城乡居民人均可支配收入的平均水平。

其三，全国职业院校面向贫困学生和再就业人员开展以促进就业为导向的职业技能培训，成为缓解经济贫困、解决结构性失业的重要举措。2013年至2020年年底，全国累计有800多万贫困家庭学生接受职业教育，成为阻断贫困代际传递最直接且有效的方式。此外，部分高职院校每年培训大量新型职业农民，培养了大批“土专家”“田秀才”“乡创客”“致富带头人”等脱贫攻坚和乡村振兴的生力军，有效服务于现代乡村产业体系建设和新型城镇化进程。

二、面向实践的技能教育

实践教育是职业教育区别于其他类型教育的显著特征。实习实训是开展实践教育最直接的方式，通过实习实训将学生置于真实的工作环境，实现职业教育培养目标、锻炼学生的实践技能。从发达国家的经验看，虽然职业教育教学模式各不相同，但在教学过程中均以实践能力的培养为核心。围绕实践能力这一关键点，坚持产教融合、工学结合的办学模式，优化实践教学体系，完善实习实训考核办法，把专业建在产业链上，把课堂设在生产服务一线，确保学生足额、真实参加实习实训，让学生在实践中增长才智、提升技能。

职业教育中的实践教育具有多种开展形式，具体表征为：贯彻工学结合、知行合一的人才培养理念，实施以实践为主体的教学模式，将学校教育与生产劳动、社会实践相结合，校企共同研究制订人才培养方案；按照生产实际和岗位需求设计课程，开发模块化、系统化的综合实训课程体系。其中，实践性教学学时占总学时数的50%以上；推广工程实践创新项目教学、案例教学、工作过程导向教学模式，学中做、做中学，强化教学、学习与实训相融合的教育教学活动，以全面提升学生实践能力。

三、面向岗位的因材教育

随着新技术革命的到来，工作岗位更新率加快，职业生涯发展路径更为多元和全面。基于此，生涯教育作为指导学生科学分析自我和职业、确立职业生涯目标、统筹职业规划的教育形式，通过规划个人工作技能和储备适用能力顺应未来职业的变化显得尤为重要[7]。

首先，以自我成长实现个人职业技能的提升，以适应就业岗位的迭代。职业教育坚持有教无类、因材施教。面向社会大众打开学校大门，除了适龄学生外，未升学的初高中毕业生、农民、新生代农民工、退役军人、在职员工、失业人员等各类群体都可接受灵活多样的职业教育和培训。自2019年以来，我国高职教育连续3年扩大招生规模，将社会生源纳入招生范围，共扩招近413万人，占在校生的比例达28%左右。因此，通过高职扩招的形式，赋予社会生源接受职业教育的机会，以正规教育途径实现个人职业技能的提升，从而帮助个体更好地应对技术革命下工作岗位的变迁。

其次，面向岗位推行中国特色学徒制，提升人力资本、增强职业能力。中国特色学徒制基于学校、企业的深度合作，以师带徒为主要教育关系，以工作场所学习为主要学习方式，是校企协同培养技术岗位技能人才的主要模式。在技术性、实践性较强的专业实施学徒制，通过推进招生招工一体化、深化工学结合人才培养模式、加强专兼结合师资队伍建设等措施，实现职业教育教学过程与生产过程相衔接，校企供需匹配、学生在岗成才。

职业教育办学思想从促进就业转向促进生涯发展，将人的发展置于职业教育的中心，注重受教育者终身发展能力的培养，突破了以往仅仅关注技能训练和就业的短期目标。坚持学历教育与非学历教育并重，坚持职业教育与普通教育、继续教育协调发展，特别是要发挥好国家开放大学终身教育主要平台、灵活教育重要平台的优势，共同满足社会成员个性化、多样化、终身化的学习需求，服务全民终身学习，建设技能型社会，畅通面向人人的职业教育和培训渠道，使人们获得自身发展和造福社会的能力。

四、面向社会的跨界教育

姜大源认为，职业教育是跨界的教育，表现为：在办学制度层面，它是校企合作打破企业与学校各自运作的“围城”；在人才培养层面，跨越了分割工作与学习各自孤立的“界限”；在社会功能层面，跨越了经济与教育各自定位的“藩篱”[8]。职业教育改革发展涉及经济发展、社会稳定、劳动就业、行业企业等多个部门和社会机构，必须跳出教育看教育，跳出学校看学校，用系统思维建立职业教育统筹发展机制，把企业、院校、行业和政府的各类资源有效整合起来，推动职业教育由政府主办向政府统筹管理、社会多元办学的格局转变，由参照普通教育办学模式向企业社会参与、专业特色鲜明的类型教育转变，使其层次结构、规模结构、专业结构、办学结构及各个分系统，与社会、经济、人力资源需求结构相匹配。

职业教育公众认可度大幅提升。在国家高度重视和持续投入下，职业教育不仅在规模体系上有了长足的进步，而且在层次结构上有了质的飞跃。以深圳职业技术学院、金华职业技术学院、山东商业职业技术学院为代表的一批高职院校成为中国高职教育精品发展的代表，树立了具有广泛影响力的中国职业教育品牌，吸引了一大批分数高于普通本科的学子纷纷报考，其毕业生受到世界500强企业的青睐。此外，中国职业教育机构积极与国外同行合作，既学习借鉴国际先进的职业教育发展经验，也逐渐推动中国职业教育办学模式走向世界。目前，我国职业教育机构与70多个国家和地区、一些国际组织建立了稳定的联系，400余所高职院校与国外办学机构开展合作办学。其中，“一带一路”国家成为我国招收留学生的主要生源地和境外办学的主要集聚地；我国在海外19个国家建立了20个“鲁班工坊”；中国职业教育教学标准首次进入非洲国家国民教育体系；中国在40多个国家和地区开设“中文＋职业教育”特色项目，涉及高铁、经贸、旅游、航空等领域，为各国学员提供了职业教育培训和就业发展机会，助力建设人类命运共同体。

第三节　职业教育质量革命的路径与实践

质量是教育的生命线，高品质的教育是万众所望，是实现美好生活的基石。弘扬劳动光荣、技能宝贵、创造伟大的时代风尚，建设国家尊重技能、社会崇尚技能、人人享有技能的技能型社会，为“人人皆可成才、人人尽展其才”创造条件，让每个人都有人生出彩的机会。推进职业教育质量革命走向深入，就要持续深化职普融通、产教融合、科教融汇，突出市场化、专业化、前沿化、本土化导向，不断提升职业教育的契合度、贡献度、融合度、认可度。

一、职普融通

职普融通是指职业教育与普通教育两种教育类型之间的相互融通，意在打破教育内部壁垒，实现两类教育资源共享、教育模式同携、教育成果互认。推动职业教育与普通教育协调发展、相互融通，是我国长期以来教育改革的明确方向与重要内容。其本质就是立足大教育观，跳出职教办职教，破除将职业教育作为与普通教育完全分离、相互排斥的闭合系统这样狭隘的类型观。

长期以来，我国职业教育一直作为层次职业教育而存在，主要由初级职业教育、中等职业教育（高中阶段教育）和职业高等教育（专科层次）组成。中等职业教育毕业生仅有极少数学生能够升学，因此中等职业教育也被形象地称为“断头教育”。由于学生缺乏升学和生涯发展的空间，职业教育缺乏吸引力，难以获得社会的普遍认同。

党的二十大报告强调，要统筹职业教育、高等教育、继续教育协同创新，推进职普融通、产教融合、科教融汇，优化职业教育类型定位。这是对职业高等教育高质量发展的新要求。国家职业教育定位方向从层次转向类型，明确了职业教育是与普通教育同等重要的不同类型教育，而且从法律、政策和制度等方面得到有效支持，体现在职业本科教育已经成为现实，接受职业教育的学生打通了学历上升的通道。促进职业教育的横向融通，发挥职业教育在服务构建全民终身学习体系中的独特功能和价值。

“学历证书+能力证书”双证融通，有效提升了职业教育的含金量。中国实施劳动者在就业前或者上岗前接受必要的职业教育的制度，实行学历证书及其他学业证书、培训证书、职业资格证书和职业技能等级证书制度。学历证书全面反映学校教育的人才培养质量；职业技能等级证书反映了职业活动和个人职业生涯发展所需要的综合能力。高校学生在获得学历证书的同时，也在积极取得多类职业技能类证书，拓展就业创业本领，这已成为一种新趋势。据浙江省技能评价中心统计，2022 年 1 月至 11 月，全省已有 13.8 万名大学本科以上学历者考取技能证书，同比增长 86.5%。这一现象背后凸显了人才观的重大转变，意味着社会对技能人才价值的高度认同。

案例

南京工业职业技术大学：首届职业本科教育毕业生就业率超 85%，部分年薪 16 万[9]

2022 年 6 月 10 日，全国首家公办职业本科学校——南京工业职业技术大学的首届 903 名本科生毕业。截至 2022 年 6 月 8 日，该校首届职教本科毕业生总体毕业去向落实率达到 85.16%，分专业毕业去向落实率最高达到 90.42%，远高于江苏以及全国本科院校毕业生就业的平均水平。其中，部分软件工程技术专业优秀毕业学生年薪超过 16 万元。

南京工业职业技术大学是教育部于 2019 年批准设立的全国首个公办职业本科学校。学校共有首届专科起点两年制本科毕业生 903 人，分别就读机械电子工程、自动化技术与应用、电子信息工程、软件工程、国际经济与贸易等 5 个专业。这批学生均来自专科高职院校，通过参加 2020 年江苏高校“专转本”考试进入该校，其高等教育阶段全程在职业教育体系内完成，是我国职业教育首批本科层次毕业生。

“我国职业本科教育经过多年的探索创新和突破发展，2022 年第一届毕业生诞生，这是我国职业教育发展历程中的一个重要里程碑。”教育部职业教育与成人教育司负责人指出，职业本科教育是教育外部需求和内部需要共同作用的必然结果，补上了我国纵向贯通的现代职业教育体系关键一环。

职业本科学生的毕业，探索出了长学制培养高层次技术技能人才的路径，标志着我国“中职—高职专科—高职本科”纵向贯通的学校职业教育体系已经确立。职业本科教育主要面向高端产业和产业高端，培养有潜力成为“能工巧匠”“大国工匠”的高端技术技能人才。职业本科教育的出现，满足了经济社会发展对高层次技术技能人才的需要，回应了人民群众对高质量就业和教育的需求。从毕业生的就业质量来看，职教本科毕业生是能够得到社会认可、行业企业欢迎的，也充分彰显了我国职业本科教育良好的发展前景和旺盛的生命力。

二、产教融合

产教融合是指职业院校根据所设专业积极开办专业产业，把产业与教学密切结合，相互支持、相互促进，把学校办成集人才培养、科学研究、科技服务为一体的产业性经营实体，形成学校与企业浑然一体的办学模式。产教融合是产业与教育的深度合作，是院校为提高其人才培养质量而与行业企业开展的深度合作。职业院校依据市场需求和地方所需设置专业、调整专业和更新专业，形成了专业与产业、课程与工作、学习与工作多层次的沟通对接机制。

近年来，我国职业教育新增和更新专业 1 000 多种，更新幅度超过 70%。近十年来，我国各类职业教育院校累计为各行各业培养输送 6 100 万高素质劳动者和技术技能人才。在现代制造业、战略性新兴产业和现代服务业等领域，一线新增从业人员 70% 以上来自职业学校毕业生，这为中国人口红利的释放与实现，推动先进技术和设备转化为现实生产力，为中国产业链、供应链保持强大韧性、行稳致远提供了基础性保障和有生力量。

建立健全政府主导、行业指导、企业参与的办学机制，以机制创新促进专业与产业、企业、岗位对接，支持职业院校与企业开展订单班、现代学徒制、产业学院、集团化办学等多种合作。截至 2021 年，全国组建约 1 500 个职教集团，涵盖企业、学校、行业等 4.5 万余家成员单位，覆盖近 70% 的职业学校。在世界 500 强企业中，有 175 家企业参与了我国职业教育集团化办学。在全国培育了 3 000 多家产教融合型企业，试点建设了 21 个产教融合型城市，构建起以城市为节点、行业为支点、企业为重点的产教融合新模式[10]。

职业教育主动适应经济结构调整和产业变革，紧盯产业链条、市场信号、技术前沿和民生需求，职业学校与企业共建实习实训基地 2.49 万个，年均增幅达 8.6%。现代学徒制试点分 3 批在全国布局 558 个，覆盖职业学校 501 所，覆盖 1 000 多个专业点，惠及 10 万余学生（学徒）；先后在 22 个省启动企业新型学徒制试点工作，试点企业 158 家，培养新型学徒制企业职工近 2 万人，其中转岗职工超过 3 670 人[11]，逐步形成专业共建、人才共育、过程共管、资源共享、责任共担的校企合作新局面。

案例

金华职业技术学院：基于产教深度融合“五位五共”育人模式[12]

金华职业技术学院探索基于产教融合的“五位五共”发展模式，着力于构建产教共同体、利益共同体和发展共同体。

专业共治。对接国家战略和区域产业转型升级发展，面向先进制造业及战略性新兴产业、重大民生工程领域、现代服务业和乡村振兴战略等四大领域，组建十大专业群，打造“532”产教融合新平台，即建设智能化精密制造、儿童教育、人工智能、生物医药、文旅创意五大产教综合体，浙江省现代农业职教集团、新能源汽车产教联盟及浙中医养健康职教联盟三大职教集团（联盟），金义网络经济学院和中天建筑学院两个特色产业学院。

课程共建。全方位、全过程、全师资推进课程合作开发、课堂生态创新、教师整体发展的职业教育课程整体改革，建成网络课程 1 485 门。推动“思政引领、行动导向、线上线下”课堂革命，从技能训练到技术实践再到综合素质生成，从静态网络课程到互动在线课程，从专业情怀到职业素养，探索真实生产情景下分层次、小班化、任务型、走动式等行动导向教学形式，推动“菜单＋定制”“线上＋线下”等智慧教学模式，“专题剖析式”“情感探究式”等课程思政的教学方式，推动课堂教学生态升级。

师资共融。学校与企业合作共建“双师型”教学团队，聘请企业技术人员、能工巧匠担任学校兼职教师，学校拥有兼职教授和专业带头人 99 人，特聘校外省级以上高层次技术技能人才 132 人。建立专业教师社会实践机制和“访问工程师”制度。高标准建设教师发展中心，完善“新教师、骨干教师、专业带头人、兼职教师”分层分类的教师发展体系。实施高层次人才引进和培育计划、“百工首席”“百师致远”“千师入企”“千匠助教”工程，提升“双师双能”素质水平。

人才共育。依托“产教共同体”平台，重点面向中小微企业，实施以一个专业对多个企业，以一名学徒对多个岗位，以一门课程对多个场所，以一套标准对多元评价，融入专业教育、融入行业企业、融入区域经济，构建创新创业教育体系。建设以课程学习、校园众创实训、特色创业小镇互融、技术成果转化为核心的创新创业示范基地。打造人文素养提升体系、促进学生职业素养养成、丰富管理服务育人内涵、全程助力职业生涯发展五个维度下的“五个一”“五工程”“五计划”“五行动”“五平台”的“五横五纵”学生管理工作体系，创新“三全”育人模式。

评价共促。实施标准、标志、标杆“三标”建设，着重抓住标准建设，重点研制《课程全过程评估标准及操作手册》等 25 个相关标准，覆盖教育教学的主要领域和关键环节。以“跨界、延伸、交互、反馈”为理念，构建由学生、教师、督导、社会等评价主体参与，涵盖教学运行过程控制、课堂教学实时测评、顶岗实习环节监控、毕业生职业发展反馈等关键环节的四方参与、四类评价教学质量管理平台，开发了 11 个在线系统，建立了利益相关者共同参与管理的质量持续改进机制。

三、科教融汇

科教融汇是指通过科学技术研发过程与人才培养环节的交融贯通，促进国家科技创新、产业体系与人才培养体系深度融合、协同发展。科教融汇是在“科教结合”“科教协同”基础上的创新性表达，其本质上就是办学模式、育人方式和科研机制三者的融合汇聚和高度整合，体现教育链、创新链和人才培养链的有机衔接，是深入实施科教兴国战略、人才强国战略、创新驱动发展战略的重要抓手。

"科""教"不分家,重点在"融",结果是"汇",本质上就是办学模式、育人方式和科研机制三者的融合汇聚和高度整合。一方面,将科技创新融入职校教学环节,有助于培养学生的科研素养和研究兴趣,引导学生参与科研项目,在创新创业教育和实践教学活动中全面提高学生的创新精神和创新能力;另一方面,将科学研究融入教师成长全过程,通过选派教师到科研机构、高精尖企业挂职锻炼,开展各类科研项目和技术改革,有助于提升教师的科研意识和实践能力。此外,让科研机构参与职业院校教材设计和教材编写过程中,更有利于职业院校办学、产业转型升级和行业企业职业岗位的无缝对接,提升技术技能型人才培养的精准度。

事实上,科研越是做到极致,对技术技能人才的需求越是强烈。在研究所里做科研,也许一个研究员或者一个博士就够了,但要把科研成果产业化,就和职业教育的技术技能人才产生交集了。

科教融汇是当今世界具有普遍性的发展趋势,旨在通过强化科研机构和高等院校的深度结合,加强教学与科研之间的互动联系,提升科教资源配置的合理性,不断提高创新人才培养质量,赋能经济社会高质量发展。科教融汇已经成为新时代国家创新体系建设的重要特征,也是世界各国高水平大学长期坚持和遵循的一个核心理念。

案例

武威职业学院中科低碳新能源技术学院：科教融汇样板的探索之路[13]

2018 年,中国科学院上海应用物理研究所(以下简称应物所)的新一代核能项目选址腾格里沙漠和巴丹吉林沙漠之间的武威市下辖县,应物所先导专项负责人前瞻性地提出"人才属地化培养"理念:用当地培养的技术技能人才,来协助实现武威园区的常规运行和维护。

为此,甘肃省教育厅、武威市政府和应物所签订联合办学协议,在武威职业学院开办中科低碳新能源技术学院(以下简称新能源学院)。着眼于应物所新能源项目的人才需求,并结合西部新能源多能融合发展战略和地方社会经济发展需要，首先开设了“核与辐射检测防护技术”“应用化工技术(新能源方向)”两个高职目录内专业；同时，依托应物所氢能技术部，与专业团队研讨后，提出筹划氢能专业的建议。当时“氢能有产业无专业”，高职专业目录中不见氢能专业的身影，学院决定申请开设高职目录外专业“氢能技术应用”。在当年全国63个申报专业中，经层层审核评议，靠着扎实的筹备一举申报成功。

此后，新能源学院受教育部委托，还肩负了“核与辐射检测防护技术”和“氢能技术应用”两个专业简介和标准的制定。应物所技术部专家加入“标准研制”团队，参与研讨和指导，科教充分融合。一所西部地级市的高职院校居然能创办填补全国空白的新专业，引领专业标准制定，武威职业学院在业内引起了不小的震动。

新能源学院推行“班导师制”——一个老师带不超过十个学生，开创“绿洲讲坛”，邀请国内一流科学家、知名职教专家、大国工匠来讲课讲学，帮助学生树立职业目标，开阔视野。尝试工学结合的“现代学徒制”，组织学生去应物所顶岗实习，应物所委派一到两位指导老师带一个学生，师徒一起完成工程任务。针对学生专业基础薄弱的普遍性问题，增设专业导向课程，帮助学生补充文献检索、职业安全等通识知识。顶岗实习的学生迅速获得应物所技术人员的认可，最初应物所只有3个技术部门尝试接纳职校学生，后来增加到7个，再后来有11个技术部都向新能源学院的学生伸出了橄榄枝。5年来，新能源学院累计培养技术技能人才557人，其中有105名学生在应物所实习，41名毕业生在应物所上海园区和武威园区就业，部分学生目前已成业务骨干。新能源学院的毕业生中有54人通过专升本继续深造学习，有1人考取硕士研究生，部分学生在中核等企业实现高质量就业。

过去5年，新能源学院就像一块“试验田”，它的标杆作用正在辐射武威职业学院其他院系，让这所西部的高职院校焕发出勃勃生机：校内新建实验实训室10个，已打造成一流低碳新能源实训基地；越来越多的学生站上技能大赛领奖台，甚至勇夺国赛一等奖；联合办学成果案例于2018年、2019年连续两年入选全国高职高专校长联席会议年会教学成果展，并在2019年被列入《中国高等职业教育质量年度报告》。

第四节　职业教育质量革命的启示

随着产业结构的调整、人才需求以及政策导向的影响，职业教育在整个中国教育体系中将会发挥越来越大的作用，职业教育未来的地位将不断提高。伴随着经济社会的迅速发展，企业对技术技能型人才的需求大幅度增加，人才跨行业及区域的流动趋势更加显著，个人对自身技术技能水平提高的需求也越来越强烈，这将是推动职业教育发展的最大动力。《国家职业教育改革实施方案》《职业教育提质培优行动计划（2020—2023）》等政策的出台，让职业教育的地位、培养目标、办学主体得到进一步明确，各方政策的激励必将促使我国职业教育步入快车道。

面向第二个百年新征程，加快建成技能型社会和加快实现共同富裕对职业教育提出了新要求，继续推动职业教育质量革命、培养高素质技术技能人才、服务经济社会高质量发展是职业教育满足新要求的根本途径。新时代职业教育质量革命应紧紧围绕高质量发展的目标、优化职业教育类型定位、坚持多元共治原则、促进职业教育质量持续提升，深入推进育人方式、办学模式、管理体制、保障机制改革，为建设中国式现代化强国、为中国人民更加美好的未来，储备强大的技术和人力资源。

优化职业教育类型定位，新时期现代职业教育体系建设着重实现“五个转变”。

一、育人方式：由“谋生就业”转向“育人为本”

“谋业”即谋一份生计之业，仅“为个人谋生”；“人本”即以人为本，乃“谋个性之发展”。职教功能定位由“谋业”转向“人本”，是职教文化理念的升华。一方面，职业教育往往有深厚的手工业传统和与之一脉相承的历史文化基础。故尊重人，尊重职业，尊重职教的各方主体，尤其值得深入思考。另一方面，个体无论是成为应用型人才，还是成为科研型人才，皆以职业服务国家与社会为根本目的。因此，发展职业教育，要在全社会建立敬畏技术技能、尊重工人工匠的文化，弘扬工业文化与发展职业教育紧密结合，提升职业教育内涵和“精气神”。从文化育人的实施主体看，主要是校企双主体协同育人。学校是根本性主体，企业是实质性主体。双方必须大力协作、共同育人，才能形成职业教育的类型特色和质量保证。其一，合作可以实现资源共享，扬长避短，发挥和释放协同育人的优势和能量。其二，就合作双方而言，企业有教育方面的局限，学校有职业方面的局限，而且这样的局限是双方自身无法克服和超越的，必须通过合作才能相互弥补，这使得职业教育在合作中走向完善和超越[14]。

二、办学模式：由“传道授业”转向“产业教育”

产教融合是现代职业教育的基本特征，也是最大优势，是实现教育链、产业链、供应链、人才链与价值链有机衔接的重要举措。“教”唯有与“职”，或者说与“产”不断互动、深度融合，才能切实抓好人才与创新这两个促进发展的源头活水，切实发挥职业教育促进就业创业、助力经济社会发展、增进人民福祉的重要作用。其一，推进职业教育质量革命，需建设现代化产业体系。既需要问鼎学术巅峰的一流科学家，也需要扎根生产一线的高素质技能人才。其二，推进职业教育产教融合，能够培养数以亿计的高素质技能人才，推动创新变为现实、设计变成产品、技术转变为生产力，为我国产业链、供应链保持强大韧性、行稳致远提供坚实保障。其三，职业教育改革的重心由“教育”转向“产教”，更加注重服务经济社会发展，不仅能满足个人就业和工作岗位之间的匹配需求，还能有效推动社会生产力的发展，同时让职业教育的发展方向更加明确。

三、服务场域：由“立足区域”转向“放眼全局”

职业教育作为制造业转型升级发展的第一资源，肩负着向社会输出高素质技术技能人才，培育能工巧匠、大国工匠的职责，是推动我国制造业转型升级的不竭动力，为我国新发展格局的构建提供了坚强有力的支撑。一方面，职业教育需围绕国家重大战略，紧密对接产业升级和技术变革趋势，服务区域经济社会发展，以教促产、以产助教、产教融合、产学合作，为增强制造业核心竞争力、汇聚制造业发展新动能铸造坚实的人才基础。另一方面，职业教育应建立健全国际合作机制，从“单向引进借鉴”走向“双向共建共享”，服务国家“一带一路”倡议，服务国际产能合作和中国企业“走出去”，逐步形成具有中国特色的职业教育国际化发展模式。

四、协同机制：由“从学校到工作”转向“从学校到生涯”

职业教育、高等教育、继续教育，是教育链接就业的枢纽组合，是提高国民素质、开发人力资源的关键环节。因此，统筹“三教”协同创新，从“不同”走向“协同”，推进各种教育类型优势互补、交叉融合，是实现教育高质量发展的共同主题。其一，“从学校到生涯”的理念，更加注重满足学习者的全面发展和终身发展，职业教育、高等教育、继续教育将贯穿人的一生，发挥着纵横交叉、四通八达的支柱作用。其二，加强“三教”之间的协同联系，实现各种教育类型获取知识、技能和能力的贯通与互认，有利于创新型、复合型、应用型人才培养。其三，推进职业教育与普通教育的协同，完善双向互通机制，特别是在师资、课程和资源等方面开展全方位合作，实现职普的互利合作、协调共生、各美其美的教育生态，服务于“办好人民满意的教育”这一共同目标。

五、运行模式：由“政府独资包办”转向“社会多元参与”

首先，在办学理念上，建立政府、行业、企业、学校协同合作的发展机制，由单一的政府主办向政府统筹管理、社会多元主体参与办学格局的转变。其次，在办学特色上，鼓励支持行业、企业、院校、科研机构和其他社会组织等多元主体共同参与办学，形成一批有一定规模、特色明显、成效突出的示范性职业教育院校，逐步走出一条具有中国特色的职业教育办学模式。最后，在办学举措上，深化产教融合校企合作，提高人才培养的针对性、相关性和适应性，推动办学主体的关系越来越紧、产教融合程度越来越深、机制体制越来越活、育人质量越来越高、服务能力越来越强，建立稳定的运行机制，实现优质资源共享，产生“1＋1＞2”的育人成效，提升职业教育的服务能力。

参考文献

[1] 周彩霞，贺艳芳.比较视域下职业教育质量保障的国际经验与启示：基于对德国、英国、美国的分析[J].职业技术教育，2021(34)：73－74.

[2] 李学国，蔡冬玲.国外职业教育质量保障与评价机制比较研究[J].现代

职业教育，2022(21)：1－2.
[3] 寻懋梅.日本职业教育质量保障体系及其对我国的启示[J].湖南大众传媒职业技术学院学报，2021(9)：91－94.
[4] 孙颖，郄海霞.日本短期大学第三方评价的经验与启示：以高等专门学校为例[J].外国教育研究，2014(5)：33－39.
[5] 刘磊，马骏，徐国庆.英国职业教育外部质量保障论介及启示 [J].教育评论，2020(7)：160－161.
[6] 2022年全国教育事业发展统计公报[EB/OL].(2023－07－05)[2023－09－20]. http://wap.moe.gov.cn/jyb_xxgk/xxgk/neirong/tongji/gongbao/.
[7] 程江平，张建国.三阶螺旋：新技术革命背景下中职"成长型"职业生涯教育模式构建与实践[J].中国职业技术教育，2022(20)：11－19.
[8] 姜大源.高等职业教育整合论[M].北京：教育科学出版社，2015：1－2.
[9] 冯琪.首家公办职业本科高校首届本科生就业率超85%部分年薪16万[EB/OL].(2022－06－15)[2023－09－20]. http://www.chem333.com/archives/47760.html.
[10][11] 2022年全国教育事业发展统计公报[EB/OL].(2023－07－05)[2023－09－20]. http://wap.moe.gov.cn/jyb_xxgk/xxgk/neirong/tongji/gongbao/.
[12] 章跃洪，等. 产教融合典型案例 金华职业技术学院：探索实体化、一体化的产教融合发展新路[EB/OL].(2023－09－22)[2023－09－20]. https://mp.weixin.qq.com/s?src=11&timestamp=1709087512&ver=5107&signature=UFE65NwuHP－75WKqBU6XqDsTxxuGhiQlj6KEj5UpkjhfUxjCl2Xk93kkpwyd*LsvpTqTGwgIffo5SWk92－Gi－BPHvNNsriL2sQ526rdMTjbgIbQ5KBHRwD0sfzX14tHy&new=1.
[13] 刘军.中科院研究所牵手高职五年记：科教融汇样板的探索之路[EB/OL].(2022－12－22)[2023－09－20]. https://www.chinanews.com.cn/sh/2022/12－22/9919516.shtml.
[14] 张健，陈娟.职业教育文化育人：逻辑向度、问题观照与路径建构[J].当代职业教育，2023(2)：11－17.

索　　引

Z